現代ロシアの政治変容と地方

「与党の不在」から圧倒的一党優位へ

油本真理

東京大学出版会

Explaining Political Changes in Post-Soviet Russia:
Decentralization, Centralization and the Regional Elite Configuration
Mari Aburamoto
University of Tokyo Press, 2015
ISBN 978-4-13-036254-2

現代ロシアの政治変容と地方
――「与党の不在」から圧倒的一党優位へ

目次

図表一覧

凡例

1 主要な登場人物の略歴は巻末に示した。これらの登場人物については通し番号を付してあるので参照されたい。

2 引用がない場合、文章中の選挙データは中央選挙管理委員会の公式統計による。中央選挙管理委員会の刊行物および公式サイトを参照した。なお、本書において取り上げる四州の選挙データについては巻末に一覧を示した。

3 新聞は基本的に原紙を参照したが、新聞社による電子アーカイヴが提供されている場合には電子版も併用した。全ての引用についてどのソースを利用したのかを記載するのは煩雑に過ぎるため、新聞記事を引用する際には新聞名と日付を示す方式で統一した。

4 法令は全て法令集から引用した。法令集の略称は以下に示す通りである。

Ведомости Съезда Народных Депутатов РСФСР и Верховного Совета РСФСР; ВСНД РСФСР и ВС РСФСР

（Ведомости Съезда Народных Депутатов СССР и Верховного Совета СССР および Ведомости Съезда Народных Депутатов РФ и Верховного Совета РФ も同様）

Собрание Законодательства Российской Федерации; СЗ РФ

序章　政治変容を分析する視角

第一節　ロシアにおける政党政治の展開――問題の所在

ロシアは、二〇世紀末から現在に至るまで、ユーフォリアと失望を幾度となく経験してきた。ペレストロイカ期に着手された政治改革は人々に明るい展望を抱かせた。しかし、民主化への期待は脆くも裏切られ、一九九〇年代の混沌の時代の中で、安定および秩序の回復が熱望されるようになった。二〇〇〇年のウラジーミル・プーチン大統領の登場後、混乱はある程度まで収拾された。ところが、今度は安定が行き過ぎの様相を呈するようになり、それに対する反発が強まりつつある。

ロシアの政党政治はこのようなうねりの中で登場した。ペレストロイカ期のソ連においては草の根の政治運動がかつてないほどに活発化し、各地で自発的な政治結社が結成された。一九九〇年代前半にはその動きを部分的に引き継ぐ形で多数の政党が乱立したが、それらの多くはアドホックなものにとどまった。この時期において一定以上の規模を持っていたのはロシア連邦共産党やロシア自由民主党などの野党に限られており、与党系の選挙ブロックは選挙のたびに形成されたが、安定的に定着することはなかった(1)。

二〇〇〇年代に入ると、ロシアの政党政治はそれまでとは大きく異なる展開を見せるようになった。最大の変化は、二〇〇一年に結成された与党「統一ロシア」が定着し、一九九〇年代においてはついぞ現れることのなかった安定与党が誕生した点にある。このようにして登場した「統一ロシア」の優位性を内外に示すこととなったのが二〇〇七年下院選挙であり、同選挙の結果、三分の二以上の議席が「統一ロシア」によって占められるに至った。かくして、二〇〇〇年代のロシア政治は、政権与党が政治空間をほぼ独占する「圧倒的一党優位」(2)に特徴付けられるようになった。

一九九〇年代の「(安定)与党の不在」状況から二〇〇〇年代における圧倒的一党優位の成立に至るまでの変化のプロセスはいかなるものだったのだろうか。そして、このような変化が生じたのは一体なぜだったのか。これらの問いが本書の出発点である。

多くの論者は、このような変化を権威主義化に随伴する現象であると捉えた。その傾向が特に顕著になったとされたのがプーチン大統領の二期目(二〇〇四—二〇〇八年)のことである。(3)政権に批判的なメディアの統制、(4)プーチン大統領の批判勢力になりかねないオリガルヒ(新興財閥)の追放、(5)そして、ヤブロコなどのリベラル派政党の排除(6)などがしばしば指摘された。さらにより直接的な形で圧倒的一党優位状況を出現させた要素として、プーチン時代に入ってから選挙不正が目立つようになったとの議論もなされるようになった。(7)また、二〇〇〇年代以降にプーチン大統領の下で進められた制度改革もそうした傾向を後押しするものと捉えられた。政党法の制定による政党要件の厳格化および比例代表制の重視(8)による無所属候補の減少、下院選の阻止条項の引き上げ等により、(9)二〇〇〇年代半ばには「統一ロシア」に有利な状況が出現するに至ったとされる。(10)

こうした議論はロシアにおける時代の流れをある程度反映したものであり、幅広く受け入れられている。(11)しかし、それ以前の政党システムとの断絶がことさらに強調され、政党政治のダイナミズムに光が当たりにくくなった点は問題である。その結果として、一九九〇年代の「与党の不在」状況から二〇〇〇年代の圧倒的一党優位の成立に至るまでの政治変容のプロセスにおいて、何が変化し、何が変化しなかったのかを腑分けする作業が行われないままとなった。このことは、現存する圧倒的一党優位状況の把握に際しても、そこにおける内在的な変化への着目を難しくするひとつの要因となっている。

この間の政治変容について、時期に応じた変化を比較的きめ細かく把握できるアプローチとしては社会経済状況に注目した議論が重要である。一九九〇年代のロシアにおいては移行直後の経済的な落ち込みが深刻な状況にあった。これは、プシェヴォルスキが指摘したところの、移行に伴う生産力の低下によって生じる「谷」である[12]。ロシアではこの「谷」が予想よりもはるかに深いものとなり、この時期における野党の優勢の背景要因となった[13]。その一方で、一九九九年以降は原油価格の上昇に助けられ、「谷」を克服するプロセスが観察された。この時期の経済成長が二〇〇〇年代に入ってからの与党の支持拡大を可能にしたのである[14]。

もっとも、社会経済要因に着目した説明では、マクロな変化を把握することは可能になるが、その背景にある具体的なメカニズムが十分には明らかにならないという問題がある[15]。例えば、南部の農村地域を中心とした共産党の強い「赤い地方」は、一九九〇年代後半から既にその独自性を失っていた。経済的な回復が影響していなかったわけではないとしても、かつての「赤い地方」の変化がもっぱら経済成長によって生じたとは考えにくい。また、二〇〇〇年代以降、「統一ロシア」の支持率が特に高いのは民族共和国やより貧しい地方においてであり、そうした地方における政権支持が経済成長に裏打ちされていたと結論することも困難である。

こうした事情を念頭に置き、本書においては、一九九一年からおよそ二〇年間にわたる政党政治の変容を、政治体制の特徴付けという大上段な議論から導くのではなく、よりミクロな実態に即して描き出すことを目指す。その際に特に重要なのが、マクロな変化を地方レヴェルにおいて下支えしていたミクロなアクターの動向がどのようなものであったのか、そして、こうしたミクロな動きがどのように集積し、全国的な政治変容を形作ったのかという点である。

このことを明らかにするためには、連邦中央における政治の動向を追うだけでは不足であり、より広い地域に目を向け、実際に政治に関与していた地方エリートがどのようにしてロシア政治の大きな変化に直面し、その中でいかなる行動をしたのかを追う必要がある(16)。

一九九〇年代における地方エリートと政党との関係は地方によって大きく異なっていた。強力なボスが地方政治を牛耳っていたケースもあるが、地方レヴェルにおける競争が激しく、比較的早い段階から政党形成の兆しが観察された地方もあれば、元来共産党が強く、共産党系の候補が知事選挙を勝ち抜き、いわゆる「赤い地方」になる例もあった。二〇〇〇年代に入ってからも圧倒的一党優位状況に向かう変化のスピードやプロセスには地方ごとの差異があった。二〇〇〇年代中盤には全ての地方で「統一ロシア」が他の勢力を圧倒するようにはなったが、その度合いには温度差があった。地方によっては、「統一ロシア」が優位に立つ中でも、野党系勢力が大きな役割を果たす場合もあった。地方レヴェルにおいて現れた様々な動きは、二〇一一年下院選挙での「統一ロシア」の苦戦やその後の抗議運動の活発化とも関連している。

このように、「与党の不在」状況から圧倒的一党優位の成立へと至るまでの変化は単線的なものではなく、そこには様々な紆余曲折があった。そのプロセスにおいて観察された連邦・地方間の多層性および地方ごとの多様性は、ロシア政治がこの二〇年にわたって経験したマクロな政治変容、そして今後生じうる変化を考える上で非常に重要な着眼点となる。本書は、こうした多様性を生み出したメカニズムを実証的に探求し、圧倒的一党優位の成立へと至るまでの政治の変容プロセスに新たな側面から光を当てようとするものである。

第二節　変動の中の地方政治

本書の主題である、地方レヴェルから見た政治変容というテーマに深く関連する先行研究としては、地方レヴェルの政治の動向を直接的な研究対象とする地方政治研究を挙げることができる。現代ロシア政治研究の文脈において、地方政治はポピュラーな研究対象であった。地方間の比較は制度的、あるいは社会経済条件が似通っていることから、比較研究が行いやすいという方法論上のメリットもあった。また、各地方における政治状況の解明は実用的な観点からも重視されており、本国のロシアにおいては、地理学とも密接な関係を持つ「地方政治研究（политическая регионалистика)」が政治学のひとつのサブディシプリンにもなりつつある[17]。

地方政治が特に大きな関心を集めるようになったのは一九九〇年代のことであった。この時期においては、ソ連末期から遠心力が高まったことを背景とし、発言力を増した地方の指導者たちが様々な局面において目立つ存在となっていた。それに加え、地方レヴェルの政治の動向はロシアにおける民主化のプロセスに密接に関連するイシューとして取り上げられた。地方レヴェルにおいては旧体制エリートが依然として力を持っているとされ、民主化の進展が遅れると、それはすなわちロシアの民主化そのものを危うくすると考えられたのである。そのため、多くの研究者が地方レヴェルにおける民主化のプロセスに注目した。

このような問題関心を背景とし、地方を対象としたフィールドワークの成果が次々と現れた。そのうち、ペレストロイカ期における諸勢力の力関係とその後の民主化プロセスとの関連を論じたものとして、例えば、マコーリーの「不確実性の政治」[18]、モーゼスによるサラトフ州とヴォルゴグラード州の比較[19]、松里の五地方比較[20]などを挙げることができる。また、シュミッターとオドンネルの移行論に依拠し、地方レヴェルにおける諸エリートグループの競合関係を軸としながら民主化のプロセスを明らかにしようと試みたゲリマン、ルイジェンコフ、ブリーの比較民主化研究[21]もある。

これらの研究の中には地方レヴェルにおける民主化の成功事例[22]を取り上げ、楽観的な展望を示したものも存在している。しかし、多くの場合、地方政治は、民主化の進展を阻害しかねない、憂慮すべき対象として描き出される傾向にあった。とりわけ、移行直後の時期に、地方のボスたちが私有化プロセスを通じて様々な利益を手にしたことが重視された。ヘルマンが「改革の部分均衡」論で明らかにした通り、経済移行の初期に利益を得た「勝者」は、既得権益を維持するためにさらなる改革の進展を阻もうとする。[23] 政治体制の移行についても同様のロジックが指摘され、地方ボスは民主的な制度の浸透を阻害すると考えられたのである。[24]

同様の問題を政党システムの形成という観点から取り上げた研究として、ヘイルの「ロシアにはなぜ政党がないのか」を挙げることができる。[25] ヘイルは、地方選挙マシーンおよび金融財政グループが選挙に際して果たす役割に注目した。すなわち、ロシアにおいては地方選挙マシーンや金融財政グループが政党の代替物として機能するため、政党がその役割を果たす余地がない。その結果として、政党の浸透が遅れることになるという議論である。類似の指摘として、モーザーもまた、地方レヴェルにおけるボス政治が果たした役割に着目し、それが、下院選挙の小選挙区において多くの無所属議員が選出されたことのひとつの要因になったと論じている。[26]

この状況を地方レヴェルから見ると、政党が実際の政治のプロセスにおいて有意味な役割を果たすことはなかったという結論が導き出される。その観点から興味深いのが、地方レヴェルの政党に注目したハッチソンの研究である。[27] ハッチソンは、地方レヴェルにおける政党組織についての比較検討を行った上で、確かに政党支部は存在しているが、その位置づけが地方によって大きく異なっており、最終的には「そもそも政党とは何か」という定義の問題に戻らざるを得ないとの結論に至っている。形式上の政党支部は存在していたとしても、それが地方政治の中で果たしていた役割は限定的であり、地方政治の中では副次的な存在に過ぎなかったのである。

しかし、一九九〇年代も終わりに近づき、ボリス・エリツィン大統領の任期切れが視野に入るようになると、こうした状況にも変化が現れ始める。まず、一九九九年下院選挙に向けては、地方エリートが政権の奪取を目指して次々と選挙ブロックを創設した[28]。そして、二〇〇一年には地方エリートを中心に形成された「祖国＝全ロシア」と、クレムリン主導で結成された「統一」とが合流し、巨大与党「統一ロシア」が発足する。このプロセスは、基本的に、地方発の選挙ブロックを軸として進展したという点が重要である[29]。このような動きが生じた結果として、連邦レヴェルにおいて安定的な与党が登場するに至った。

この段階に入ると、むしろ地方エリートが連邦レヴェルにおいて形成された安定与党に積極的に加わろうとする様子に注目が集まった。ロイターとレミントンは、「統一ロシア」の形成が可能になった要因として、連邦中央と地方エリートの双方が政権与党への参加に利益を見出したことを指摘している[30]。一九九〇年代、政党に参加しようとはしなかった地方エリートは、ここに来てようやく連邦与党にコミットし始めたのである。このように、二〇〇〇年代に入ってからは一九九〇年代とは大きく異なる政治状況が出現し、政治の流れが変わったことが強調された。

この時期に重要視されたもうひとつの傾向として、地方エリートのこのような動きが与党の優位性をさらに確実なものとする効果をもたらしたという点がある。コーニッツァーとウェグレンは、プーチン大統領によって推進された集権化のプロセスにおいて「統一ロシア」が果たした役割に注目している[31]。ひとたび安定与党が登場すると、それがさらなる中央集権化の流れを作り出すようになり、分権的な状況においては反応が鈍かった地方エリートの糾合をも容易にするというサイクルが生じるとされた。

さらに、中央集権化に伴い、それまで存在していた地方ごとの多様性が損なわれていく側面にも注目が集まった。デバーデレベンとジェレブツォフは地方レヴェルにおけるリソースの配分をめぐるエリート競争の様式（パトロネージ・モデル）に着目し、いくつかの地方を取り上げて実証研究を行っている[32]。彼らによれば、各地方におけるパトロネージ・モデルは元来多様であったが、二〇〇〇年代中盤から後半にかけ、地方レヴェルにおけるリソースの配分が次第に画一化され、連邦中央による管理の度合いが強まっていった。このように、与党の形成が地方レヴェルにおけるエリートの行動様式をも変化させたとの議論がある。

以上概観してきたように、地方レヴェルを含めた政党形成をめぐる議論は、その時々の現実の政治状況を強く反映する形で行われてきた。地方エリートは当初は政党形成に消極的な存在と見なされていたが、ある時期以降、むしろ中央集権化の中で全国政党に吸収されていく側面が重視されるようになったのである。しかし、第一節で論じた通り、圧倒的一党優位へと向かう動きが各地で進んだとはいっても、その具体的様相およびスピードには地方ごとの差異があり、「統一ロシア」の浸透は均質的に進んだわけではない。さらに、圧倒的一党優位の成立後も、「統一ロシア」の地方への浸透には一定の限界があったという点も無視できない(33)。

このような既存研究の限界を超えるために、本書では、垂直的な中央地方関係の変化だけでなく、地方レヴェルにおける水平的なエリート間競争の要素を重視する。詳しくは本書全体が示すはずだが、垂直・水平双方の力関係の変化の重なりこそが政治の動態を織りなすのであり、これまでシステマティックな考察の対象とされることの少なかった後者の視角を取り入れることで、より立体的な分析が可能になるものと期待される。

第三節　全国政党の形成と地方エリート——分析枠組

本節では、まず(1)において本書のアプローチについて述べた上で、(2)において分析枠組を提示する。

(1)　本書のアプローチ

本書は、全国政党の形成プロセスと地方レヴェルの動向の双方を視野に入れた分析枠組の提示を目指すが、その際に重要なのが、全国レヴェルの政治の動きに連動し、それに影響を与える地方エリートである。ここで「地方エリート」とは、地方レヴェルにおいて行政府やビジネス界などを中心に活動する人々を指すものとする。[34] 有力エリートは地方政治において主要な役割を果たすだけでなく、選挙の際には選挙マシーンとしても機能することが知られている。こうした有力エリートの取り込みは連邦レヴェルの政党や政治家にとって死活問題である。連邦政党は、地方レヴェルで選挙マシーンを動員することによって初めて、地方における足場を確保することが可能になるのである。

有力エリートが動員しうるリソースの最たるものが「行政資源」である。行政資源という用語は元来、行政機構に由来する人的、財政的、組織的リソースを指すものであるが、近年では、とりわけジャーナリスティックな文脈において、行政機構が時には強制力をも発動することによってなりふり構わぬ選挙民動員を行うという意味で用いられることもある。その典型的な情景として想起されるのは、学校教師や医療関係者などの公務員に対して集票の実働マシーンとなることを半ば強制し、その結果として選挙不正をも含めた票の積み増しを図るというものである。[35] このように、行政資源という用語には特異なニュアンスが込められることも多いが、本書ではこの言葉を、行政機構由来の資源という比較的ニュートラルな意味で用いることとする。

行政資源の動員が可能な地方の有力エリートと全国政党とは相互に補完的な関係にある。両者が連動しなければ全国政党が機能することはなく、また、地方レヴェルの選挙マシーンも、全国政党に連なることによって初めて、いわゆる政党支部として機能するようになる。したがって、全国レヴェルの政党形成と地方エリートとの関連を明らかにするためには、連邦レヴェルにおける政治の動きと地方レヴェルでの選挙マシーンの機能の双方に着目する必要がある。このダイナミズムを明らかにするにあたり、本書においては、まず、連邦レヴェルの政治の動きと地方エリートとの垂直的な関係、そして、地方レヴェルにおける選挙マシーン間の水平的な競争関係、の二つの軸を想定する。

まず、地方エリートの離合集散のプロセスに直接的な影響を及ぼすのが、連邦と地方の垂直的な力関係である。分権状況下では地方選挙マシーンは比較的自由に振る舞う余地があるが、中央集権化の進展につれ、地方レヴェルの選挙マシーンの自立性は次第に制限されていく。ここ二〇年のロシアにおける垂直的な力関係の変化については第二章において取り上げるが、本書では、中央集権化に至るまでのプロセスを、一九九〇年代初頭から後半まで、一九九〇年代終盤から二〇〇〇年代前半まで、そして二〇〇〇年代中盤以降、の三つの段階に分けて捉える。それぞれ、第一の時期は分権状況に、第二の時期は中央地方関係の制度化および集権化の端緒、そして第三の時期は政治的中央集権化に特徴付けられる。

このように考えると、地方エリートは次第に自立性を失って中央に従属するようになったのではないかと思われるが、地方エリートの動向は、分権状況から集権化へと向かう垂直的な力関係の変化のみによって規定されるわけではない。垂直的な力関係の変容と同様に大きな影響を及ぼすのが、地方レヴェルにおける水平的なエリート間の競争関係である。有力エリートを中心として形成される選挙マシーンは、各地方につきひとつしか存在しないとは限らない。有力エリート集団は複数存在し、相互に競争を繰り広げていることが多いのである。このような対抗関係は、集権化の進展に伴って消滅するのではなく、むしろ新たな相互作用を生み出した。このメカニズムは、既存の研究においては十分に触れられてこなかった点である。

本書では、地方レヴェルにおいて時に対抗しあう有力なエリート集団として、州行政府、州都行政府、そして共産党地方委員会、の三者に着目する。詳しくは第一章において述べるが、地方エリートはペレストロイカの時期から次第に分裂し始め、一九九〇年代前半にはこれらのアクターが政治の担い手として浮上するようになった(36)。州行政府および州都行政府は当時の行政エリートを中心に形作られた。共産党地方委員会は、ペレストロイカ末期になってもソ連共産党から距離を置こうとしなかった左派系の勢力を結集する場となった。また、当時、ソ連共産党からいち早く距離を置いた民主派は都市部において強かったことから、州都行政府にその勢力が流入したケースもある。

これらのエリート集団は、政党の形成がすぐには進まなかった地方レヴェルにおいてそれぞれに重要な役割を果たし、また相互に対抗しあう存在でもあった。州行政府、州都行政府は行政資源の動員が可能であり、一種の選挙マシーンとして機能していた。そしてソ連共産党の後継政党としての性格を持つ共産党地方委員会は、多くの地方において選挙マシーン化した行政府に対峙しうるほぼ唯一の勢力であり、体制転換から時間を経てもなお、最大野党として有意味な存在であり続けている。地方レヴェルの動向について、既存の研究では内的なメカニズムに注目がなされる場合でも与党陣営と共産党との与野党間対立を軸として捉えられることが多かったが[37]、本書ではこのような三者関係を分析の基礎に据えることにより、複雑な実態を可能な限りきめ細かく把握することを目指す。

以上述べてきたように、本書では、連邦と地方の垂直的な力関係、そして地方レヴェルでの水平的なエリート競争関係の双方に注目し、立体的な枠組を提示する。本書の分析からは、中央集権化は地方エリートの自立性を弱める効果をもたらし、圧倒的一党優位が成立する背景要因となったことが確認できる。しかし、地方レヴェルにおけるエリート間競争が消滅したわけではなく、むしろそれは異なった力学の中で新たな帰結を生み出すようになったという点も重要である。中央集権化は、地方の自立性を浸食すると同時に、それぞれの地方固有のロジックに従って展開する地方政治との間で複雑な相互作用を生み出した。このことが、ロシアにおける圧倒的一党優位の成立へと至るまでのプロセスの多様性および多層性の背景要因となったのである。

なお、本書においては主にロシア人州を対象として検討を行い、民族共和国は研究の対象から除外することを予め断っておく必要がある。ロシアの連邦構成主体のうち、およそ三分の一は民族原理に基づくものである。その中でも、タタルスタン共和国やバシコルトスタン共和国などの比較的規模の大きな民族共和国がロシア政治に与える役割は非常に大きい。しかし、これらの地方における政治の展開は行政府による動員能力の高さなどにおいて他の地方とは一線を画しており、両者を同一平面上で取り扱うことは難しい。そのため、民族共和国における政治の動向は今後の研究課題とし、本書においては直接には取り扱わないこととした。

（2） 分析枠組

以下においては、①一九九〇年代の遠心化に伴って生じた分権状況、②一九九〇年代末からの中央地方関係の制度化・集権化の端緒、そして③二〇〇〇年代中盤以降の政治的中央集権化、の三つの時期に分け、時期ごとの連邦・地方間のエリートの離合集散に関する分析枠組を提示する。

分権状況におけるエリート集団（一九九〇年代）

一九九〇年代の前半は分権状況に特徴付けられていた。ソ連解体前後の時期から現れた遠心力は次第に増し、特に民族共和国においてその傾向が顕著なものとなったが、それにとどまらずロシア人州においても自立の動きが見られるようになった。一九九三年憲法の制定を経て、連邦が解体する可能性こそ低くなったものの、地方エリートは依然として不人気なエリツィン政権から距離を置こうとした。このような状況の中で、連邦中央は地方のコントロールに苦慮することになった。

分権状況下における各エリート集団の状況は以下のようなものであった。まず、地方レヴェルにおける政治の要である州行政府は、連邦中央から自立的な存在として振る舞う傾向にあった。この時期の地方エリートは、連邦中央に追随することよりも、そこから距離を置くことに利益を見出していたのである。その重要な背景要因として、一九九〇年代初頭にエリツィン政権が推進したラディカルな経済改革が急激な生活水準の低下をもたらし、九〇年代を通じて連邦政府が不人気な存在であった点を指摘できる。州行政府は、時には連邦レヴェルの動きと連動することもあったが、基本的には連邦中央から一定の距離を置いていた。

それに対し、州都行政府は、州行政府とは異なる動きを見せる傾向にあった[38]。その理由として、農村部をも含めた州全体の利益を代表する州行政府と都市部のみに基盤を置く州都行政府との間では構造的な利害対立が生じやすかった点を挙げることができる。州都行政府はしばしば州行政府を批判し、また、州議会選挙への候補者の擁立等を経て州レヴェルの政治に影響を及ぼそうとすることもあった。州都行政府は州行政府と同様に行政資源を動員できる位置にあり、州行政府にとっての最大の脅威だったのである。両者の対抗関係は、地方レヴェルにおける水平的なエリート競争の形をとるだけでなく、州都行政府が州行政府を出し抜いて連邦中央との強いパイプを作ろうとし、連邦レヴェルの政治に積極的に関与しようとする動きに発展することもあった。

共産党地方委員会の果たした役割は時期と地方によって異なり、一様ではない。一九九〇年代の共産党は連邦議会の相対第一党として政権の手を焼かせる存在だった。その後、共産党の政治的な重みは次第に低下したが、それでも代表的な野党としての地位は失っていない。もっとも、共産党は常に政権と非妥協的に対抗するとは限らず、政権との取引を辞さないこともあった。地方レヴェルにおいては、共産党が行政府長官選挙で勝利することで州内与党となる例もあったが（代表例としてのヴォルゴグラード州について第六章で取り上げる）、その場合、連邦政権とある程度妥協しなければならない面もあり、その性格は複雑なものとなった。このように、共産党地方委員会は単一の性格付けで一貫して捉えることの難しい複雑な存在だが、どの地方でも常にある程度以上の大きさを持つ政治勢力として無視しがたい役割を果たした。

このように、分権状況の中で、各エリート集団はそれぞれに複雑な対抗関係を見せていた。州行政府が連邦レヴェルの政治的な動きから距離を置いていた以上、全国政党との結びつきは、州行政府と対抗関係にあった州都行政府を軸としたものになるか、元来全国政党の地方支部である共産党地方委員会を中心に生じていた。

中央地方関係の制度化・集権化の端緒（一九九〇年代末から二〇〇〇年代中盤）

上記のような状況は一九九〇年代末に一定の変化をこうむりだした。一九九八年金融危機がその最初のきっかけとなり、その直後に一九九九年下院選挙へ向けた選挙キャンペーンが始まった。この下院選挙はそのすぐ先に次期大統領選挙を見据えるものであり、三選禁止規定によってエリツィンがレームダック化しつつあったことから、新たな政治再編がもたらされた。ヘイルも指摘しているように、「パトロネージ大統領制」が成立している国においては、大統領の任期切れが近づくとエリートが新たなエリート配置の形成を目指して離合集散を繰り広げるようになるためである。(39)

この時期には、地方発の選挙ブロック形成に向けた動きが活発化した。(40)モスクワ市長のユーリー・ルシコフが率いる「祖国」、そして民族共和国を中心として結成された「全ロシア」、そしてサマーラ州知事のコンスタンチン・チトフが主導する「ロシアの声」などが乱立した。そのうち、「祖国」と「全ロシア」は合同して「祖国＝全ロシア」となり、地方エリートを組織した新たな与党の出現を予感させた。これらの地方発の選挙ブロックが一九九九年下院選挙における一大勢力となったのである。

このような状況を背景とし、各地方におけるエリート間の対抗関係にも変化が生じるようになった。まず、州行政府が、それまでとは異なり、連邦レヴェルの政治に参入しようとする動きを見せるようになった。それに加え、州都行政府もまた、州行政府に対抗して連邦レヴェルの政治に参加しようと活発な動きを見せ始めた。一九九〇年代後半から生じた変化は、地方レヴェルの選挙マシーンと全国的な政党形成の動きとを連動させるひとつのきっかけとなった。共産党地方委員会は地方レヴェルにおける野党として独自の役割を果たし続けるケースもあったが、全国的な与党形成が進むにつれ、政治的に活発化した州行政府と州都行政府の陰に隠れることもあった。

政治的中央集権化（二〇〇〇年代中盤以降）

二〇〇〇年代中盤には集権化がさらに進展した。州行政府の与党への参加は、政治的な中央集権化が進み始めたこの時期からとりわけ顕著なものとなり、「統一ロシア」の党員である知事の割合が増加した。それまで政党からは距離を置いていた知事も、この時期には党員資格を持つようになっていた。中央集権化が進む中で、州行政府は、次第に全国政党へと組み込まれていったのである。

中央集権化の動きは、それ以外のアクターにはまた異なった形での力学を加えることになった。まず、州行政府と州都行政府との間で観察された対抗関係は、集権化が進む中でも変化しにくかった。集権化が進むと、州行政府が連邦中央との紐帯を強めるのはもちろんだが、州都行政府も様々な方法でその独自性をアピールしようとした。例えば、州行政府との間で競い合って連邦中央との連携を強めようとする、州行政府を飛び越えて直接連邦中央に働きかける、あるいは、州行政府が連携している全国政党とは異なる政党との連携を模索するといった手段がある。このように、州都行政府はその時々の状況に応じてその立ち位置を変えていき、時として、地方レヴェルにおける政党政治に影響を与えたのである。

また、共産党地方委員会も、趨勢としては後退しつつも一定の役割を果たした。集権化が進む中で、州行政府が次第に連邦中央と親和的な存在になると、かつて存在していた、共産党が与党的な役割を果たす「赤い地方」は維持されにくくなった。知事は、たとえ（元）共産党員であったとしても、クレムリンに対する忠誠を尽くす必要に迫られるようになるためである。この傾向は特に実質的任命制の導入後に顕著なものとなった(41)。その意味では、共産党の存在感は全国的にやや小さくなったが、各地方レヴェルにおける共産党地方委員会自体は、こうした変化の中でも比較的影響を受けにくく、与党に対抗しうる存在として独自の役割を維持していた。「統一ロシア」の浸透が進む中で、共産党は、「統一ロシア」に対抗しうるほぼ唯一の野党として反政権票を集めることにもなった。

このように、集権化が進む中で、州行政府が全国政党に取り込まれるようになると、地方レヴェルにおけるエリート配置にはそれまでとは異なる力学が働くようになった。その中でも、州行政府と州都行政府との間の対抗関係が維持され、時として州都行政府が野党の足場となった点、さらに、共産党地方委員会が「統一ロシア」に対抗しうる野党として影響力を持つようになったという点が重要である。

第四節　本書の意義

以下においては、本書が持つ意義について、(1) ロシアにおける政治変容の再検討、(2) ポスト共産主義研究、(3)「統一ロシア」の実態解明、の三点から論じることにしたい。

(1)　ロシアにおける政治変容の再検討

本書が対象とするソ連解体後から二〇〇〇年代までのロシアは、大規模な政治変容に特徴付けられた。ペレストロイカからソ連解体に至るまでの時期は民主化の機運が高まったことで知られる。しかし、新生ロシアにおける民主化の進展は思わしいものではなかった。二〇〇〇年代に入ってからは権威主義化傾向が強まったとの言説が増大し、さらにペシミスティックな見方が優勢になった(42)。

本書は、ロシアがこのような変化に直面した時期を取り上げるものであるが、政治体制の特徴付けに関する結論を性急に出そうとするのではなく、地方レヴェルにおける実態を中心として政治の変容プロセスを追跡することを第一義的な目標とする。この試みは、ロシアの政治変容を新たな観点から捉え直し、既存の研究では十分に取り扱われてこなかった側面に光を当てることを可能にする。

本書の分析から、二〇〇〇年代に入ると、一九九〇年代とは異なってエリートの凝集性が高まったことが確認される。この点自体は既存の研究において指摘されてきた通りである。しかし、本書から明らかになることとしてそれ以上に重要と考えられるのが、二〇〇〇年代に入っても、地方レヴェルにおけるエリート間の力関係そのものはそれほど大きくは変化しておらず、むしろ政治体制の変動という観点からは把握されにくい小刻みな変動が生じていたという点である。

このように、本書は、地方レヴェルにおけるエリートの水平的な競争関係が、全国レヴェルの政治の変動に際しても重要な役割を果たしてきたことを指摘する。地方レヴェルのミクロなアクターの動きが全国政党の形成や勢力拡大を左右するという側面は他国にも共通しており、本書のアプローチは、ロシアに限らず、政治の変容プロセスを立体的かつ動態的に描き出すために有効であると考えられる。

(2)　ポスト共産主義研究

本書は、体制転換直後からのロシア政治の変容を明らかにすることを目指すものであり、共産主義体制からの移行をめぐる議論とも密接に関連している。その中でも、本書が主要な研究対象とする地方レヴェルの動向については、旧体制からの移行が連邦レヴェルほどはっきりした形では進展しなかったことから、どちらかというと変化の遅さを物語っていると捉えられがちであり、そのことがポスト共産主義期の政治を論じる際のひとつの焦点とされてきた。

この点に関する既存の研究においては、基本的には旧体制エリートが形を変えて残存し、力を温存したという側面が強調されてきた。特に重要であるとされたのが、ポスト共産主義期においては私有化プロセスが進行中であり、旧体制エリートが様々な手段を用いてリソースを得ることができたという点である[43]。そのため、もっぱら問題とされたのは、私有化、そしてその結果として生じた行政府とビジネス界との癒着であった[44]。このようにして旧体制エリートは移行の「勝者」となり、一般民衆をいとも容易に動員したというイメージで捉えられてきた。

本書においては、地方レヴェルの政治を可能な限りきめ細かく、そして、住民の生活に密着したテーマにも目配りをして説明することを試みる。その作業を通して、これらのエリート集団がガヴァナンスの成否および選挙民動員をめぐって相互に激しく争っており、その競争がきわめて熾烈であったということが明らかになる。地方レヴェルにおいて移行の「勝者」であることが自明視されてきた旧体制エリートは、容易に権力を温存できたとは限らず、実際には様々な困難に直面していたのである。

この点は、インフォーマルなリソースの動員を行うことができる旧体制エリートが他のエリートに対して優位に立つ状況を所与のものと捉えてきたポスト共産主義研究の前提を問い直すものとなる。さらに言えば、これはポスト共産主義研究という枠を超え、エリートの競争性とリソースの動員との関係性というより普遍的なテーマにもつながるものであり、クライエンテリズムが問題となる国の政治を観察する際にも重要な視点を提供することが期待される。

(3)「統一ロシア」の実態解明

二〇〇〇年代のロシア政治に多大な影響を与えた巨大与党「統一ロシア」は、多くの研究者の注目を集めてきた。[45]「統一ロシア」は、ロシアにおいて、政権によって道具として作られた党を意味する「権力党（партия власти）」という言葉で描写されることもある。なお、この「権力党」[46]という用語はアモルフなエリート集団を意味することもあり、制度化の度合いがそれほど高くないという含意もある。また、安定与党として成立した「統一ロシア」に関しては、政党組織が行政府と地続きになり、無尽蔵なリソースを獲得することに成功したという側面を重視し、「政府党」[47]という概念が当てはめられることもある。[48]

本書では、「統一ロシア」の実態を、地方レヴェルにおける行政府と政党との関連を中心に、そして可能な限り

「現地主義」に基づいて観察する。[49] 従来、「統一ロシア」について論じられる際には政党組織や党内における意思決定など、政党そのものに着目がなされることが多かったが、本書では、「統一ロシア」の登場から定着に至るまでのプロセスを地方政治の文脈を重視して明らかにすることにより、「統一ロシア」がエリートにどのように浸透し、機能したのかといった点を含めた等身大の姿を描き出すことが可能になる。

本書の分析から、まず、「統一ロシア」にとって地方行政府の取り込みは必ずしも容易ではなく、「統一ロシア」の登場プロセスはエリート内の紛争と無縁ではなかったことが明らかになる。さらに、ひとたび地方エリートの糾合に成功したかに見えても、有力なエリート集団間の亀裂を解消することは困難であり、圧倒的一党優位状況下でも地方レヴェルにおいては内紛が絶えなかったという点も重要である。「統一ロシア」は、その実情に目を向ければ、雑多な政治勢力の連合体としての側面も有していたのである。

本書の発見は、一枚岩的な組織で他の勢力を圧倒する存在として捉えられてきた「統一ロシア」の弱点および限界を示すものである。与党が行政府と地続きになることによって安定的に機能するという現象はロシアに限らずしばしば観察される。優位に立つはずの与党が行政府との関係において様々な困難を抱えているという本書の指摘は、比較研究を行う上でも有意義である。

第五節　方法と資料

本節では、本書の方法および実証研究に際して用いる資料について述べる。

（1）本書の方法

先に示したように、本書においては、地方レヴェルの主要な政治アクターとして州行政府、州都行政府、共産党地方委員会の三者を想定し、それらが分権状況および集権化の中でどのように行動し、それが全国政党の形成にいかなる影響を及ぼしたのかという点についての見取り図を示した。以下においては、この見取り図の妥当性を示すため、本書が採用する方法について論じる。

先に提示した見取り図から既に明らかになるように、これらのアクターの作用の仕方は時期によって変動がある。とりわけ、共産党地方委員会の立ち位置は、深刻な経済不況に見舞われ、政権批判の風潮が強かった一九九〇年代と、社会経済状況が改善した二〇〇〇年代とでは大きく変化している。しかし、そうした時系列的変化は地方ごとに多様であり、それらを単一の明快な図式におさめるのは至難である。そこで本書では、出発点である一九九〇年代の時点におけるエリート配置の多様性に着目していくつかの地方を選択し、それぞれの地方においてその後生じた変化を観察するという方法を採用する。

エリートの配置を観察するに際しては、それぞれのエリート集団の相対的な力関係に着目する。どの地方においても州行政府が州内で最も有力なアクターであることは自明なので、州行政府に対して州都行政府の発言力が強い場合とそうではない場合、そして、共産党地方委員会が地方レヴェルにおいて独自の基盤を有しているかどうか、を重視する。州都行政府の発言力についてはその州内における州都の規模や財政基盤によって、また、共産党地方委員会の基盤については当該州における選挙結果などからある程度推測することが可能であるが、どちらも複合的な要因によって左右される。

これを組み合わせると、①州都行政府も共産党も弱く、州行政府が他の勢力を圧倒する州行政府優位型、②州都行

表1　エリート配置の型

	共産党の影響力弱い	共産党の影響力強い
州都行政府の発言力弱い	①州行政府が他のアクターを圧倒（州行政府優位型）	②州行政府と共産党が並立（州行政府・共産党並立型）
州都行政府の発言力強い	③州行政府＝州都行政府間の対抗関係（州行政府・州都行政府並立型）	④州行政府＝州都行政府＝共産党の三つ巴（三者並列型）

出典）筆者作成.

政府が弱く州行政府と共産党が並立する州行政府・共産党並立型、③州行政府と州都行政府が強い州行政府・州都行政府並立型、④州行政府、州都行政府、共産党がそれぞれに影響力を持つ三者並列型、の四類型を想定することができる。このことを図示したのが表1である。

本書では、一九九〇年代のエリート配置として、このそれぞれの類型に当てはまる四地方を取り上げることにより、共産党の影響力が強い場合と弱い場合、そして、州都行政府の発言力が強い場合と弱い場合の双方について比較検討を行う。この作業によって、先に示したエリート配置に関する見取り図を実証的に裏付けることが可能になる。

まず、州都行政府の発言力が強い場合と弱い場合を比較するためには、表1における①、②と③、④の比較が有効である。この場合、①と②のケースについては州都行政府との力関係が発生しないため、集権化は比較的スムーズに進展する可能性が高いが、③および④に関しては州都行政府との対抗関係が存在するため、集権化には様々な困難が伴うことが予想される。

次に、共産党地方委員会の影響力による違いを比較するためには、①、③と②、④をそれぞれ組み合わせて検討することが有意義である。この場合、元来共産党の影響力がそれほど大きくなかった①、③においては集権化に際しての共産党の存在感も小さかったが、②と④の場合は共産党の影響力が影響を及ぼし続けたと考えられる。

（2） 実証研究において取り上げる四州

実証研究においては以上述べてきた四通りのエリート配置に基づいて対象となる地方を選び、それぞれの地方における政治プロセスを追った上で地方間の比較を行う。エリート配置の型に基づいた比較を行いやすくするため、本書では、基礎的な諸条件が共通しており、かつ、特殊なファクターに強く規定されることがない地方を取り上げることにする。

具体的には、沿ヴォルガ地域のロシア人州であるサラトフ州、ウリヤノフスク州、サマーラ州、ヴォルゴグラード州を取り上げる。沿ヴォルガ地域は、過疎地域のシベリアや極東、また、資源産出リージョンであるチュメニ州や、モスクワ市、サンクトペテルブルグ市などの大都市圏とも異なり、特殊な条件が相対的に少ない。産業構造の観点からも、資源を豊富に産出する地域ではなく、農業と工業が比較的バランスよく発展しているという特徴がある。このような地方を取り上げることは、ロシアにおける地方政治の平均的な姿を描き出し、その全体像に迫るために有益であると考えられる。

これら四州における地方レヴェルのエリート配置についてはケーススタディの部分で詳述するが、一九九〇年代の状況としては、サラトフ州が①州行政府優位型、ウリヤノフスク州が②州行政府・共産党並立型、サマーラ州が③州行政府・州都行政府並立型、ヴォルゴグラード州が④三者並列型に当てはまる（表2参照）。

なお、沿ヴォルガ地域は一九九〇年代の地方政治研究のひとつのメッカでもあった[50]。その理由の一端として、同地域は文化的、学術的にも発展しており、地元の研究者による研究活動が活発に行われていたという点を指摘することができる。地方政治研究は二〇〇〇年代に入って以降下火になり、かつての研究から得られた知見が検証されることもないままとなったが、沿ヴォルガ地域における二〇〇〇年代以降の経過を追うことは、これまでの研究から得られ

表2　実証研究において取り上げる4州

	共産党の影響力弱い	共産党の影響力強い
州都行政府の発言力弱い	①サラトフ州	②ウリヤノフスク州
州都行政府の発言力強い	③サマーラ州	④ヴォルゴグラード州

出典）筆者作成.

た理論の限界および発展可能性についての検討を容易にするという利点もある。

四州の位置は図1に示す通りである。これら四州は、ロシアを一一の経済地区に分ける区分に従えば全てが沿ヴォルガ（Поволжский）経済地区に入るが、ロシアを八連邦管区（連邦管区については第二章第二節（3）（76頁）を参照）に分ける区分では、ヴォルゴグラード州のみが南部連邦管区に属し、サラトフ州・ウリヤノフスク州・サマーラ州が沿ヴォルガ（Приволжский）連邦管区に入る。

実証部分においては、①分権状況、②制度化・集権化の端緒、③政治的中央集権化、の時期区分に従い、各地方の実際の政治プロセスを追跡する。結論を先取りすることになるが、影響力のある政治家の登場やガヴァナンスの崩壊などといった偶然的な事情が生じることもあったものの、各地方の政治を分析するに際しては先に提示した分析枠組が一定の意味を持つことが明らかになる。

各地方におけるそれぞれの時期についての概要は以下の通りである（表3参照）。①サラトフ州では、分権的な状況下においては州行政府が連邦中央に対して自立的な立場をとっていたが、逆に、集権化が進むと州行政府が連邦与党に連動するようになり、自立性が失われていった。②ウリヤノフスク州においては集権化に伴って州行政府が連邦レヴェルの与党に取り込まれるようになった一方、共産党がある程度独自の役割を果たした。③サマーラ州では州行政府と州都行政府の対抗関係が失われることがなく、それをひとつの軸として政治プロセスが展開していった。④ヴォルゴグラード州では、州行政府と州都行政府の対抗関係が重要な役割を果たしたことに加え、州内において強い支持基盤を持つ共産党地方委員会が主要なアクターとして機能した。

図1　全国地図

出典）Регионы России: официальное издание の地図をもとに筆者作成
図中の番号：①サラトフ州，②ウリヤノフスク州，③サマーラ州，④ヴォルゴグラード州

表3　4州における時期ごとの展開

	分権状況	制度化・集権化の端緒	政治的中央集権化
サラトフ州	州行政府を中心とした単極的な政治状況	州行政府と「統一ロシア」の対抗関係	「統一ロシア」の浸透
ウリヤノフスク州	州行政府と共産党地方委員会の対抗関係	ガヴァナンスの機能不全と政権交代	「統一ロシア」・州行政府の協力関係
サマーラ州	州行政府と州都行政府の対抗関係	州都行政府の「統一ロシア」への接近	州行政府と州都行政府の紛争が激化
ヴォルゴグラード州	州行政府＝共産党の連合と州都行政府の対抗関係	州都行政府の「統一ロシア」への接近	州行政府と州都行政府の紛争が激化，政治状況の不安定化

出典）筆者作成.

（3）資　料

本書が依拠する資料の詳細については第二部の序文において触れるが、ここではその概要について述べておくことにしたい。

地方政治についての客観的な情報を引き出すことはきわめて難しい。まず、ロシアにおいてはメディアの中立性に疑問が呈されることが多いという事情がある。それが地方レヴェルになればその傾向はなおさら強いものとなり、客観的な情報を入手することはほとんど不可能であるとの見方もある。そのため、地方政治が論じられる際にはインタヴューが主要な方法とされてきた。しかし、インタヴューにも大きな限界がある。なぜなら、人々の記憶は、ある程度時間が経つとその正確性を期待できなくなるためである。さらに、インタヴューは体系的に集めることが難しいため、インタヴューのみに頼る形で長期間を対象とした研究を実施することにも無理がある。

そこで、本書においては、現地調査を行って現地感覚を得た上で、体制転換後から二〇年分の新聞資料を参照するという手法をとった。ロシアではメディアに対する言論統制が問題視されており、自由な報道が難しいというイメージもあるが、新聞についてはテレビ放送ほどの統制は行われていない。もっとも、政権寄りの新聞とそうではない新聞との間で論調には大きな違いがあるため、各地方について必ず複数の新聞を参照し、それらの相互関係についての精査を行った。このような方法をとることにより、同じ事件が、どの新聞でどのような取り上げられ方をしたのか、そして、それが現地のジャーナリストや専門家にとってはいかなる「記憶」として残っているのか、といった点についての確認を行うことが可能になる。

現地調査では、議員や政党活動家などからのインタヴューも重要であるが、全体的な政治状況の総括を行うための「専門家」の意見として、政治学者、ジャーナリストからの聞き取りも重視した。そこには「ポリトテフノーログ（политтехнолог）」という、選挙の黒幕として活動する人々も含まれている。[51] 彼らは、「政治学者（политолог）」と呼称されることもあり、地方内における代表的な論客として活躍している場合もある。彼らは言論の担い手でもあり、同時に、政治を裏で動かす存在でもある。[52] 彼らの発言がどの程度信頼に足るのかという点については十分に注意を払う必要があるが、彼らからの聞き取り調査は、ロシアにおける政治の実情を把握するための貴重な情報源となる。

ここまで述べてきたように、本書は、聞き取り調査を中心とした現地調査と、長期にわたる新聞資料を丹念に読み込むという歴史的な手法の双方を組み合わせて展開される。

第六節　本書の構成

序章では本書の問題設定および分析の枠組について触れ、地方レヴェルにおける政治プロセスが主題となることを明らかにした。地方政治が主要な関心事であるといっても、それを理解するためには地方政治を取り巻く前提条件について確認しておく必要があるため、まず、第一部ではそうした背景および前提について触れた上で、第二部において実証研究を行うという構成を採用する。

第一部は、第一章、第二章、補章によって構成される。

第一章では実証研究の出発点として、本書において対象とするロシアの地方政治の基本的な枠組の形成プロセスについて、一九九〇年三月のロシア共和国・地方ソヴェト選挙に遡って論じる。第一章から明らかになるのは、地方レヴェルにおいて現れた州行政府、州都行政府、共産党地方委員会が、それぞれに一種の選挙マシーンとして機能し始め、ガヴァナンスと選挙とがきわめて密接に絡み合う政治状況が生じたという点である。この点は、実証部分のひとつの重要な前提条件となる。

第二章においては、実証研究に入る前の準備段階として、本書で主要な検討の対象とする地方政治が、連邦中央との関係においてどの程度の重みを持っていたのかという点について、中央地方関係および地方レヴェルにおけるガヴァナンスのあり方の双方から検討を行う。そこから、一九九〇年代、一九九〇年代末から二〇〇〇年代初頭、そして二〇〇〇年代中盤以降、と時期を追って次第に中央集権化が進展していったことが確認される。それと同時に、中央集権化を志向した制度改革が期待された効果を生み出したとは言えない側面もあること、次いで、地方レヴェルのガヴァナンスに関しては、連邦予算の重みが増す傾向にはあったが、地方行政府の裁量の余地が一定程度残されていたこと、が明らかになる。

補章では、実証研究を展開する際の前提知識として、政党および選挙をめぐる制度、そしてそれらの制度がソ連解体から現在に至るまでの間にどのような変化を遂げたのかという点についての若干の検討を行う。なお、補章の末尾において、主要な選挙ブロック・政党についての簡単な説明をする。

第二部では本書の主たる研究対象となる沿ヴォルガ地域の四州についての事例研究を展開する。まず、第二部の序文において、各地方のケーススタディで用いる資料およびフィールドワークの概要についての説明を行う。以後の各章では、サラトフ州（第三章）、ウリヤノフスク州（第四章）、サマーラ州（第五章）、ヴォルゴグラード州（第六章）、の順で章ごとに一地方を取り上げ、それぞれの州における体制転換直後の時期から圧倒的一党優位の成立に至るまでの変容のプロセスを明らかにする。

これらのケーススタディは、本章第三節においても触れたように、第一義的には、沿ヴォルガ地方を対象としてプロセスの多様性を描き出すことに力点があるが、それと同時に、比較検討を行うという目的をも併せ持っている。そのため、それぞれの地方のケーススタディは、時系列的な変化を把握することに加え、地方ごとの比較を行いやすくするという観点から、全ての州について共通の時期区分を採用する。すなわち、①分権状況（一九九一年から一九九八年頃まで）、②中央地方関係の制度化・集権化の端緒（一九九八年から二〇〇三年下院選挙まで）、③政治的中央集権化（二〇〇三年下院選挙以降）、の時期区分に沿って叙述される。

終章では、本書において提示した分析枠組について、ケーススタディからいかなる知見が得られたかという点についての確認を行う。その上で、本書から得られた知見の理論化の可能性について触れ、残された課題について言及する。

注

（1）個別の政党についての説明は、補章末尾に付した「選挙ブロック・政党」の項目（113頁）を参照されたい。

（2）「統一ロシア」が政治空間をほぼ独占する状況を指して「ヘゲモニー政党制」と呼ぶ用語法があるが、これは研究対象を「権威主義」と特徴付ける結論先取りに通じやすい。サルトーリの用語法では、「ヘゲモニー政党制」は非競争的な政治システムと結びつけられ、競争的な政治システムの枠内の「一党優位制」と対比されているからである（Giovanni Sartori, *Parties and Party Systems: A Framework for Analysis* (New York: Cambridge University Press, 1976)（岡沢憲芙・川野秀之訳『現代政党学　政党システム論の分析枠組み（普及版）』早稲田大学出版部、二〇〇〇年）。現代ロシアの政治体制をどう位置づけるべきかは論争の絶えないテーマであるが、分析に先立って結論を先取りするのは避けるべきだとの観点から、本書では「ヘゲモニー政党制」でも単なる「一党優位制」でもなく、その双方の意味合いを包含しうる概念として「圧倒的一党優位」という言葉を用いることにする。

（3）フリーダムハウスの評価においてロシアの政治体制が「部分的自由」から「非自由」へと転落したのは二〇〇五年のことであった。国別の評価についてはフリーダムハウスのサイト（http://freedomhouse.org）を参照。以下、引用するURLの最終アクセス日は特別に断りがない限り二〇一四年一一月七日である。

（4）その最初の標的となったのは比較的反政権的な傾向の強いNTVであった。NTVは一九九九年下院選挙の際に、クレムリン与党の「統一」と対決した「祖国＝全ロシア」を支持した。NTVを所有していたメディア・モストのウラジーミル・グシンスキーは民営化をめぐる問題で逮捕され、その後国外へ脱出した。この一連の経緯については、Masha Lipman and Michael McFaul "Putin and the Media," in *Putin's Russia: Part Imperfect, Future Uncertain*, edited by Dale R. Herspring (Lahnham MD: Rowman & Littlefield, 2009), 63-84 を参照。

（5）このようなオリガルヒ排除の流れの中で、一九九〇年代に政治的な力を獲得したオリガルヒの一人であるボリス・ベレゾフスキーはイギリスに亡命した。また、二〇〇三年には石油会社ユーコスの社長ミハイル・ホドルコフスキーが脱税を理由に逮捕、収監された。サクワは、プーチン政権下において推進された有力なオリガルヒの排除は、ビジネス界の政治的な主張を封じる時代錯誤的なものであると論じている（Richard Sakwa, "Putin and the Oligarchs," *New Political Economy* 13, no. 2 (2008): 185-191）。なお、二〇一四年二月開催のソチオリンピックを控えた二〇一三年一二月、ホドルコフスキーは恩赦により釈放された。

（6）リベラル派の苦境はオリガルヒの排除によってもたらされた側面があり、ホドルコフスキーの逮捕によってヤブロコをはじめとした諸野党が財政的に大きな打撃を受けたとの指摘がある（Kenneth Wilson, "Party Finance in Russia: Has the 2001 Law "On Political Parties" Made a Difference?," *Europe-Asia Studies* 59, no. 7 (2007): 1109-1110）。

（7）ブージン、リュバレフらは、二〇〇七年頃から選挙の行われ方が本質的に変容したと論じている（А. Ю. Бузин, А. Е. Любарев. Преступление без наказания: административные технологии федеральных выборов 2007–2008 годов. М.: Никколо М., 2008）。また、こうした選挙不正に際して公務員が動員されていることも指摘される。この点は政治の現場においてより強く意識されており、筆者が聞き取り調査を行ったジャーナリスト・専門家の多くが同様の見解を示した。例えば、ウリヤノフスク市において「ヴレーミャ.ru」という新聞を主宰しているオレグ・サマルツェフ氏は、プーチン時代に入ってから、公務員を中心とした上意下達の軍隊構造に近い政治体制が作り出されるに至ったと述べている（筆者による聞き取り。二〇一〇年一一月二六日、ウリヤノフスク市）。

（8）政党制・選挙システムに関わる制度改革の主たる内容となったのは、①政党の役割を強化する改革（二〇〇一年の政党法の制定がその端緒となった）、②比例代表選挙によって選出される議席の比重を高める改革（二〇〇三年から始まり、二〇〇五年には下院の全比例代表制への移行・阻止条項の引き上げが決定された）、③最低投票率要件の撤廃や「全ての候補者（名簿）に反対」欄の廃止などの選挙の基本原則の改革（二〇〇六年に法改正が行われた）、である。これらの制度改革の具体的内容については補章第二節（100頁）を参照のこと。

（9）詳しくは補章第三節（3）（105頁）において触れるが、二〇〇五年の下院選挙法改正により阻止条項が五％から七％へと引き上げられた。

（10）典型的には、Regina Smyth, Anna Lowry, and Brandon Wilkening, "Engineering Victory: Institutional Reform, Informal Institutions, and the Formation of a Hegemonic Party Regime in the Russian Federation," *Post-Soviet Affairs* 23, no. 2 (2007): 118-137 を挙げることができる。もっとも、一連の制度変更は確かに小規模政党を政治アリーナから排除するという効果をもたらしたが、このことが「統一ロシア」のみを一方的に利したわけではないという点には注意しておく必要がある。これらの制度変更により、「統一ロシア」のみならず、共産党や自由民主党などの中規模以上の諸政党も議席を獲得しやすくなった。

（11）こうした論調は主として二〇〇七年以降に顕著になり、現時点のロシアにおける最も包括的な政党史論であるコルグニュークの作品にも見出すことができる（Ю. Г. Коргунюк. Становление партийной системы в современной России. М.: Фонд ИНДЕМ. 2007）。コルグニュークは、一九九〇年代における政党システムを「変動しやすい政党システム」と捉えた上で、「統一ロシア」登場後のそれを「疑似政党システム」と特徴付けている。もっとも、こうした多数意見とは異なる見解もある。リャーボフは、二〇〇四年の論考において、民主派、「権力党」、「共産党」の三陣営によって構成されるロシアの多党制はプーチン体制下においてむしろ定着の傾向を見せるようになっており、行政による介入には限度があると論じている（Andrey Ryabov, "The Evolution of the Multiparty System," in *Restructuring Post-Communist Russia*, edited by Yitzhak Brudny, Jonathan Frankel and Stefani Hoffman (Cambridge: Cambridge University Press, 2004), 208–225）。

（12）Adam Przeworski, *Democracy and the Market: Political and Economic Reforms in Eastern Europe and Latin America* (Cambridge and New York: Cambridge University Press, 1991).

（13）共産党はとりわけ南部の農村地域において高い得票率を獲得しており、支持者の具体的なプロフィールとしては年金生活者などが多かった。この時期の共産党は主に、移行の「谷」の打撃を受けやすかった経済的な弱者の支持に支えられていたのである。共産党の支持基盤については、Ralph S. Clem and Peter R. Craumer, "Urban and Rural Effects on Party Preference in Russia: New Evidence from the Recent Duma Election," *Post-Soviet Geography and Economics* 43, no. 1 (2002): 1-12; Timothy J. Colton, "Determinants of the Party Vote," in *Growing Pains: Russian Democracy and the Election of 1993*, edited by Timothy J. Colton and Jerry F. Hough (Washington, D.C.: Brookings University Press, 1998), 75–114 などを参照。

（14）例えば、シゾフは、ロシアにおいては人々の価値観と生活戦略が政治のあり方に大きく影響するとの前提に立ち、プーチン時代の物質的な安定が重要な意味を持ったとしている（Илья Сизов. Граждане и власть в современной России: ценностный аспект политического участия // Свободная мысль. № 6, 2010. С. 97–106）。また、ローズらも、ロシア市民は、エリツィン時代のような落ち込みが繰り返されないことを重視したとし、プーチン体制が受け入れられたのは、経済的なパフォーマンスが向上していたためであると述べている（Richard Rose, Neil Munro and William Mishler, "Resigned Acceptance of an

Incomplete Democacy: Russia's Political Equilibrium," *Post-Soviet Affairs* 20, no. 3 (2004): 195–218)。

(15) その点に踏み込もうとした数少ない研究として、ウェグレンはベルゴロド州、ヴォルゴグラード州、クラスノダール地方、ノヴゴロド州、チュヴァシ共和国から八〇〇世帯を抽出して家計調査の結果と投票行動の関係を調査し、市場経済への移行に取り残された人々が共産党に投票するという図式がもはや成り立たなくなったことを示している (Stephen K. Wegren, "The Communist Party of Russia: Rural Support and Implications for the Party System," *Party Politics* 10, no. 5 (2004): 565–582)。もっとも、ウェグレンの調査では、地域ごとの差異は検討されていない。調査対象となった地方のうち、ノヴゴロド州以外は元来共産党が強い地域であった。

(16) 地方エリートが連邦レヴェルの政治に少なからぬ影響を与える存在であることは既に指摘されているところである。「統一ロシア」の形成プロセスにおける地方エリートの重要性に注目した研究として、Ora John Reuter and Thomas F. Remington, "Dominant Party Regimes and the Commitment Problem: The Case of United Russia," *Comparative Political Studies* 42 (2009): 501–526を参照。

(17) 地方政治研究を独自の学問領域にしようとする問題提起をしたトゥロフスキーの論考 **Р. Ф. Туровский. Основы и перспективы региональных политических исследований // Полис. № 1, 2001. С. 138–156** を参照。トゥロフスキーによる地方政治研究の包括的な教科書としては、**Р. Ф. Туровский. Политическая регионалистика. М.: Издательство ГУ-ВШЭ, 2006** がある。

(18) Mary McAuley, *Russia's Politics of Uncertainty* (Cambridge: Cambridge University Press, 1997).

(19) Joel C. Moses, "Saratov and Volgograd, 1990–1992: A Tale of Two Russian Provinces," in *Local Power and Post-Soviet Politics*, edited by Theodore H. Friedgut and Jeffrey W. Hahn (Armonk: M. E. Sharpe, Inc., 1994), 96–137.

(20) Kimitaka Matsuzato, *The Split of the CPSU and the Configuration of Ex-Communist Factions in the Russian Oblasts: Cheliabinsk, Samara, Ul'yanovsk, Tambov, and Tver' (1990–95)* (Sapporo: Slavic Research Center, 1996).

(21) Vladimir Gel'man, Sergey Ryzhenkov and Michael Brie, *Making and Breaking Democratic Transitions: The Comparative Politics of Russia's Regions* (Lanham, MD: Rowman & Littlefield Publishers Inc., 2003).

(22) その1例として、Nicolai N. Petro, *Crafting Democracy: How Novgorod Has Coped with Rapid Social Change* (Ithaca: Cornell University Press, 2004) を挙げることができる。

(23) Joel S. Hellman, "Winner Takes All: The Politics of Partial Reform in Postcommunist Transitions," *World Politics* 50, no. 2 (1998): 203-234.

(24) Kathryn Stoner-Weiss, "The Limited Reach of Russia's Party System: Underinstitutionalization in Dual Transitions," *Politics & Society* 29, no. 3 (2001) 385-414.

(25) Henry E. Hale, *Why not Parties in Russia? Democracy, Federalism, and the State* (New York: Cambridge University Press, 2006).

(26) Robert G. Moser, "Independents and Part Formation: Elite Partisanship as an Intervening Variable in Russian Politics," *Comparative Politics* 31, no. 2 (1995): 147-165.

(27) Derek S. Hutcheson, *Political Parties in the Russian Regions* (London and New York: RoutledgeCurzon, 2003).

(28) この点に関連し、松里は、地方エリートによる政党形成の動きが活発化した背景にはより上位の政治アリーナへと進出しようとする動機があったと指摘している (Kimitaka Matsuzato, "Elites and the Party System of Zakarpattya *Oblast'*: Relations among Levels of Party Systems in Ukraine," *Europe-Asia Studies* 54, no. 8 (2002): 1267-1299)。

(29) 地方エリートの動きと連邦与党の形成との関連については、拙稿「ポスト共産主義ロシアにおける『与党』の起源——『権力党』概念を手がかりとして」『国家学会雑誌』第一二一巻第一一・一二号（二〇〇八年）一九七—二六三頁を参照されたい。

(30) Reuter and Remington, "Dominant Party Regimes and the Commitment Problem."

(31) Andrew Konitzer and Stephen K. Wegren, "Federalism and Political Recentralization in the Russian Federation: United Russia as the Party of Power," *The Journal of Federalism* 36, no. 4 (2006): 503-522.

(32) Joan DeBardeleben and Mikhail Zherebtsov, "The Transition to Managerial Patronage in Russia's Regions," in *The*

Politics of Sub-National Authoritarianism in Russia, edited by Vladimir Gel'man and Cameron Ross (Farnham, Surrey, UK and Burlington, VT Ashgate, 2010), 85-105.

(33)「統一ロシア」の地方組織が磐石ではないことを指摘した研究として、Darrell Slider, "How United is United Russia? Regional Sources of Intra-Party Conflict," *Journal of Communist Studies and Transition Politics* 26, no. 2 (2010): 257-275 が挙げられる。

(34) 一九九〇年代前半の地方エリートの実態を明らかにした論考に、М. Н. Афанасьев. Изменения в механизме функционирования правящих региональных элит // Полис № 6, 1994. С. 59–66, Д. В. Бадовский. Трансформация политической элиты в России—от «организации профессиональных революционеров» к «партии власти» // Полис № 6, 1994. С. 42–58 などがある。

(35) こうした意味での行政資源の実態に迫ろうとした研究として、Jessica Allina-Pisano, "Social Contracts and Authoritarian Projects in Post-Soviet Space: The Use of Administrative Resource," *Communist and Post-Communist Studies* 43, no. 4 (2010): 373-382 を参照。

(36) なお、ソ連解体後のロシアにおいては、政治エリートだけでなく、経済エリートが大きな役割を果たしたことは言うまでもない。本書は主要なアクターとしてとりあえず政治エリートに注目するが、そのことは経済エリートの役割の軽視を意味するわけではない。本書で経済エリートを正面から取り上げないひとつの理由は、政治エリートと経済エリートは多くの場合において癒着関係にあり、前者から完全に切り離された独自な存在としての後者を取り出すことが難しい点にある。経済エリートが政治的な影響力を行使しようとする場合には行政府や議会などを経由するケースが多いことから、政治エリートに着目することによって経済エリートの動向をもある程度把握できると考えられる。

(37) Б. И. Макаренко. Губернаторские «партии власти» как новый общественный феномен // Полития. № 1 (7), 1998. С. 50–58; Kimitaka Matsuzato, "Progressive North, Conservative South?—Reading the Regional Elite as a Key to Russian Electoral Puzzles," in *Regions: A Prism to View the Slavic-Eurasian World: Towards a Discipline of "Regionology",*" edited by

Kimitaka Matsuzato（Sapporo: Slavic Research Center, 2000）, 143-176.

（38）Darrell Slider, "Governors versus Mayors: The Regional Dimension of Russian Local Government," in *The Politics of Local Government in Russia*, edited by Alfred B. Evans Jr. and Vladimir Gel'man（Lanham, MD: Rowman and Littlefield publisher's Inc., 2004）, 144-168. また、ゲリマンらが「逸脱事例」として取り上げたスヴェルドロフスク州においても、エリート間競争を喚起する鍵となる役割を果たしたのは州都行政府であった（Vladimir Gel'man and Grigoriiv, Golosov, "Regional Party System Formation in Russia, The Deviant Case of Sverdlovsk Oblast." *Communist Studies and Transition Politics* 14, no. 1（1998）: 31-53）。

（39）Henry E. Hale, "Regime Cycles: Democracy, Autocracy, and Revolution in Post-Soviet Eurasia," *World Politics* 58（2005）: 133-165.

（40）そのプロセスにおいて知事らが果たした役割については、Danielle N. Lussier, "The Role of Russia's Governors in the 1999-2000 Federal Elections," in *Regional Politics in Russia*, edited by Cameron Ross（Manchester and New York: Manchester University Press）, 60-63を参照。

（41）実質的任命制については第二章第二節（4）（78頁）および補章第三節（4）（107頁）を参照。

（42）この間のトーンの変化は多くの論者に共通するが、そのひとつの例として、フィッシュの一連の論考を挙げることができる。フィッシュは、一九九四年刊行の著書『ゼロからの民主化』において民主化への期待を表明したが、二〇〇五年に刊行された『ロシアにおける民主主義の脱線』ではその失敗について論じている。それぞれ、M. Steven Fish, *Democracy from Scratch: Opposition and Regime in the New Russian Revolution*（Princeton: Princeton University Press, 1994）およびM. Steven Fish, *Democracy Derailed in Russia: The Failure of Open Politics*（New York: Cambridge University Press, 2005）を参照。

（43）一九九一年一二月二七日付ロシア連邦最高会議決定（Постановление Верховного Совета РФ от 27 декабря 1991 г. № 3020-I «О разграничении государственной собственности в Российской Федерации на федеральную собственность, государственную собственность республик в составе Российской Федерации, краев, областей, автономной области, автономных округов, городов Москвы и Санкт-Петербурга и муниципальную собственность» // ВСНД РСФСР и ВС РСФСР. № 3, 1992. Ст. 89）において、大規模企業・連邦レヴェルのエネルギー産業の私有化は連邦レヴェルの、中規模企業はリージョンレヴェルの、それ以下の企業の私有化はサブリージョンレヴェルの管轄であるという原則が定められていたことから、地方行政府は、その地方に位置する中規模、小規模企業のうち、どの企業を私有化するのか、そしてその私有化をどのような方法で行うのかといったことについての決定権を有していた。

（44）その一例として以下の文献を参照。Н. Лапина, А. Чирикова. Региональные экономические элиты: менталитет, поведение, взаимодействие с властью // Общество и Экономика. № 6, 1999. С. 230–278; Власть, бизнес, общество в регионах: неправильный треугольник/Под ред. Н. Петрова и А. Титкова. Моск. Центр Карнеги., М.: Российская политическая энциклопедия (РОССПЭН). 2010. 地方レヴェルにおける政治＝経済グループの機能とその政治的帰結について論じたものとして、Gulnat Sharafutdinova, *Political Consequences of Crony Capitalism inside Russia*（Notre Dame, Indiana: Notre Dame University Press）を参照。また、政治エリートと経済エリートの紐帯にガヴァナンスの質という観点から焦点を当てた論考として、Kathryn Stoner-Weiss, *Local Heroes: The Political Economy of Russian Regional Governance*（Princeton: Princeton University Press, 2002）を参照。

（45）「権力党」に注目した論考として、Hans Oversloot and Ruben Verheul. "Managing Democracy: Political Parties and the State in Russia," *Journal of Communist Studies and Transition Politics* 22, no.3（2000）: 383–405; Б. И. Макаренко. Постсоветская партия власти: «Единая Россия» в сравнительном контексте // Полис. № 1, 2011. С. 42–65 などを参照。こうした系譜に連なる最近の研究として、「統一ロシア」は体制の正統化のための道具であり、それそのものが体制のあり方を規定するものではないとしたSean P. Roberts, *Putin's United Russia Party*（Abington and New York: Routledge, 2012）がある。

（46）この点に着目してロシアにおける与党の形成プロセスを追ったものとして、拙稿「ポスト共産主義ロシアにおける『与党』の起源」を参照。

(47)「政府党」概念は日本の研究者によって提示された概念である。平田は、戦間期のハンガリーに見られた権威主義体制を「政府党体制」と特徴付けた（平田武「戦間期ハンガリー政府党体制の成立過程（一九一九―一九二一年）」『社会科学研究』（東京大学社会科学研究所）、第四四巻第三号（一九九二年）、一―六三頁）。その一方で、藤原は民主主義体制と権威主義体制の双方にまたがる政治体制として「政府党」という概念を提示している（藤原帰一「政府党と在野党――東南アジアにおける政府党体制」萩原宜之編『講座現代アジア3　民主化と経済発展』（東京大学出版会、一九九四年）、二二九―二六九頁）。

(48) 大串敦「政府党体制の制度化――『統一ロシア』党の発展」横手慎二、上野俊彦編『ロシアの市民意識と政治』（慶應義塾大学出版会、二〇〇八年）、六三―八七頁。

(49) 近年ではロシアにおける政治状況の権威主義化に伴い、フィールドワークの実施が困難になりつつあることも指摘されている（Paul J. Goode, "Redefining Russia: Hybrid Regimes, Fieldwork, and Russian Politics," *Perspectives on Politics* 8, no. 4 (2010): 1055-1075)。確かに、筆者によるフィールドワークの実施には様々な困難が付きまとったが、こうした「現地主義」に基づいた研究が今もってまったく不可能というわけではないということは本書が示すはずである。

(50) その早い例として Moses, "Saratov and Volgograd" を挙げることができる。その後、ヴォルガ沿岸は地方政治研究の先進地域となり、Matsuzato, *The Split of the CPSU*, Gel'man, Ryzhenkov and Brie, *Making and Breaking Democratic Institutions* においてもその主要なフィールドにヴォルガ沿岸が含まれている。ヴォルガ沿岸を主要な事例研究として行われた研究としては、地方レヴェルにおける政党政治についてのほぼ唯一の実証研究である Hutcheson, *Political Parties in the Russian Regions* やロシアにおける地方レヴェルの経済投票とアカウンタビリティについて論じた Andrew Konitzer, *Voting for Russia's Governors: Regional Elections and Accountability under Yeltsin and Putin* (Baltimore: Johns Hopkins University Press, 2005) などを挙げることができる。現地の研究者によって行われた研究については実証研究の中で適宜触れる。

(51) 近年では、ロシア語に多くの英単語由来の言葉が入ってきている。それは政治の世界でも例外ではなく、「ポリトテフノーログ」の世界においては、「PR（пиар）」、「イメージメーカー（имиджмейкер）」、「プライマリーズ（праймериз）」など、様々な英語由来の言葉が用いられている。

(52) なお、筆者は、政党本部で公然と取り組まれることのない「黒いPR活動」を行うとする人物にも出会った（二〇一〇年一〇月、サラトフ市）。彼らは、「統一ロシア」との間でトラブルが生じたために、自らの「秘密の仕事」の全貌を暴露するという「暴挙」に出たものの、「統一ロシア」側は、彼らの暴露した契約は事実無根であるとして取り合わなかったという。

第一部　ロシア政治の基本枠組——地方と中央

第一章　地方政治の基本構造

本章では、地方レヴェルにおける政治の基本構造を明らかにする。まず、第一節において、現代ロシアの地方政治の基本構造が形成されたのはソ連体制からの移行過程においてであったことに鑑み、体制移行が地方に与えた影響についての検討を行う。その上で地方エリートの分化プロセス（第二節）および体制転換に伴って生じた困難な課題に対する行政府の反応（第三節）を紹介する。第四節ではそこから得られる地方政治の基本構造を提示する。

第一節　ソ連体制からの移行と地方政治

本章では、ソ連体制からの移行のプロセスにおいて、地方レヴェルにおけるエリート間の競争関係がどのようにして形作られたのか、そして一般市民とエリートとの関係はいかなるものであったのかという点を中心に、地方政治の基本的な構図を明らかにする。地方レヴェルの状況については既に序章において明らかにした通り、ソ連時代の旧体制エリートが私有化のプロセスで様々なリソースを手にし、そのまま権力を温存したという比較的単純な図式で捉えられる傾向にあった。以下では、ソ連体制からの移行が地方にもたらした帰結に着目することにより、その実態の多様性やダイナミズムの描出を目指す。

共産党一党支配体制の終焉は、ソ連共産党というたがの外れた状況で旧体制エリートが分裂するという帰結をもたらすことになった。ソ連における体制エリートと目された人々は元来多様であった。ソ連共産党の優位性が揺らぐにつれ、共産党に批判的な立場をとったいわゆる「民主派」(1)と呼ばれる人々、批判のトーンは強くないが共産党にそれほどのシンパシーを抱いていたわけではなく、次第に距離を置くようになった人々、そして優位性が揺らいでもなお共産党に忠誠を誓った人々、の違いが明確になった。このようにして、かつてはソ連共産党を軸とした政治体制に緩やかに組み込まれていたエリートは次第に分化するようになった。この傾向は、競争選挙が制度化されるにしたがってより顕著なものとなっていった。

それと並行して生じていた動きとして、指令経済の放棄という文脈に着目する必要がある。市場経済への移行に伴い、モノの価格は市場原理に基づいて決まるようになった。労働の対価となる賃金も同様であり、個々の企業がその決定権を持つようになった(2)。それに加え、ソ連体制からの移行は、それまで公的な機関によって提供されてきた各種サーヴィスの民間への移譲を意味することになり、これは政治的にもインパクトのある変化となった。すなわち、それまで体制と住民の間に成立していたと考えられてきたソ連型の「社会契約」(3)――政治的に異議を唱えない限りは安価な公共サーヴィスが提供され、生活保障がなされるという意味においての――もまた放棄されることになったのである。これは、ポストソ連期のロシアに、ソ連時代における「早熟な福祉国家」(4)、「ぬるま湯」(5)状況の清算という難しい問題を突き付けた。

かくしてポストソ連期のロシアは、共産党一党体制・ソ連型指令経済の終焉と、競争選挙の導入が軌を一にして進展する状況に直面した。このことは、地方政治にも大きな影響を与えた。競争選挙が導入される中でソ連型の福祉を清算するということは、エスタブリッシュメントにとっては危険な賭けであった。なぜなら、一般市民は既に与えられた福祉を奪われることに対しては強い拒否反応を示すためである(6)。その一方で、もはやエスタブリッシュメントは一枚岩ではなかった。ペレストロイカ期における政治改革の進展に伴い、旧体制エリートおよびその周辺にいた人々はいくつかのグループに分かれていたのである。一九九〇年代に市場経済化を進める立場にあった政治指導者たちは、野党側に回ったエリートからの厳しい批判にさらされた。改革のプロセスをコントロールすることに失敗すれば、権力の座から追われるのは時間の問題であった。

その結果として、与党側の政治エリートにとっては、福祉の削減を回避するか、あるいはそれを目立たない形で実行することにより、反発を顕在化させずに事態を乗り切ることが至上命題となった。ここに、行政側によるガヴァナンスの成否と選挙の動向が密接に連動する状況が生じたのである。これは、既存の議論では行政府の選挙マシーン化として論じられてきた事象と密接に関連している。例えば、松里は、「行政府党」という概念を提出し、行政機関の職員らが選挙活動にも取り組むさまに注目している(7)。また、アリナ＝ピサノは、当局が公共サーヴィスの提供などと引き換えに与党への投票を迫るという選挙民動員の手法が存在していることを指摘している(8)。これらの議論において指摘されてきた行政府の選挙マシーン化という現象は、その他のエリート集団から厳しい攻撃を受けながら選挙に臨んだ行政府が、自らの生き残りをかけ、リソースを可能な限り動員しようとすることによって生じたものであった。

体制転換直後の時期にはこのようなメカニズムが現れていたことを念頭に置き、以下においてはその具体的な内容を明らかにする。第二節においては、ペレストロイカ末期から一九九三年憲法制定までのプロセスを取り上げ、そこでいかなるエリート分化および競争の構図が形成されたのかを示す。そして第三節では、行政府の選挙マシーン化と呼ばれる状況がどのようにして出現したのかという点について論じる。その上で、第四節では、本書が実証研究を展開する際に依拠する、州行政府、州都行政府、共産党地方委員会の三者関係を軸とした地方政治の基本枠組を示す。

第二節　エリートの分化プロセス——ペレストロイカ期から一九九三年まで

本節では、まず、地方レヴェルにおける政治の始まりとも言えるペレストロイカ後半期に遡り、一九九〇年三月ロシア人民代議員・地方ソヴェト選挙、一九九一年の「八月政変」、エリツィン大統領による「単一の執行権力」形成の試み、および一九九三年の「十月政変」を取り上げ、それぞれの時点における地方の反応を整理する。そこから、一九九〇年から一九九三年までの時期に、主要なエリート集団として、行政府勢力、左派勢力、民主派、の三勢力が浮上したことが明らかになる。なお、本節においてはもっぱらロシア共和国（現ロシア連邦）[9]に注目して議論を進めるが、一九九〇年から九一年にかけてはソ連邦とロシア共和国の双方が並立し、政治の多重性が顕著になった時期であるという点には注意を要する。一九九〇年から自立性を示し始めたロシア共和国は、一九九一年までの「法律戦争」を経て次第にその存在感を増し、同年の後半からはソ連を凌駕する存在となった。

（1）ペレストロイカと一九九〇年三月ロシア人民代議員・地方ソヴェト選挙

ペレストロイカは一九八八年頃から加速化し始め、次第により本格的な政治改革へとつながっていった[10]。その最初の画期となったのが同年に開かれた第一九回党協議会である。ここにおいて複数の候補者が出馬する競争選挙が導入されることになり、一九八九年三月には競争選挙によってソ連邦人民代議員が選出された。その後、政治改革はさらなる進展を見せた。一九九〇年三月の臨時第三回ソ連人民代議員大会ではソ連邦憲法が改正され、ソ連の大統領制の導入、そして共産党の一党独裁を規定していたソ連邦憲法第六条の修正が決定された[11]。これは、ソ連の政治体制を支えてきた大原則が放棄されたことを意味した。

地方レヴェルにおける政治動向も全ソ連的な改革の流れと無関係ではなかった。一九八九年のソ連邦人民代議員選挙の際には、多くの地方において地方レヴェルの最高権力者であった共産党州委第一書記らが選挙に出馬した。ところが、その一部は当選を果たすことができず、観察者に衝撃を与えることになった。ロシア共和国における選挙結果に着目すると、ソ連邦人民代議員選挙に出馬した州レヴェルの党委員会第一書記七八名のうち二五名が落選しており、その割合は三割近くに達していた(12)。

さらに、この頃になると、都市部を中心として市民社会の活性化が観察されるようになっていた。各地方においては草の根で「非公式団体」が形成され、こうした運動の一部は民主派とも連携し、次第に共産党体制への批判と新たな政治秩序の模索に取り組むようになった。当時の地方レヴェルの政治状況を示すできごととして、一九九〇年にヴォルゴグラードで州委第一書記の交替劇が生じたいわゆる「二月革命」が有名である(13)。同州では、一九八八年頃から「非公式団体」の活動が活発化しつつあり、共産党の腐敗などに対する批判が高まっていた。一九八九年終わりから九〇年にかけては共産党州委員会への抗議を表明するデモや署名運動が頻発するようになり、その動きは農村部にまで広がった。その結果、一九九〇年二月、州委第一書記がその座を追われ、より民主的であると目された人物が新たな州委第一書記に就任した(14)。ヴォルゴグラードの「二月革命」は、市民による抗議運動が共産党の人事にも影響を与えうることが証明されたという点で大いに注目を集めた。

このように、地方レヴェルにおいても政治の変容が進みつつある中で、そこにおける政治のありようを制度的にも変化させるきっかけとなったのが、一九九〇年三月のロシア人民代議員大会・地方ソヴェト選挙であった(15)。この選挙は、ロシア人民代議員大会以下、地方各級のソヴェトを新たに競争選挙で選出するものであり、地方レヴェルの要職となる地方ソヴェト議長や執行委員会議長などは、この選挙で選出されたソヴェト議員の中から選ばれることになった。各地方におけるソヴェト選挙の結果、共産党系のエリートがそのままソヴェトに選出され、首尾よく権力を維持することに成功した地方もあったが、非共産党系のエリートが当選し、地方レヴェルの要職が新たな顔ぶれによって占められるようになった地方も多かった（本書の取り上げる地方の中では、前者の例としてウリヤノフスク州、後者の例としてサマーラ州を挙げることができる）。なお、この時にはまだエリートの分化の度合いが低く、民主派と呼ばれた人が共産党の党員資格を有していることも多かった。しかし、こうした人々は間もなく共産党から距離を置き、新たな政治勢力を形成するようになった。

このようにして、一九九〇年三月の地方ソヴェト選挙は、地方における政治の形を大きく変容させた。ここから、地方レヴェルにおけるエリート集団の分化のプロセスが本格化するようになった。

（2）一九九一年の「八月政変」

一九九〇年のソヴェト選挙は、ソ連邦の一連邦構成共和国であったロシア共和国の政治的な重みを増した。(16)一九九〇年後半から九一年にかけ、ソ連とロシア共和国の政治闘争は激化し、ソ連大統領のミハイル・ゴルバチョフとロシア共和国の最高会議議長であったエリツィンは公然と対抗しあう関係になった。その後、一九九一年六月にエリツィンがロシア共和国大統領に選出されると、ロシア共和国の存在感はさらに大きくなった。

一九九一年に入ってからのひとつの重要局面となったのが連邦条約の締結をめぐる交渉である。ところが、この連邦条約の内容に不満を持った勢力は、調印予定日前日の八月一九日にゴルバチョフを別荘に軟禁して権力奪取を試みた。エリツィンはこの動きをソ連の「保守派」によるクーデターであると非難し、クーデターの首謀者およびゴルバチョフを周縁化した。エリツィンは八月二三日付の大統領令(17)でロシア共和国内におけるソ連共産党の活動を停止させた。ここでは、ゴルバチョフの軟禁に始まり、ロシア共和国でのソ連共産党の活動停止に至るまでの一連の政治的な動きを「八月政変」と呼ぶ。

この「八月政変」は、ソ連邦と連邦構成共和国の関係性を変容させただけでなく、ロシア共和国の内部にも大きな影響を及ぼした。その中でも、地方レヴェルに直接的かつ実質的な変化をもたらしたのが共産党の活動停止であった。その時は突然やってきた。八月二三日に上記の大統領令が出されると、各地方の共産党委員会の建物は封鎖され、共産党関係者は有無を言わさず仕事場を追い出されたのである。[18]

共産党の権威が低下していたことはそれ以前から明らかであった。かつては共産党のエリートだった党員たちの多くは、既に地方ソヴェトや執行委員会等において新たな役職につき、共産党そのものからは距離を置いていた。さらに、重要な決定はもはや共産党では行われなくなっていた。しかし、ソ連共産党そのものが姿を消すということが現実的な選択肢として考えられたことはなく、ソ連共産党の活動停止は少なからぬインパクトを持つできごとであった。

このようにして、一九九一年八月にモスクワで生じた政変は、まず何よりも、長い間ソ連の屋台骨であり続けてきたソ連共産党の活動停止という形で地方レヴェルに大きな影響を及ぼすことになった。その結果、その時までに共産党から離れていなかった人々は活動場所を失い、地方レヴェルにおける政治の場からも締め出された。同年の一一月には共産党の解散についての大統領令が出され[19]、ソ連共産党は完全に息の根を止められた。

（3）「単一の執行権力」形成の試み

「八月政変」の結果、エリツィンはロシア共和国の政治をコントロールすることに成功した。地方制度改革は一九九一年前半には着手されていたが[20]、その実施は「八月政変」後の課題となっていた。エリツィンは、「八月政変」の直後に出された大統領令において、ロシア共和国大統領、閣僚会議、地方ソヴェト執行委員会など、国の全ての執行機関が共和国の単一の執行権力を構成するとし、地方行政府長官（知事）[21]を当該レヴェルの人民代議員ソヴェトの賛成という条件付で大統領の任命対象とすること、そして大統領代表という役職を中央から地方へと派遣することを規定している。[22] エリツィンは、「八月政変」の直後から、「単一の執行権力」の形成に向けた行政府長官の任命を始めた。当初、エリツィンは自らに忠誠を尽くした人物から行政府長官を任命していった。[23] 例えば、「八月政変」直後の二七日に任命が行われたケメロヴォ州では、有力な指導者として君臨していた州ソヴェト議長・執行委員会議長のアマン・トゥレーエフではなく、民主派の活動家として州ソヴェト副議長のポストにあったミハイル・キスリュークが行政府長官に任命されている。[24] 本書において取り上げる地方の中では、サマーラ州のチトフも、この時期にいち早くエリツィン支持を打ち出した結果、八月三一日の時点で行政府長官に任命された。

ところが、エリツィンの求心力には大きな限界があり、エリツィン陣営に対抗する機運が強い地方においては行政府長官の任命が難航した。自陣営に忠誠を誓う人物を任命しようとしても、それがその地方の主流派エリート集団に属さない人物である場合、かえって政情が不安定化する可能性もあった。また、そもそも任命すべき人物が見つからなかった地方もある。

任命知事が次々と替わる事態が生じた例として、「保守的」な地方として知られたクラスノダール辺区を挙げることができる。[25] クラスノダール辺区の有力な指導者であると目されていたのは執行委員会議長のニコライ・コンドラチェンコであったが、エリツィンは、八月二四日、自らに近い立場をとったヴァシリー・ディヤコノフを行政府長官に任命した。ところが、ディヤコノフは他のエリート集団との関係をうまく構築することができず、エリツィンは新たな人物を任命することを余儀なくされた。クラスノダール辺区では、一九九一年から一九九六年にかけて三人の行政府長官が任命され、いずれも短命に終わった。

また、結果的に現状を追認する形で行政府長官が任命されたのがウリヤノフスク州である。[26] エリツィン大統領は、州ソヴェト議長の座にあったユーリー・ガリャーチェフが共産党との関連が深い人物であったことから、彼以外の人物を行政府長官に任命しようと試みた。しかし、彼以外に適当な候補者を見つけることは至難の業であり、候補者探しが難航した結果、一九九二年に入ってからガリャーチェフが行政府長官に任命された。

かくして、各地方エリートはエリツィンを頂点とした「単一の執行権力」の中に位置づけられることになったが、そこには限界があった。エリツィン大統領は各地方の政治に直接的に介入し、自らの都合の良いように秩序を再編しようと試みたものの、それを徹底することはできなかったのである。最終的に、エリツィンはある程度までは既存の秩序を容認せざるを得なくなった。

（4）一九九三年の「十月政変」と地方ソヴェトの活動停止

一九九一年一二月にソ連邦の解体が決定され、ロシア共和国は新たな独立国家「ロシア連邦」として再出発することとなった[27]。もっとも、エリツィン政権の政治的な基盤は盤石であるとは言い難かった。とりわけ困難な課題となったのが、エゴール・ガイダール第一副首相の下で「ワシントン・コンセンサス[28]」を背景として実施された「ショック療法」であり、これがエリツィン大統領とルスラン・ハズブラートフ最高会議議長を中心とした最高会議陣営との対立を招いた。それに加え、ロシア連邦憲法の制定に向けた動きも新たな論争を巻き起こした。執行権力と立法権力との間において生じていた対抗関係は深刻化し、エリツィンは一九九三年九月二一日付の一四〇〇号大統領令「段階的な憲法改革について[29]」で人民代議員大会と最高ソヴェトの解散を宣言するという強硬手段に訴えた。しかし、エリツィンに対抗する陣営はそれに反発し、当時の副大統領であったアレクサンドル・ルツコイを大統領として議会ビルに立てこもって抵抗を続けた。このような事態に直面したエリツィンは、一〇月三日から四日にかけて武力での打開を試みた（これを「十月政変」と呼ぶ）。この事件で議会ビルには砲弾が撃ち込まれ、数百人規模の死者も出たとされているが、その正確な人数は現在に至ってもなお明らかにされていない。

エリツィン陣営と最高会議陣営との対抗関係は地方レヴェルにそのまま伝播したわけではなかったが、一四〇〇号大統領令が出され、地方レヴェルに至るまでのソヴェトの活動停止が宣言されると、地方エリートもこの動きと無関係ではいられなくなった。「十月政変」に対する各地の反応をまとめたカシモフとセナトワによると、その反応は以下の通りであった。(30) 各地の地方行政府はアムール州、ノヴォシビルスク州、ブリャンスク州などの一部の例外を除けば、おおむねエリツィン大統領支持の姿勢を明確にした。各地方の行政府長官らは業務が通常通り行われていることを強調し、政治状況の不安定化を回避しようとした。これとは対照的に、ソヴェトは軒並みエリツィン大統領の行動を批判した。ソヴェトでエリツィンの一四〇〇号大統領令に賛成したのはキーロフ州と北オセチア共和国、カラチャイ＝チェルケス共和国、カムチャツカ州、カルムイク共和国のみであり、他の八三の連邦構成主体は全てエリツィン大統領に対する反対の意思を表明した。各地方のソヴェトは、エリツィン大統領がソヴェトの活動を停止するとした行動は違法であるとし、反エリツィン派を支持したのである。

このように、行政府長官の立場に反発し、連邦中央に同調しようとしない動きは根強いものであったが、モスクワでの攻防の結果、既に事態の決着はついていた。各地方のソヴェトは様々な論争を巻き起こしながらも次々と解散され、それまでエリツィン大統領と対峙していた反対派は、政治の場から一時的にせよ排除されることになった。

もっとも、その後の展開は地方によって様々であった。新たな地方議会の選挙は一九九三年一二月から一九九四年三月までの間に実施されることになっていたが、選挙がすぐに行われた地方とそうではなかった地方がある。例えば、ウリヤノフスク州においては一九九五年末に至るまで地方議会が選出されない事態が続いた（詳しくは第四章を参照）。なお、新たに行われた地方議会選挙においても前ソヴェト議員らが改めて選出されたケースが多く、依然として反対派の一掃には程遠かったとする指摘もある。(31) モスクワで生じた「十月政変」は全国に波及し、地方エリートを大きく揺さぶったものの、反対派の排除は徹底されるには至らなかったのである。

(5) 小括

一九九〇年から九三年にかけての変化に富んだ政治プロセスはロシア連邦憲法の制定によって一区切りつくことになる。一九九三年一二月には最初の下院選挙および上院選挙、そして同日に憲法の国民投票が行われ、いよいよロシア連邦憲法が制定された。一九九三年憲法の制定に至るまでのプロセスには不透明な部分が残ることにはなったが、一九九三年一二月をもって、新たな国家の形が、少なくともその大枠に関しては確定した[32]。ソ連邦内部におけるロシア共和国の自立化が顕著になって以降、四年近くもの間にわたって続いた不安定状況は一定の解決をみたと言える。

この間、地方レヴェルにおいては、行政エリート、左派勢力、民主派、の三者が現れ、エリツィン政権によるたびたびの反対派一掃の試みにもかかわらず、これらの勢力は維持される傾向にあった[33]。各エリート集団は、体制転換のプロセスを経て、それぞれ以下のように分化していった。まず、行政エリートは、州行政府や州都行政府に拠点を置くようになった。彼らがいわゆる地方レヴェルのエスタブリッシュメントとして想定される人々である。続いて、ソ連共産党に残る形となったエリート集団は、左派系の政治勢力、主に共産党地方委員会を拠点とするようになった。民主派とされた人々は相対的に凝集性が低く、様々な方面へと散らばっていったが、そのうちの一定数はペレストロイカ期において民主派が台頭していた都市部に軸を置き、州都行政府へ流れ込んだ。こうしたエリート分裂を背景として、体制転換後の諸地方においては、州行政府、州都行政府、共産党地方委員会が主要なエリート集団の拠り所となった。もっとも、その力関係は地方によって様々であり、州行政府と州都行政府の対抗関係が顕著な地方もあればそうではなかった地方も、そして共産党地方委員会が中心的な役割を果たす地方もあれば、それが目立たなかった地方も存在していた。

第三節　「行政の撤退」の文脈における行政府

本節では、移行期ロシアの地方政治において特に問題になった局面として、「ソ連型福祉の清算」（42頁で前述）に際して行政府がどのような対応を迫られたかについて論じる。これまで「ソ連型福祉」を担っていた行政府は、巨視的にいえばそこからの撤退を目指すほかなかったが、競争的政治状況の中で単純にそうすることは住民からの支持の喪失と自らの地位の失墜を招くおそれがあり、行政府は他のアクターの動向をにらみながら様々な対応を模索した。時系列に沿ってその主な論点を列挙するなら、まず一九九〇年代初頭にはいわゆる「ショック療法」、とりわけ価格自由化が最大の焦点となった。それに続いてハイパーインフレや生産の落ち込みに伴う社会的弱者の保護が問題となり、一九九〇年代の後半に入ると公共料金の市場価格への移行という問題が浮上した。以下の各項ではこれらを順に取り上げ、それらの問題に行政府が他勢力との対抗を意識しつつどのように対処したか、またそれがいかなる政治的帰結をもたらしたかを明らかにする。

（1）　価格自由化とその余波をめぐって

最初に問題となったのは、「ショック療法」の中心的な政策となった価格自由化の影響をめぐる論点であった。一九九一年一二月三日付の大統領令において、エリツィン大統領は一九九二年一月二日からの価格自由化を宣言した。[34]この時点では価格自由化には一定の例外が設けられており、生産財としては電気・暖房エネルギー、石炭、石油、燃料、希少金属、運輸、通信が、そして、消費財ではパン、牛乳・乳製品、子供用の食事、食塩、砂糖、食用油、ウォッカ、燃料、ガソリン、マッチ、医薬品、障害者用の器具、住宅費、公共料金、交通が挙げられていた。しかし、一九九二年三月にはこうした制限も緩和され、消費財の大部分の品目について自由価格への移行が可能になった(35)。

地方レヴェルでは労働組合などから「ショック療法」に対して批判的な声が上がっていた。例えばヴォルゴグラード州では、一九九二年一月下旬の時点で既に「市場価格には『市場に見合った給料』を」とのスローガンのもと、連邦政府・州行政府に対する抗議集会が開かれていた(36)。また、こうした声は企業の側からも上がった。この時期における地方の反応を明らかにした論文では、一九九二年三月にヤロスラヴリ州の企業長らがロシア連邦政府に宛て、ただちに改革の内容を見直すことを求める声明を出していたことが紹介されている(37)。そこにおいて問題とされたのは、原料の確保が困難になったこと、価格が上昇し、必要なものも買えない状況に陥ったこと、給与が低水準にとどまっていること、ルーブルの価値が不当に低く抑えられていること、であった。

地方行政府の反応の仕方は地方によって大きく異なっていた(38)。まず、地方行政府が連邦中央よりもさらに徹底した市場経済化を行い、そのことによって給料を全体的に上げようとしたケースがある。第五章で取り上げるサマーラ州のチトフ知事によって採用された政策などはその典型的な事例である。チトフ知事は、体制転換直後の時期から断固たる改革実施の必要性を訴えた。以下の発言はそうしたチトフの立場をよく示すものである(39)。

> パンの値段を安く抑えるための補助金は一二億ルーブルにものぼっている。その資金を今ここで食べつくしてしまうか、それとも、産業や建設への投資にまわし、そこから経済を活性化させ、住民の給料を上げるようにするべきか、という選択がある。我々は後者を選択した。

このように、サマーラ州では、チトフの考えに基づき、補助金を削減してその他の部門に資金を回すという方針で州財政を運営し、他の地方において顕著であったような年金支払いの遅延などといった事態をある程度まで回避することに成功した。

他方で、地方指導者がこれと対照的な独自路線の追求を目指したケースもある[40]。その極限的な事例としてはウリヤノフスク州を挙げることができる。詳しくは第四章で論じるが、ウリヤノフスク州では市場経済移行の「軟着陸」というスローガンが打ち出され、価格を固定する代わりに物流の量を制限する配給制が維持された。その結果、ウリヤノフスク州においては、この配給システムが崩壊する一九九五年頃に至るまで、食料品の価格が据え置かれた。このような路線は改革の痛みを先送りすることを意味し、一九九〇年代後半になって様々な問題が顕在化することになる。しかし、体制転換直後の時期におけるショックの緩和という観点からは、少なくとも短期的には一定の意義を有していたと言える。

また、ほとんどの品目について自由価格への移行が可能になった一九九二年三月以降も独自の価格統制を維持し、価格自由化の打撃を緩和しようとした地方もあった。例えば、モスクワ市では、市場価格への移行を段階的に実施するという方針が採用され[41]、市場価格に移行した品目についても値段の上乗せに一定の制限がかけられていた。一九九二年三月二三日付の市長決定では乳製品の一部や砂糖、一部のパンなどの市場価格移行が宣言され、それぞれの品目ごとに、小売業者が設定できる利益の上限が価格に対するパーセンテージで設定されている。その後、市場価格に移行する品目は徐々に増えたが、一部の品目については卸売・小売の双方についての利益の上限が決められていた[42]。このうした緩やかな移行は一九九二年から九三年いっぱいにかけて行われた。なお、このような方法に基づいて価格をコントロールしようとする試みは、体制転換直後の時期のみならず、その後も、価格の上昇が顕著になった場合に緊急対策的に採用されることがあった[43]。

このようにロシアは、価格自由化という、人々の生活、そして経済活動全般に甚大なインパクトを与える改革に直面することになった。連邦政府は、当初こそ最低限の品目についての価格統制を打ち出していたが、その原則は間もなく放棄され、その後の対策は地方行政府に任される形となった。労組、企業、その他の社会勢力からの批判の矢面に立たされた行政府は、独自の改革を断行する、配給制を維持する、また、一部の品目についての価格統制を実施するといった様々な対策を通じ、一定程度、価格自由化の影響を緩和する役割を果たした。

（2）社会的弱者の保護

一九九三年頃になると「ショック療法」はトーンダウンしたが、一度自由化された価格が元に戻ることはなく、ハイパーインフレも収まる気配はなかった。移行期のロシアにおける社会経済状況がそこに暮らした人々に与えた影響の大きさについては様々な観点から論じられており、孤立無援となった市民たちが自助努力で事態を打開していった側面が強調されることも多い[44]。しかし、人々が一種の極限状態に置かれていたことは事実であり、自己防衛には限界があった。ロシアにおける平均寿命がソ連解体後から大幅に短くなったことは、その深刻さを如実に物語っている[45]。

こうした状況の中で政権批判の急先鋒となったのが、一九九三年に復活したロシア連邦共産党である。共産党による政権批判の威力は一九九〇年代後半に入るまで衰えることがなかった。その一端は全国レヴェルの選挙結果に見出すことが可能である。共産党は一九九五年の下院選挙では二二・三％を得票して比例区第一党となった。また、エリツィンと共産党のゲンナジー・ジュガーノフの一騎打ちとなった一九九六年大統領選挙は、第一回投票の結果でエリツィン大統領が三五・三％、ジュガーノフが三二・〇％と拮抗した結果になっている。これらの選挙結果は、共産党が政権にとって大きな脅威であったことを示すものである。

州行政府もまた、体制批判を繰り広げる共産党に苦しめられた。この時期の行政府長官はエリツィン大統領によって任命された知事であったことから、エリツィン政権批判と無関係にはなりえなかったためである。このような状況を受け、連邦政府は一九九一年末から様々な立法活動を行っていた。しかし、体系的な対策が実施されるには至らず、社会政策の大部分は自然発生的、かつ緊急対応としての性格を帯びることになった。[46]その結果、地方行政府は自らにも浴びせられる批判をかわすため、社会政策の実施に乗り出したのである。[47]

比較的豊かな地方においては、体制転換直後の時期から現金の給付プログラムが実施された。この点についてはモスクワ市の事例を挙げることができる。[48]モスクワ市では、一九九二年六月の時点で既に、年金を最低額しか受給していない年金生活者、三人以上の子がいる家庭、稼ぎ手を失った家庭の子供、母子家庭、障害児を持つ家庭などの、一〇〇万人を超える「社会的弱者」に対し、月額一〇〇ルーブルが支給されるという政策が打ち出されていた。[49]ハイパーインフレが進む中、月額一〇〇ルーブルという金額は十分なものではなかったが、このような支給がなされていたこと自体、他の地方とは一線を画していたと言える。

大部分の地方においては現金給付の実施は困難であり、現物支給が中心であった。その一環として大きな意味を持ったのが「恩典」である。恩典とは、ソ連時代に、ソ連邦英雄などの特殊なカテゴリーに入る市民に行列に並ばずに済む権利などを付与するものであったが、一九九〇年代の経済危機の中で一種の社会扶助としての意味合いを持つようになっていた。そして各地方では恩典受給者のすそ野が広げられ、年金生活者らに対して公共交通機関の無料乗車をはじめとした各種の現物給付が行われるようになったのである。このような恩典はバス会社などの公共的な企業によって提供されていた。そのため、財政的に厳しい状況に置かれていた地方行政府は、企業の税金を免除する代わりに、サーヴィスの無償提供の継続を依頼することが可能であった。[50]

このように、州行政府は、共産党を中心とした野党勢力からの批判を浴びる中で、「ショック療法」によってもたらされた改革の痛みを和らげる政策を次々と打ち出した。こうした社会政策は、州行政府が選挙に臨む際のアピール材料となったのである。その一方で、州行政府がガヴァナンスに失敗した場合には「政権交代」が待っていた。一九九〇年代のロシアにおいては、共産党の支持を受けた「赤い知事」がエリツィン任命知事に取って代わるという事態がしばしば観察された。

（3）公共サーヴィスの市場経済化

公共サーヴィスの市場経済化は、ソ連体制からの移行に伴って生じた複数の政策課題に密接に関連している。まず、電気・エネルギー料金の市場価格への移行を成し遂げる必要があった。このエネルギー分野の市場経済化は、「ショック療法」において手つかずのまま残された非常に困難な政策領域であった(51)。それに加え、市場経済への移行に伴い、公共料金の自己負担割合を上げる必要もあった。ソ連時代においては、住居費や公共サーヴィス料金のほとんどが国家によって肩代りされ、住民の実質的な負担額はごく少なかったが、市場経済化の中でそれをいつまでも維持することはできず、自己負担分の引き上げが課題となっていた。この改革は、一九九七年四月に出された大統領令(52)をもって開始された。

ところが、その改革はうまく進まなかった。一九九〇年代においては、行政府、ガス・電力会社、住民の三者を巻き込む「黙示的補助金」の仕組みが出来上がっていた(53)。まず、ガス会社や電力会社は住民の未払いに対して寛容であった。この時期にはインフレが急速に進展していたことから、住民は支払いを遅らせれば遅らせるほど実際の支払額を減らせるという事情もあった。このような形でのエネルギーの供給が「黙示的補助金」として機能していたのである。そして行政府の側は、エネルギー会社による税金の滞納などを見逃す代わりにエネルギーの供給を求めることができた。行政府長官に「才覚」があれば、こうしたインフォーマルな関係は持続的かつ安定的なものとして機能した。この点は、エネルギー産出国であるロシアの、「レンティア国家」としての側面を示すものでもある(54)。

改革がスムーズには進まなかったことから、二〇〇〇年、独占的電力会社の「統一エネルギーシステム」は収入の現金回収を徹底させる方針を示した(55)。しかし、エネルギー料金の市場価格への移行を行う際に、どの程度の水準であれば「適正」な市場価格になるのかということが定かではなく、問題解決は困難をきわめた。エネルギー会社はそれまでの住民からのエネルギー料金未払いが巨額にのぼっていることを強調したが、実際にはバーターで処理されたケースもあり、またインフレも激しかったため、未払い分を正確に算出することは不可能であった。エネルギー会社は住民と行政府の未払いが累積している状況を訴え、債務の解消を求めていたものの、地方行政府はエネルギー会社の主張に同意しようとはせず、両者の折り合いはなかなかつかなかった。最終的には裁判に持ち込まれることもあったが、この問題は裁判によっても解決不能であった。

これは、地方行政府にとっては困難な状況を生み出すことになった。自己負担割合の増加とともに市場経済価格への移行が推進されるということは、一般住民にとっては原価と自己負担割合の双方が高くなるという二重の値上げを意味しており、それに対する反発は強かった。とりわけ、人々が水やシャワーを無制限に使うことにすっかり慣れ切っていたことから、公共サーヴィスを自己負担に移すということは、それだけでかなりの抵抗感を呼び起こすものであった。その雰囲気をよく示すのが以下の新聞記事の記述である。[56][57]

外国の映画で浴槽に水をためて水浴びをしている様子が、いつも湯を流しっぱなしにしている我々の眼には奇異に映ったものである。我々は水を節約することに慣れていない、否、より正確には、水を節約するようにはしつけられてこなかった。〔水道管の保守点検のために〕水が出なくなる期間はまた別である。しかし、何回シーツを洗うか、そして何分シャワーを浴びるか、をいつも数えなければならない状況は、正直言って受け入れがたい。

その一方で、エネルギー会社は、債務の超過を理由に暖房や温水の供給を一方的にストップすることも辞さなかった。実際に、真冬の寒い時期に暖房が切れる、温水が出なくなるという事態が頻発し、住民にとってはまさに死活問題となった。これは「エネルギー危機」と呼ばれ、二〇〇〇年から二〇〇三年頃にかけてしばしば地方新聞の紙面をにぎわせた。行政府としては、改革をいたずらに遅延すれば「エネルギー危機」を招来しかねず、ある時点では改革を断行せざるを得なかった。

このような状況を受け、とりわけ選挙の際に顕著になったのが、州行政府と州都行政府の間の「手柄」合戦、あるいは、責任のなすりつけ合いであった。公共料金については地方自治体レヴェルの行政府が決定権を有していたが、その大枠を定めるのは州行政府の役割であったことから、両者の役割分担は曖昧であり、またその際に地方自治体レヴェルの行政府の中で最も存在感のある州都行政府がしばしば独自のアクターとして登場した。そのため、例えば州行政府が州都行政府の値上げ政策を批判する、州行政府が州都行政府の値上げ回避を批判する、あるいは、州都行政府が州行政府の問題解決能力のなさを批判する、といった形での批判合戦が繰り広げられ、それが選挙の際には非常に重要な争点となった[58]。公共料金値上げ問題をめぐる攻防はきわめて熾烈なものとなったのである。

(4) 小括

ここまで述べてきたように、ソ連型指令経済からの移行は、政治エリートにとっては非常に困難な課題となった。特に問題であったのは、行政府が、ソ連型福祉を自ら削減しなければならない状況に置かれたという点である。さらに、エスタブリッシュメントは既に一枚岩ではなく、住民に痛みを強いる改革を進める立場にあった行政府は他のアクターから激しい批判にさらされた。その中でも、行政府と共産党、そして、行政府勢力の中では、州行政府と州都行政府の間に見られた対立が重要であった。他勢力からの批判を受け、行政府を中心とした政治指導者らは、社会的弱者の保護や公共料金の値上げ回避などといった政策を積極的に実施した。これらの政策は多岐にわたるが、その大部分は、市場経済への移行を遅らせ、部分的にはインフォーマルなリソースを動員することによって供給が可能になっていた。

第四節　地方政治の基本構造

本章では、ソ連体制からの移行という文脈に着目し、①旧体制エリートの分裂、②ソ連体制からの移行に伴う「行政の撤退」、の二つの側面から、地方レヴェルにおける諸政治勢力がどのような勢力配置を見せるようになったのかという点についての議論を展開してきた。そこから、ソ連共産党というたが外れたことにより、行政エリート、旧共産党系エリート、そしていわゆる「民主派」など様々な形に分化したエリートが、ソ連体制からの移行という困難な課題に直面する中で相互に批判しあい、熾烈な権力闘争を繰り広げていたことが明らかになった。

このような状況は、とりわけ行政府に困難な課題を突き付けることになった。行政府は、一方では住民の不満を引き起こしやすい市場経済化を推進しなければならなかったが、他方では自らも権力の維持を目指して他の勢力と相争う一政治勢力でもあったことから、無理な市場経済化を推進すれば政権を失う可能性があった。こうしたディレンマに直面し、行政府は可能な限りのリソースを動員することによってそのような事態を回避しようとした。その際に重要な役割を果たしたのが、社会的弱者の保護や公共料金の値上げ回避などといった政策であり、行政府はこれらの政策の実施を軸として選挙を乗り切ることを目指した。これが、本書のひとつの前提ともなる行政府の選挙マシーン化である。

本書において注目する州行政府、州都行政府、そして共産党地方委員会はこのような文脈の中から浮上した。州行政府や州都行政府は市場経済への移行の中で新たな環境に対応する必要に迫られ、選挙マシーン化するに至った。もっとも、両者は一枚岩ではなく、場合によっては州行政府と州都行政府の対抗関係が先鋭化することもあった。一方の共産党地方委員会は、エリツィンに対する批判の急先鋒となったロシア連邦共産党の政党支部として、そして地方レヴェルにおいて政党組織を有するほとんど唯一の党として、他の政党とは一線を画す存在であった。特に重要なのが、「赤い知事」が登場した地方においては行政機構へのアクセスを獲得し、行政資源を活用して選挙戦を展開することができたという点である。

これらの諸勢力の力関係は州都の規模や経済構造などによって構造的に規定される側面もあり、地方によって異なっていた。また、こうした力関係は必ずしも一定ではなく、その後の政治プロセスの中で不断に変容していったものと考えられる。以下、本書では地方レヴェルにおける政治のあり方と連邦レヴェルの政党形成の動きとの関連を究明するが、本章において示したこれら勢力の三者関係および選挙の際の行政府の機能は、その分析の基礎となる。

注

(1) ロシアにおける「民主派」という言葉は、現在に至ってはやや皮肉めいた意味合いを持って使われることもある。その理由のひとつとして、エリツィンが当初は「民主派」であると標榜しながらその後、「民主的」とは程遠い、強引な市場経済路線を採用した点を指摘することができる。その結果として、人々の間では「(自称)民主派」に裏切られたという感覚が共有されるに至った。なお、初期の民主派には西欧の社会民主主義の影響もあったが、まもなく新自由主義的な方向が優勢になった。民主派の思想的バックグラウンドについて論じたものとして、Alexander Lukin, *The Political Culture of the Russian "Democrats"* (Oxford: Oxford University Press, 2000) がある。

(2) もっとも、このプロセスにも政治が一定の影響を与えていた。地方レヴェルの政治体制と所得格差との関連について検討した研究として、Thomas F. Remington, *The Politics of Inequality in Russia* (New York: Cambridge University Press, 2011) を参照。この中でレミントンは、行政府と企業の関係が協調的な地方においては賃金の水準が比較的高くなり、所得格差が増す一方で、より権威主義的な地方では賃金の水準が低く、格差は小さくなることを指摘している。

（3）Linda J. Cook, *The Soviet Social Contract and Why It Failed: Welfare Policy and Workers' Politics from Brezhnev to Yeltsin* (Cambridge, MA and London: Harvard University Press, 1993).

（4）コルナイが「早熟な福祉国家」論を展開した初期の論考として、Janos Kornai, “The Postsocialist Transition and the State: Reflections in the Light of Hungarian Fiscal Problems,” *American Economic Review* 82, no. 2 (1992): 1-21 を参照。また、やや視角は異なるものの、ブレスラウアーはソ連体制を「福祉国家権威主義」と形容している（George W. Breslauer, “On the Adaptability of Soviet Welfare-State Authoritarianism,” in *Soviet Society and the Communist Party*, edited by Karl W. Ryavec (Amherst: University of Massachusetts Press, 1978), 3-25)。

（5）塩川伸明『現存した社会主義――リヴァイアサンの素顔』（勁草書房、一九九九年）、一九二―一九六頁。

（6）こうした福祉の削減がきわめて難しい課題であるということは、ソ連・ロシアに限らず先進国の政治についても既に指摘されている通りである。福祉の削減をめぐる政治力学を論じたものとして、Paul Pierson, *Dismantling the Welfare State?: Reagan, Thatcher and the Politics of Retrenchment* (Cambridge: Cambridge University Press, 1994) を参照。ロシアについての指摘を行った業績として、Linda J. Cook, *Postcommunist Welfare States: Reform Politics in Russia and Eastern Europe* (Ithaca: Cornell University Press, 2007)（同書に対する筆者の書評は『国家学会雑誌』第一二三巻第一・二号（二〇一〇年）、二三五―二三八頁を参照）がある。また、その際の不満表明の回路として、一般市民が当局に陳情するという行動様式が残存していたという点も重要である。陳情と政治の関係について論じたものとして、Laura A. Henry, “Redefining Citizenship in Russia: Political and Social Rights,” *Problems of Post-Communism* 56, no. 6 (2009): 51-65; Danielle N. Lussier, “Contacting and Complaining: Political Participation and the Failure of Democracy in Russia,” *Post-Soviet Affairs* 27, no. 3 (2011): 289-325 などを参照。

（7）松里公孝「行政府党とは何か」『スラブ研究センター研究報告シリーズ No. 56　ロシア・東欧における地域社会の変容』（北海道大学スラブ研究センター、一九九五年）。

（8）Allina-Pisano, "Social Contracts and Authoritarian Projects in Post-Soviet Space," もっとも、実際問題として、与党に投票しなかった人に対して公共サーヴィスの提供を選択的に取りやめることは困難であり、このような図式通りの事態が本当に生じていたのかという点には疑問の余地がある。

（9）国名変更の経緯は以下の通りである。まず、一九九一年一二月二五日に国名が「ロシア連邦（ロシア）」へと変更されることが決められた（Закон РСФСР № 2094-I от 25 декабря 1991 г. «Об изменении наименования государства Российская Советская Федеративная Социалистическая Республика» // ВСНД РСФСР и ВС РСФСР. № 2, 1992. Ст. 62）。その後、一九九二年四月にロシア連邦憲法改正が行われ、国名変更が正式に確認される形となった（Закон РФ № 2708-I от 21 апреля 1992 г. «Об изменениях и дополнениях Конституции（Основного Закона）Российской Федеративной Социалистической Республики» // ВСНД РФ и ВСовета РФ. № 20, 1992. Ст. 1084）。

（10）ソ連における民主化の内容について具体的に取り上げたものとして、塩川伸明「旧ソ連における複数政党制の出発」木戸蓊、皆川修吾編『スラブの政治（講座スラブの世界第五巻）』（弘文堂、一九九四年）、一九一―二二三頁、上野俊彦「ロシアの選挙民主主義――ペレストロイカ期における競争選挙の導入」皆川修吾編『移行期のロシア政治――政治改革の理念とその制度化過程』（溪水社、一九九九年）、三三九―三八一頁、などを挙げることができる。

（11）Закон СССР от 14 марта 1990 г. № 1360-I «Об учреждений поста Президента СССР и внесении изменений и дополнений в Конституцию（Основной Закон）СССР» // ВСНД СССР и ВС СССР. № 12, 1990. Ст. 189.

（12）一九八九年ソ連邦人民代議員選挙の落選者については、上野「ロシアの選挙民主主義」三六八―三六九頁を参照。

（13）Л. Н. Шереметьева. Общественные объединения Волгоградской области: история создания, деятельности и взаимодействия с органами власти. Волгоград: Издатель. 2007. С. 15–16.

（14）このようにして州委第一書記に就任したのがアレクサンドル・アニプキンであったが、彼は「八月政変」の際に失脚した。その後のヴォルゴグラード州における政治状況については第六章第二節（244頁）を参照。

（15）一九九〇年に行われた共和国レヴェルの選挙は、その前年に行われたソ連邦人民代議員選挙において問題視された社会団体代表制や選挙区選挙前集会などの制度を撤廃したものであり、一九八九年のソ連邦人民代議員大会選挙よりもさらに民主的なものであると受け止められた。

(16) ソ連邦と共和国政権との駆け引きを中心としてソ連の解体過程を論じたものとして、塩川伸明「ソ連邦の解体過程とその後――連邦内疑似国際関係から新しい国際関係へ」塩川伸明・小松久男・沼野充義編『ユーラシア世界5　国家と国際関係』(東京大学出版会、二〇一二年)、一七―四二頁を参照。

(17) Указ Президента РСФСР от 23 августа 1991 г. № 79 «О приостановлении деятельности Коммунистической партии РСФСР» // ВСНД РСФСР и ВС РСФСР. № 35, 1991. Ст. 1149.

(18) この時期の第一書記やその近くにいた人々の記録は様々な手記や記録という形で残っている。例えば、サハリン州の第一書記について書かれた本では、サハリン州党委第一書記が「八月政変」後の八月二四日、半ば強制的に職場から追い出された様子が記録されている(Н.И. Колесников. Время и власть (руководители Сахалинской области советского периода, 1925–1991), Южно-Сахалинск: Издательство Сахалинского Государственного Университета, 2001)。

(19) Указ Президента РСФСР от 6 ноября 1991 г. № 169 «О деятельности КПСС и КП РСФСР» // ВСНД РСФСР и ВС РСФСР. № 45, 1991. Ст. 1537.

(20) 一九九一年五月に行われたロシア共和国憲法修正(Закон РСФСР от 24 мая 1991 г. № 1326-I «О изменениях и дополнениях Конституции (Основного Закона) РСФСР» // ВСНД РСФСР и ВС РСФСР. № 22, 1991. Ст. 778)、そして七月の地方自治法(Закон РСФСР от 6 июля 1991 г. № 1550-I «О местном самоуправлении в РСФСР» // ВСНД РСФСР и ВС РСФСР. № 29, 1991. Ст. 1010)の制定などにより、「行政府」の創設をはじめとした独自の地方制度の拡充が目指されていた。

(21) 連邦構成主体の行政府長官は共和国では大統領、州では知事と呼ばれることが多いが、その職名は地方によって異なりうる。以下においては、文脈に沿う形で「行政府長官」、「共和国大統領」、「知事」等と表記するが、これらはいずれも連邦構成主体の首長を指す言葉である。

(22) Указ Президента РСФСР от 22 августа 1991 г. № 75 «О некоторых вопросах деятельности органов исполнительной власти в

РСФСР» // ВСНД РСФСР и ВС РСФСР. № 34, 1991. Ст. 1146.「大統領代表」という役職はこの時点では各連邦構成主体に置かれていたが、二〇〇〇年の連邦管区の設置に伴い、各連邦管区に置かれることになった。その後の制度改革については第二章第二節（3）（76頁）を参照。

（23）知事任命については法令集（Ведомости Съезда Народных Депутатов РСФСР и Верховного Совета РСФСР）に収録されている大統領令の日付を参照した。

（24）Касимов, Александр, Ольга Сенатова. Московское поражение российского федерализма // Октябрь 1993. Хроника переворота（электоральная версия специального выпуска журнала "Век XX и мир"）. 1994.（http://old.russ/ru/antolog/1993/kasimov.htm）

（25）Арбахан Магомедов. Особенности партийной системы в контексте российского традиционализма（авторитарный вождизм и его основы в краснодарском крае）// Russian and East European Studies（ロシア東欧研究）. № 29, 2000. С. 72–77.

（26）ウリヤノフスク州の事情については、第四章第二節（178頁）を参照。

（27）一二月七日から八日にかけ、ベロヴェーシの森でロシア・ウクライナ・ベラルーシの三首脳による秘密会談が行われた。同会談では、ソ連邦はその存在を終えたということが宣言され、独立国家共同体（ＣＩＳ）の結成が決定された。その後、一二月二一日に一一か国の代表が集まって開かれたアルマアタ会議において、改めて独立国家共同体の結成が宣言されている。このようにして、一九二二年から続くソ連邦の歴史は終焉を迎えた。一九九一年一二月二五日にはクレムリンからソ連邦の旗が下ろされ、それに代わってロシア連邦の旗が掲げられた。

（28）この「ワシントン・コンセンサス」とは、一九八九年にジョン・ウィリアムソンが定式化した新自由主義的な政策パッケージであり、ラテンアメリカやサブサハラアフリカ諸国にも適用された。そのオリジナルとされ、広く知られているのがJohn Williamson, "What Washington Means by Policy Reform," in *Latin American Adjustment: How Much Has Happened?* edited by John Williamson（Washington: Institute for International Economics, 1990）, 7-20である。ロシアでは、ガイダールら一部の市場経済論者は「ワシントン・コンセンサス」を好意的に受け止めたが、それに対する反発も根強かった。

（29）Указ Президента РФ от 21 сентября 1993 г. № 1400 «О поэтапной конституционной реформе в Российской Федерации» // Собрание актов Президента и Правительства Российской Федерации, № 39, 1993. Ст. 3597.

（30）Касимов, Сенатова. Московское поражение российского федерализма.

（31）ブスイギナによれば、比較的早い時期に選挙が行われたペンザ州においては四〇議席中ほぼ全てがかつての党委員会書記や活動を停止したソヴェトの元議員、行政府長官やその関係者であったとされる（И. Бусыгина. Региональное измерение политического кризиса в России（политологический анализ）// Мировая экономика и международные отношения. № 5, 1994. С. 5-17）。同様の結果はリペツク州、タンボーフ州、オリョール州、リャザン州、ヴォロネジ州などにおいても観察されたという。

（32）憲法制定をめぐっては、大統領と議会の権限をめぐる問題や連邦制の問題、とりわけ、共和国とその他の地方との間の権限にどのような差をつけるのか、といった点がクローズアップされた。一九九三年憲法の採択に至るまでの複雑な政治過程を取り上げたものとして、溝口修平「ロシアの『強い』大統領制？——『重層的体制転換』における制度形成過程の再検討」『ヨーロッパ研究』第一〇号（二〇一一年）、五一—七四頁がある。その結果として現れた連邦制の形についての詳細は第二章第二節（1）（73頁）を参照。

（33）旧共産党エリートの分裂とその後の展開について、五地方におけるフィールドワークに基づいた研究を行った松里によれば、それぞれの地方における亀裂の構造は、州委員会・対・州都の市委員会（チェリャビンスク州）、州委員会・対・その他勢力（サマーラ州）、亀裂なし（ウリヤノフスク州、タンボーフ州）、州委員会および地区委員会・対・執行委員会（トヴェーリ州）、という形になっていた（Matsuzato, *The Split of the CPSU*）。本書ではこの指摘に示唆を受けつつ、より体系的な分析を目指す。

（34）Указ Президента РСФСР от 3 декабря 1991 г. № 297 «О мерах по либерализации цен» // ВСНД РСФСР и ВС РСФСР, № 52, 1991. Ст. 1878. これを受け、一二月一九日付の政府決定（Постановление Правительства РСФСР от 19 декабря 1991 г. № 55

«О мерах по реализации цен» において品目ごとの値上げの上限が定められた。なお、注（35）にも共通するが、この時期の政府決定は法令集に掲載されていないため、法令データベース「コンサルタント・プラス（Консультант плюс）」を参照した。

（35）Постановление Правительства РФ от 7 марта 1992 г. № 141 «Об изменении порядка формирования цен на отдельные виды потребительских товаров». この政府決定では、パン、牛乳・乳製品、砂糖、塩、植物油、マッチについて、自由価格に移行するかどうかの判断を地方行政府に任せることが明記されている。

（36）Волгоградская правда, 30 января 1992 г.

（37）この時期の地方についてのアルヒーフ資料の分析等はまだ緒についたばかりであるが、М. Б. Аллакулыев. Регионы России в период конституционного кризиса 1993 г. // Ярославский педагогический вестник. № 3, 2011. Том 1（Гуманитарные науки）. С. 63-67 では、一九九三年憲法危機の時期におけるイワノヴォ州とヤロスラヴリ州の反応が明らかにされている。

（38）各地方における市場経済への移行戦略についての包括的な検討を行ったものとして、Vladimir Popov, "Reform Strategies and Economic Performance of Russia's Regions," *World Development* 29, no. 5（2001）: 865-886 を参照。また、以下に紹介するサマーラ州とウリヤノフスク州の違いについては、Andrew Konitzer-Smirnov, "Breaching the Soviet Social Contract Post-Soviet Social Policy Development in Ulyanovsk and Samara Oblasts," in *Social Capital and Social Cohesion in Post-Soviet Russia*, edited by Judyth L. Twigg and Kate Schecter（Armonk: M. E. Sharpe, 2003）, 189–216 を参照。

（39）Волжская коммуна, 9 июля 1994 г.

（40）この時期における各地方の経済改革案について触れた論考として、В. Скороходов. Регионы и центр в реформируемой России // Мировая экономика и международные отношения. № 10, 1994. С. 16–32 を参照。興味深い例としては、石油を産出するチュメニ州において、石油収入をそのまま住民の生活水準向上のために振り向ける「クウェート・モデル」が議論されていた点、また、国境地帯に位置する地方では、独自に外国資本を呼び込もうとする政策が検討されていたことなどが紹介されている。

（41）Распоряжение премьера правительства Москвы от 23 марта 1992 г. № 685-РП «Об изменении порядка формирования цен на отдельные виды потребительских товаров» // Вестник Мэрии Москвы № 7（1213), 1992. С. 34-36.

（42）Распоряжение премьера правительства Москвы от 15 января 1993 г. № 49-РП «Об упорядочении практики установления торговых надбавок на товары народного потребления» // Вестник Мэрии Москвы № 4（1234), 1993. С. 23-25.

（43）地方行政府のこのような役割は、一九九八年の金融危機の際にも観察された。金融危機の直後には、地方行政府により、価格統制や物流の制限などの様々な方策が打ち出された。

（44）一九九〇年代における人々の日常生活を直接の研究対象としたエスノグラフィーとして、Ol'ga Shevchenko, *Crisis and the Everyday in Postsocialist Moscow*（Bloomington: Indiana University Press, 2009）が興味深い。同書において、著者は主に認識のレヴェルにおいて人々が「危機」をルーティーン化し、社会とは隔絶した独自の生活圏を作り出したという側面を強調している。また、貧しい人向けに食事を提供するスープ・キッチンにおいて行ったフィールドワークをまとめたMelissa Caldwell, *Not by Bread Alone: Social Support in the New Russia*（Berkeley and Los Angeles: University of California Press, 2004）では、人的なネットワークが重要な役割を果たしたことが指摘されている。

（45）特に、男性の平均寿命はそれ以前と比較して六年近く短くなった（Vladimir M. Shkolnikov, Giovanni A. Cornia and David A. Leon, "Causes of the Russian Mortality Crisis: Evidence and Interpretations," *World Development* 26, no. 11（1998）: 1995-2011）。なお、このような平均余命年数の下落は東欧では観察されず、ロシアにおいて特に顕著なものとなったという点は注目に値する。

（46）この時期の社会状況と連邦政府の対応について概観したものとして、П. Н. Лебедев, Л. В. Панова, Н. Л. Русинова. Социальная политика в условиях кризиса. СПб.: Институт социологии российской академии наук. 1996 などがある。

（47）この時期の地方レヴェルにおける社会政策について取り扱った研究は少ないが、例えば、Р. А. Якупов. Антикризисная политика России в социальной сфере в начале 1990-х годов（по материалам среднего поволжья // Вестник Самарского государственного университета. Гуманитарная серия. № 1（75), 2010. С. 120-124 を挙げることができる。同論文では、サマー

ラ州、ウリヤノフスク州、ペンザ州などにおける体制転換直後の緊急的な対応策が明らかにされている。

（48）Michael Brie, "The Moscow Political Regime: The Emergence of a New Urban Political Machine," in *The Politics of Local Government in Russia*, 203–234.

（49）Распоряжение премьера правительства Москвы от 4 июня1992 г. № 1385–РП «О дотации отдельным категориям граждан» // Вестник Мэрии Москвы. № 14 （1220）, 1992. С. 26–27.

（50）恩典は二〇〇〇年代に入ってからもその意義を失わなかった。恩典という形での現物支給から現金支給への切り替えが実施された二〇〇五年初頭には大規模な反対デモが起こった。その経緯および背景要因について触れたものとして、И. Климов. Деньги вместо льгот: история и значение протеста // Социальная реальность. № 4, 2006. С. 25–45; Susanne Wengle and Michael Rasell, "The Monetisation of *L'goty*: Changing Patterns of Welfare Politics and Provision in Russia," *Europe-Asia Studies* 60, no. 5 （2008）: 739–756 などがある。恩典現金化法案の実施に際して地方行政府が直面した課題の困難さとその対処法については拙論 Mari Aburamoto, "Who Takes Care of the Residents? United Russia and the Regions Facing the Monetization of *L'goty*," *Acta Slavica Iaponica* 28 （2010）: 101–115 を参照。

（51）Shinichiro Tabata, "'Shock Therapy' in Russia: A Theoretical and Statistical Analysis," *Acta Slavica Iaponica* 11 （1993）: 1–17.

（52）Указ Президента РФ от 28 апреля 1997 г. № 425 «О реформе жилищно-коммунального хозяйства в Российской Федерации» // СЗ РФ. № 18, 1997. Ст. 2131. この大統領令によれば、住宅・公共料金の自己負担一〇〇%への移行は、一九九七年から二〇〇三年に至るまでの一年ごとに三五%、五〇%、六〇%、七〇%、八〇%、九〇%、一〇〇%、というテンポで行われることになっていた。

（53）塩原俊彦『現代ロシアの経済構造』（慶応義塾大学出版会、二〇〇四年）、第五章。このような関係は、エネルギー会社にとっても、行政府にとっても、さらには住民にとっても都合の良い状況であり、塩原はこの状況を「共謀」関係と名付けている。

（54）Robert W. Orttung, “Energy and State-Society Relations: Socio-Political Aspects of Russia's Energy Wealth,” in *Russian Energy Power and Foreign Relations: Implications for Conflict and Cooperation*, edited by Jeronim Perovic, Robert G. Orttung and Andreas Wenger（Abington and New York: Routledge, 2009), 51-70.

（55）電力部門の改革とその地方への影響をも含めた議論として，Peter Rutland, “Power Struggle: Reforming the Electricity Industry,” in *Dynamics of Russian Politics vol. 1*, edited by Peter Reddaway and Robert W. Orttung（Lahnham, MD: Rowman & Littlefield, 2005), 267-291 を参照。

（56）ガス・水道・温水に関してはメーターが設置されておらず，浴槽の有無・アパートの間取り等に応じて値段が決められていた。電気については当初からメーターが導入されていた。

（57）Волжская коммуна, 3 июня 1997 г.

（58）ガス料金の値上げと世論の関係について論じた研究として，Indra Overland and Hilde Kutchera, “Pricing Pain: Social Discontent and Political Willpower in Russia's Gas Sector,” *Europe-Asia Studies* 63, no. 2（2011): 311-331 がある。

第二章　現代ロシアにおける中央地方関係の変遷

本章では、体制転換直後から現在に至るまでの中央地方関係の変化を振り返る。第一節において本書が地方政治のどの部分に注目してその重みを捉えようとするのかという点についての考察を行った後、第二節で中央地方関係をめぐる制度、第三節で予算制度を中心とした地方行政の実態について触れる。第四節では時期ごとの変化を概観する。

第一節　中央地方関係分析の視点

本書は、一九九一年から現在に至るまでのロシアにおける政党政治の展開を、中央地方関係の変容および地方エリートの動向の双方に着目して追跡しようとするものである。本章においては、そのひとつの前提条件として、この間に生じた中央地方関係の変遷を振り返り、移行当初の状況、そしてその後、中央集権化へと向かう動きについての検討を行う。なお、二〇一二年以降は、いったん導入された行政府長官の任命制が撤回される(1)など、中央集権化の動きに対して一定の揺り戻しがあった。こうした制度変更が持つ意味については慎重な検討が必要とされるが、ロシアにおける中央地方関係はこの時期を境に新たな段階に入ったと見ることも可能である。

本章では、一九九〇年代から現在に至るまでの変化のプロセスを把握するにあたり、まず、連邦制および中央地方関係を規定する制度に着目する。これは、連邦制のあり方がひとつの焦点となったロシア政治研究の最重要テーマであり、連邦制(2)や地方自治(3)について数多くの研究が積み重ねられてきた。その中でも、地方政治の重みを直接的に規定する論点として、地方エリートがいかなるルールに従って行動し、連邦中央と対峙してきたのか、そして、連邦中央が地方をコントロールする手段にはどのようなものがあったのか、といった点が重要である。

もっとも、中央地方関係を規律する制度が重要だといっても、それだけでは政治における地方の位置や機能を十分に把握することはできない。既に序章および第一章において指摘したように、本書では、地方エリートが政治の当事者であったという側面に加え、行政サーヴィスの提供者としても重要な役割を果たしていたという点に注目する。このような存在であった地方エリートが中央との関係において占めていた位置を明らかにするためには、地方行政の持っていた重みに着目する必要がある。この点については様々なアプローチがありうるが(4)、本書においては、連邦、連邦構成主体、地方自治体間の予算の配分を中心に論じる。

以上の検討を踏まえ、本章では、中央地方関係（第二節）および地方行政（第三節）のそれぞれの観点から、分権状況から制度化、そして中央集権化へと至るプロセスを振り返る。なお、ロシアにおける連邦構造は、連邦、連邦構成主体、地方自治体によって構成されており、連邦と連邦構成主体は「国家権力機関」、サブリージョンレヴェルの行政主体である地方自治体は「自治機関」として区別される。そのため、中央と地方の関係を論じる際には、連邦と連邦構成主体の関係に加え、地方自治体についても考慮する必要がある。以下においては、基本的に連邦、連邦構成主体、地方自治体の三者関係に注目して議論を展開するが、「地方」の語で連邦構成主体と地方自治体を緩やかに包括して指示する場合があることを断っておく。

第二節　中央地方関係の制度

本節では、中央地方関係を規律する制度の変遷を取り扱う。以下においては、①ソ連解体から一九九三年憲法の制定まで（前提条件）、②一九九〇年代において遠心力が強まり、分権状況に特徴付けられた時期、③一九九〇年代末から二〇〇〇年代初頭にかけて行われた連邦制改革、④二〇〇〇年代中盤以降のさらなる連邦制改革、の四項目に分けて議論を進める。

（1）前提条件――ソ連解体から一九九三年憲法の制定まで

最初に明らかにすべきは、現在のロシア連邦がどのような政治状況の中で出発したのか、そして連邦制の実態はいかなるものだったのか、という点である。ここでは、ソ連邦の一連邦構成共和国であったロシア共和国における連邦制の概要について触れた後、一九九三年のロシア連邦憲法制定に至るまでの動き、そして、その結果として現れた連邦制の形について論じる。

既に第一章においても触れたように、現在のロシア連邦の直接の起源はロシア共和国に求めることができる。(5) ロシア共和国は多民族によって構成される連邦国家であり、ロシア人を主体とした州、辺区と並んで、自治共和国、自治州および自治管区という民族原理に基づいた行政区画が存在していた。そのうち、自治共和国は国家と観念され、憲法を有していたが、ソ連邦のような自発的な結合という理念は存在せず、ロシア共和国の内部自治共和国が離脱権を持つことはなかった。また、自治管区、自治州や辺区・州などは単なる行政区画として取り扱われていた。その意味で、ロシア共和国における連邦制のあり方は非対称なものであった。

ソ連邦の解体を受け、ロシア共和国はロシア連邦へとその名を変えた。体制転換直前から直後にかけての時期においては、連邦制の再編がロシア連邦にとって大きな政治課題となった(6)。なぜなら、ソ連時代の最末期にあってロシア共和国も自立性を高めつつあった頃、ロシア共和国のさらに下位の主体もまた政治的に活発化していたためである。ロシア共和国内の自治共和国および多くの自治州は一九九〇年の秋から冬にかけて主権宣言を行い、自らを共和国と称するようになっていた。また、その動きに呼応する形で辺区や州も自立を目指すようになり、このプロセスにおいていくつかの再編構想も現れていた。

連邦制のあり方をめぐって緊張が高まる中、エリツィンにとっては、地方の取り込みが急務であった。一九九二年に入り、エリツィン陣営は、①共和国、②辺区、州、連邦的意義を持つ都市、③自治州・自治管区、の三類型に分けて連邦条約を締結し、政治状況の安定化を図ろうとした。この三類型には地位と権限に区別が設けられ、共和国についてはその主権が明記されていた。しかし、タタルスタン共和国とチェチェン共和国はこの連邦条約には調印せず、問題の解決には至らなかった。その後も連邦制をめぐる議論には決着がつかず、新憲法の制定も難航した。

一九九三年憲法は、「十月政変」などの流血の事態をも経てようやく採択された。同憲法において規定された連邦制の形は、それまでの切迫した政治状況を反映したものであった。憲法は、共和国だけは「国家」であるとし、独自の憲法を持つと規定したが、その主権は明記されなかった。その上で、連邦は、同権の構成主体である共和国、辺区、州、連邦的意義を有する市、自治州および自治管区から構成されると定めた。これをソ連時代のロシア共和国における連邦制と比較するなら、民族地域のみならずロシア人地域も連邦構成主体とされた点およびそれらの同権性が謳われた点は大きな変化だが、それでも連邦構成主体にはいくつもの異なった名称を持つものがあり、それらの間に一定の差が残された点はかつてと連続しているという両義性がある。

このように、ロシアの連邦制はソ連解体の時期から一九九三年憲法の制定に至るまで論争的なテーマであり続けてきたが、憲法の制定をもって一定の解決が宣言された。しかし、同憲法には各連邦構成主体が連邦中央との間で個別に権限分割条約を締結する可能性が残され、ロシアにおける連邦制が依然として非対称性を残していると主張される根拠ともなった。

（2）遠心化——権限分割条約の締結と連邦法への抵触

一九九三年憲法の成立後、連邦構成主体による自立化の動きはいったん沈静化したものの、事態が完全に収拾されるには至らなかった。ここでは、遠心化の契機となった事柄として、権限分割条約、地方行政府長官の公選制導入、そして、一九九八年の金融危機を取り上げる。

一九九〇年代の経過を振り返る上では、何よりも、権限分割条約を利用して個別に権限の拡張を図ろうとする動きが活発化したという点が重要である。最初に締結されたのが、一九九四年二月のタタルスタン共和国との権限分割条約であった(7)。それ以降、一九九八年までの間に、四〇以上の権限分割条約が結ばれている。その中心はタタルスタン共和国などの民族共和国であったが、スヴェルドロフスク州、モスクワ市などの民族原理に基づかない連邦構成主体の多くも連邦中央との間で権限分割条約を締結した。この動きは、憲法で規定された連邦制とその実態とを乖離させることになった。

こうした制度上の問題に加え、地方指導者の立場が強まったきっかけとして、地方行政府長官の公選制導入(8)を挙げることができる。公選制が導入されたことにより、地方指導者は民主的な正統性をバックに発言力を強めるようになった。その結果として、エリツィン大統領にとっては地方のコントロールがさらに難しくなった。また、一九九六年から連邦構成主体の執行権力・立法権力のそれぞれの長によって構成されるようになった上院(9)が、連邦と地方の利害調整の場として大きな役割を果たすようになったという点も重要である。この時期の地方指導者は名実ともに大きな権限を有していたのである。

こうした遠心化の傾向にさらに拍車をかける形となったのが一九九八年八月の金融危機であった。移行後から様々な問題を抱えていたロシア経済は、アジア通貨危機の影響を受けて危機に陥った。一九九八年八月一七日、対外債務の支払い停止とルーブルの切り下げが発表された。この金融危機の余波は非常に大きく、ロシア全土を混乱に陥れた。そのような中で、各地方の指導者たちは商品流通の制限やクーポンの発行などといった独自の策を講じた。このことは、連邦中央による地方のコントロールをさらに難しくした。

このように、ロシア連邦憲法において個別の条約を結ぶ余地が残されたこと、そして、政治面・経済面で連邦中央の立場が弱まったことにより、一九九〇年代のロシア連邦は遠心化を経験した。

(3)　連邦中央によるコントロール強化に向けた動き

遠心化傾向が顕著なものとなる中で、一九九〇年代末頃からその状況を是正するための制度改革が始まった。ここでは、その改革の端緒と二〇〇〇年代のプーチン大統領による制度改革を取り上げる。

遠心力の高まりは一九九九年下院選挙に向けた知事ブロックの結成を導くことにもなり、地方の動きを統制することはさらに困難になった。そのような状況を受け、一九九八年九月に首相に就任したエフゲニー・プリマコフは中央地方関係の整理に着手した[10]。この時点でプリマコフが目指していたのは、連邦中央の力を強化して垂直的な執行権力を構築することであった。その一環として、プリマコフは地方行政府長官の公選制を廃止し、任命制を導入することを提案した。知事任命制の導入は二〇〇四年にプーチン大統領によって実現されるが、それに類似した提案はこの時点で既に出されていたことになる。

一九九九年には行き過ぎた分権状況を収拾するための法整備が行われた[11]。まず、一九九九年六月二四日付連邦法[12]ににおいて、憲法に規定されている連邦管轄事項および連邦・連邦構成主体の共同管轄事項についての再定義を行うことが禁止され、権限分割条約が締結できる範囲が限定された。さらに、同年一〇月六日に成立した「連邦構成主体の立法（代表）国家権力機関および執行国家権力機関の組織の一般原則についての連邦法」[13]には、連邦憲法・連邦法と矛盾する法律や決定が行われた場合、大統領がその執行を停止できるという規定も盛り込まれた。このように、一九九〇年代終盤には、連邦憲法・連邦法からの逸脱をコントロールする仕組みが形成されつつあったのである。

この動きをさらに推進したのが、エリツィンの後継者として大統領に選出されたプーチンである。プーチンは二〇〇〇年に大統領に就任してまもなく、連邦制改革に着手した。プーチンの連邦制改革は多岐にわたるが、その主要なものとしては、①地方のコントロール強化を目指した法改正、②大統領全権代表制度の再編および連邦管区の設置、③上院の構成方法の変更、を挙げることができる。

第一に、プーチンは、就任早々、連邦憲法に違反している連邦構成主体法の改正に取り組み始めた[14]。この方向性を強化する意味を持った制度改正としては、二〇〇〇年七月二九日付連邦法[15]が重要である。同法により、連邦憲法・連邦法への違反があった場合、大統領が連邦構成主体議会を解散、もしくは地方首長を罷免することが可能になった[16]。これは、一九九九年に導入された制度をさらに強化するものであった。

第二に、二〇〇〇年五月一三日付大統領令[17]によって、連邦管区の設置および大統領全権代表制度[18]の再編が行われた。ロシア全土は中央連邦管区（中心都市モスクワ、以下同様）、北西連邦管区（サンクトペテルブルグ）、南部連邦管区（ロストフ・ナ・ドヌー）、沿ヴォルガ連邦管区（ニジニ・ノヴゴロド）、ウラル連邦管区（エカチェリンブルグ）、シベリア連邦管区（ノヴォシビルスク）、極東連邦管区（ハバロフスク）の計七連邦管区に分けられた[19]。大統領全権代表はそれぞれの連邦管区の中心都市に拠点を置き、連邦構成主体における政策の実施や人事などに関する監督を行い、それを大統領に報告する役割を担うことになった。この制度変更は、連邦構成主体に対する統制を強めようとするものであると捉えられた(20)。

第三に、上院の構成方法が変更された。それまで、上院は各連邦構成主体の執行権力・立法権力の長によって構成されることとなっていたが、二〇〇〇年八月五日付連邦法(21)により、上院は各連邦構成主体における執行権力・立法権力それぞれの「代表」によって構成されるようになった。これは、エリツィン時代に上院が連邦中央と連邦構成主体のバーゲニングの場と化していたことに対し、そこに一定の制限をかけることを意図した制度変更であったと考えられる。

なお、この時期に行われた制度変更のうち、連邦構造に変更を加える可能性のある動きとして、小規模な自治管区を隣り合った連邦構成主体と合併させる改革が挙げられることもある。もっとも、現時点において、合併の動きは小規模な自治管区と辺区・州との融合にとどまっており、連邦構造を大きく変容させるには至っていない(22)。

以上述べてきたように、一九九〇年代末に着手された連邦制改革は、二〇〇〇年代に入ってからプーチン大統領によって強力に推進され、連邦制の形も徐々に変容していった。

（4）　中央集権化傾向の強化

二〇〇三年頃からはそれ以前の連邦制改革よりもさらに徹底した制度改革が行われるようになった。ここでは、地方自治制度改革および行政府長官の実質的任命制度の導入について論じる。

この時期に行われた改革として重要なのが地方自治制度である。地方自治制度については、一九九三年憲法に規定が置かれ、一九九五年八月には最初の「地方自治の組織の一般原則についての連邦法(23)」が成立するなど、一九九〇年代から既に改革が試みられていたが、二〇〇三年一〇月六日に成立した同名の連邦法(24)はこの一連の流れの中でも特に大きな意味を持つものとなった。そのうち、中央集権化との関連では、市長の選出方法が明確化され、市長の選出を公選によらない「シティ・マネージャー」制が導入されたという点が重要である。この制度の詳細については補章第三節（6）（110頁）において改めて取り上げるが、このような制度が導入された結果、市長公選制の実施が必須ではないとされたことは中央集権化を強化するものと解釈された[25]。

それに続くステップとなったのが、二〇〇四年一二月一一日付連邦法[26]に基づく連邦構成主体行政府長官の選出方法の変更、すなわち公選制の廃止である[27]。この制度変更は二〇〇四年九月に起きたベスラン学校占拠事件[28]の直後に決定され、「テロとの闘いの強化」を謳った内政改革の一環として進められた。同法によって新たに導入されたのが、大統領が候補者を提案し、それを地方議会が承認するという、上からの任命制と地方議会での選出の双方の要素を持ち合わせた制度である。この選出方法は一般に「実質的任命制」と呼ばれている。実質的任命制の導入はプーチン政権による権威主義化傾向を強く反映した制度変更であると捉えられ、連邦制のあり方にも大きな影響を与えることになった[29]。

このように、二〇〇〇年代中盤の制度改革は、一九九〇年代において顕著であった遠心化傾向のひとつの要因ともなっていた連邦構成主体行政府長官の選出方法の見直しにまで踏み込むものとなった。しかし、実質的任命制の導入が予期された通りの効果をもたらしたわけではないという点は指摘しておくべきである[30]。第一に、知事の実質的任命制が導入された結果、一部の地方では公選制によって選出される市長の地位が高まるという逆説的な状況が出現するようになった。第二に、新たな行政府長官に任命されるようになったのは、その地方との関係がそれほど強くない「落下傘」候補[31]であったことから、地方レヴェルにおける政治状況が不安定化することも多かった。このように、一連の制度変更が行われた結果、連邦中央にとってはかえって地方のコントロールが困難になる局面もあった[32]。

第三節　地方行政の枠組——財政制度を手がかりに

本節では、地方行政の枠組として、主に財政面の変容について論じる。以下においては、議論をわかりやすくするため、財政制度の概要を明らかにした後、連邦と地方の関係、そして、地方内部の州予算および州都予算の相互関係について論じる。

（1）ロシアにおける財政制度の概要

ここでは、ロシアにおける基本的な財政制度を紹介する。なお、ロシアの財政制度は各政府の役割分担が曖昧でわかりにくいことが指摘されており、二〇〇一年八月一五日付政府決定で公表された「二〇〇五年までの財政連邦主義発展プログラム」[33]をひとつのきっかけとして役割分担を明確化する改革が開始された[34]。

まず、主要な財源となる税金収入については、連邦税、連邦構成主体税、地方自治体税の三種類がある（税法典一三—一五条）[35]。税収が大きい付加価値税、個人所得税、企業利潤税、鉱物資源採掘税[36]、関税などはいずれも連邦税に分類されている。その他、連邦構成主体税には法人資産税、交通税など、そして地方自治体税には土地税などが含まれる。その上で、税源ごとに連邦予算・地方予算間の配分の割合が決められる。

一九九〇年代における各税源の状況は以下の通りである[37]。まず、付加価値税は連邦予算への配分が多く、一九九四年から一九九九年にかけて、連邦予算に七五％、地方予算に二五％が配分されていた。その一方で、企業利潤税、天然資源利用料は連邦予算よりも地方予算への配分の方が多かった。また、個人所得税に関しては大部分が地方予算に配分されていた。

二〇〇〇年代に入ってからは税源の配分にも変化が生じた[38]。まず、付加価値税については、二〇〇一年予算より連邦構成主体への配分がなくなり、全て連邦予算の歳入となった。また、鉱物資源採掘税については段階的に変更が加えられ、二〇〇五年までに、石油の採掘に関しては連邦が九五％、地方が五％、また、天然ガスに関しては連邦予算の割合が一〇〇％となった。これらの変化により、地方予算への配分は全体として減少した。

続いて、歳出について触れる。連邦と連邦構成主体のそれぞれの管轄事項については憲法において定められているが、国防や対外政策などが連邦の専権事項とされている一方で、教育、医療、社会政策など、幅広い領域が連邦・連邦構成主体の共同管轄事項とされている。共同管轄事項に関しては、予算項目ごとにどの予算からの支出になるかが決まっている[39]。例えば、教育であれば、高等教育は連邦予算、職業教育は連邦構成主体予算、初等・中等教育は地方自治体予算から支出される。

（2）連邦＝地方関係の変遷

体制転換直後の時期は、地方財政制度の未整備に特徴付けられていた。一九九〇年代中盤に入ると次第に財政制度が形成されるようになるが、実際の運用との間には乖離があった。例えば、連邦中央からの財政移転が制度化された形ではなく、しばしばアドホックに分配されていたことが知られている[40]。さらに、連邦中央からの直接的な財政移転に加え、予算外基金などの様々なルートが存在しており、予算のデータのみで全貌をつかむことは困難である。

また、全国で統一的に実施されることが目指された制度についても、財源が不明確なまま地方にその実施が委ねられる事態が頻発した。その一例として、一九九五年一月に成立した退役軍人法[41]を挙げることができる。同法は文字通りの退役軍人だけでなく、広く各種年金生活者などを対象とした諸々の現物給付を定めており、各地方における社会的弱者保護政策をある程度画一化することを目指すものであった。しかし、実施のための資金が足りておらず、その

1998 年以降は 10 億ルーブル）

1999		2000		2001		2002		2003		2004	
連邦	地方	連邦	地方	連邦	地方	連邦	地方	連邦	地方	連邦	地方
615.5	660.8	1132.1	1065.8	1594.0	1322.4	2204.7	1633.6	2586.2	1930.5	3428.9	2403.2
81.1	139.9	178.0	220.8	213.8	300.0	172.2	291.1	170.9	355.6	205.7	661.9
20.0	97.3	27.4	147.4	2.8	253.0	0.0	358.1	0.0	455.7	0.0	574.5
221.1	67.1	371.5	85.8	639.0	—	752.7	—	882.1	—	1069.7	—
10.6	34.7	18.6	59.0	49.7	86.0	214.2	116.6	249.5	146.3	434.3	146.7
666.9	653.8	1029.2	1032.1	1321.9	1330.2	2054.2	1687.2	2358.6	1984.3	2698.9	2373.0
14.8	31.5	25.0	47.9	42.0	69.0	56.2	92.8	66.7	116.5	80.7	142.3
59.1	—	10.9	—	23.8	—	34.2	—	31.5	—	56.7	—
115.6	—	191.7	—	247.7	—	295.4	—	355.7	—	430.0	—
55.6	19.0	105.4	27.1	148.9	35.0	190.5	49.9	247.9	56.1	315.4	66.2
17.1	14.3	35.1	23.4	44.2	193.2	105.5	219.0	68.7	266.0	81.4	317.0
8.8	26.7	13.4	41.6	23.7	43.7	27.8	32.0	31.7	36.4	34.8	43.8
0.9	25.4	1.9	38.4	37.1	49.2	46.2	76.0	51.2	102.1	55.6	77.0
2.9	2.3	4.1	4.1	5.3	4.7	9.9	6.1	11.4	7.8	12.6	6.7
—	127.3	—	199.8	—	196.0	—	221.9	—	254.1	—	291.7
85.1	281.9	134.3	402.1	204.1	523.5	618.3	738.5	304.7	870.8	352.6	1112.9
162.9	27.1	257.8	18.9	231.1	13.3	229.6	14.1	220.9	20.0	204.7	25.6
56.2	44.9	97.7	150.5	14.5	137.9	15.1	154.2	14.3	147.9	14.1	169.3
−51.4	7.0	102.9	33.7	272.1	−7.8	150.5	−53.6	227.6	−53.8	730.0	30.2

財源も明らかではなかったことから、同法制定後も全国的な斉一化は実現せず、地方レヴェルの自主的な対応に任されるほかなかった(42)。

このように、体制転換直後の時期については制度も混乱しており、信頼できるデータも不足していたが、一九九〇年代中盤に入って財政制度が整備され始めたことに伴い、公式な予算データに基づいた分析も一定の意義を持つようになる。そこで、以下ではロシア統計年鑑におさめられた公式な予算データをひとつの手がかりとして、連邦予算と地方予算の関係を明らかにすることを試みる。なお、この統計では、連邦構成主体予算と地方自治体予算が合算されているため、その双方を合わせて「地方予算」と表記する。そのデータの変遷を示したのが表4および表

表4　1995年から2004年までの予算データ（単位：1997年までは1兆ルーブル,

	1995		1996		1997		1998	
	連邦	地方	連邦	地方	連邦	地方	連邦	地方
全歳入(注1)	232.1	241.0	281.9	322.9	343.4	433.4	325.9	413.4
（企業利潤税）	41.5	76.1	32.5	64.2	35.7	69.2	37.1	62.2
（個人所得税）	3.3	33.3	5.1	51.5	1.7	73.5	0.1	71.4
（付加価値税）	71.8	23.9	101.8	42.1	128.7	54.1	117.4	52.9
（天然資源利用料）(注2)	3.0	9.3	4.3	16.9	7.4	29.8	3.3	19.4
全歳出	275.2	247.0	356.2	342.8	436.6	468.1	472.2	422.4
国家機構	4.4	7.5	5.4	11.8	10.1	18.9	10.9	20.2
国際関係	27.3	—	26.7	—	2.6	—	17.6	—
国防	49.6	—	63.9	—	81.4	—	65.1	—
法秩序維持	20.2	7.0	28.5	10.7	45.2	13.8	33.5	11.9
産業・エネルギー・建築	26.8	8.5	26.2	12.7	30.3	20.0	15.5	10.7
農業	7.0	15.3	8.5	16.7	9.9	21.2	4.7	19.6
交通・道路	0.6	12.6	0.7	16.3	4.0	19.5	1.3	17.8
環境保護	1.4	0.7	2.0	0.9	2.6	1.5	2.2	1.2
住宅・公共サーヴィス	—	65.2	—	88.6	—	112.6	—	96.8
社会・文化	19.6	109.5	27.5	160.9	61.5	209.0	61.7	184.0
債務償還	28.0	—	44.6	—	41.4	—	148.7	—
目的別基金	14.5	2.7	16.5	4.4	30.3	5.8	26.1	17.4
収支	−43.1	−6.0	−74.3	−19.9	−93.1	−34.7	−146.3	−9.0

注1）歳入の内訳については主要な項目のみを記載した.
注2）2002年以降は鉱物資源採掘税を含む.
出典）Российский статистический ежегодник. 2010. C. 593.

5である。表が二つに分かれているのは、二〇〇四年の予算法典改正を経て予算項目に変更が加えられたためである。また、表4は一九九五年から二〇〇四年までを含んでいるが、一九九八年一月にデノミが行われたため、単位は一九九七年までが一兆ルーブル、一九九八年以降は一〇億ルーブルとなっている。

まず、一九九〇年代に目を向けると、一九九〇年代の後半は連邦予算に対する地方予算の比重が相対的に大きかったことが明らかになる。こうした傾向がとりわけ強かったのが一九九七年、九八年であり、一九九七年においては連邦予算の全歳入が三四三・四兆ルーブルであったのに対し、地方予算の全歳入が四三三・四兆ルーブル、一九九八年には連邦予算が三二五九億ルーブ

表5　2005年から2009年までの予算データ（単位：10億ルーブル）

	2005		2006		2007		2008		2009	
	連邦	地方	連邦	地方	連邦	地方	連邦	地方	連邦	地方
全歳入(注)	5127.2	2999.9	6278.9	3797.3	7781.1	4828.5	9275.9	6198.8	7337.8	5926.6
（企業利潤税）	377.6	955.3	509.9	1160.7	641.3	1530.7	761.1	1752.0	195.4	1069.2
（付加価値税）	1472.2	0.1	1510.9	0.2	2261.5	0.2	2132.2	0.3	2050.0	0.3
（個人所得税）	—	71.7	—	95.9	—	123.7	—	161.3	—	151.6
（天然資源利用料・鉱物資源採掘税）	872.3	56.3	1116.7	70.6	1157.4	77.8	1637.5	105.1	1006.3	74.7
（無償移転）	86.6	442.3	34.9	603.1	231.1	645.0	1.3	1204.7	6.2	1618.8
全歳出	3514.3	2941.2	4284.8	3657.7	5986.6	4790.5	7570.9	6253.1	9660.1	6255.7
全国家的問題	501.0	249.1	533.2	282.7	815.7	348.0	839.4	444.1	853.1	455.2
国防	581.1	0.6	681.8	1.6	831.9	2.1	1040.9	2.8	1188.2	3.0
国家安全・法秩序維持	450.1	135.1	550.2	163.9	667.0	197.3	835.6	256.5	1004.5	241.4
国民経済	248.7	515.5	345.0	603.9	692.6	865.4	1025.0	1233.6	1650.7	1131.3
住宅・公共サーヴィス	6.9	464.5	52.7	579.0	294.9	807.4	129.5	1023.7	151.6	854.5
社会・文化	476.2	1534.6	616.4	1974.5	776.1	2531.0	1015.7	3060.9	1205.5	3275.9
他予算への移転	1245.6	24.7	1498.9	35.5	1900.1	21.0	2674.6	210.6	3593.4	277.8
収支	1612.9	58.7	1994.1	139.6	1794.6	38.0	1705.1	−54.4	−2322.3	−329.1

注）歳入の内訳については主要な項目のみを記載した.

出典）Российский статистический ежегодник. 2010. С. 594.

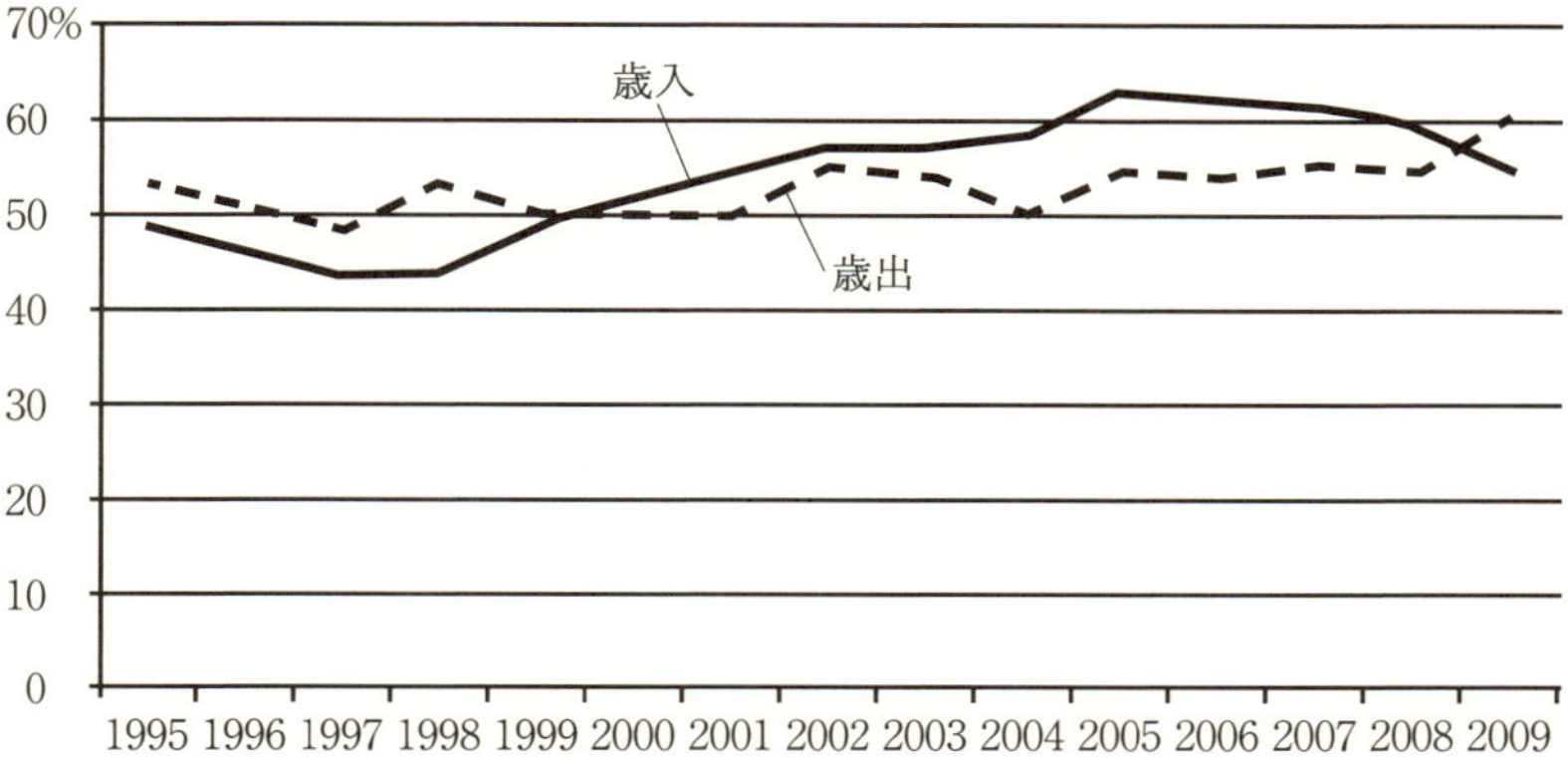

図 2　全予算中に占める連邦予算の割合

出典）表4，表5のデータより筆者作成.

ルであったのに対し、地方予算は四一三四億ルーブルであった。この時期は、全予算中の地方予算の割合が五割を超えていた。地方予算の財源は各種税金および施設利用料などの税以外の財源である。支出項目のうち、地方予算の支出分が多いのは「農業」、「交通・道路」、「住宅・公共サーヴィス」、「社会・文化」である。そのうち特に額が大きいのが、一〇〇％が地方予算の管轄とされている「住宅・公共サーヴィス」と「社会・文化」であり、生活に密着した分野での政策実行主体として地方が重要な役割を果たしていたことが明らかである。

二〇〇〇年代に入ると、二〇〇一年の「二〇〇五年までの財政連邦主義発展プログラム」や二〇〇四年の予算法典改正等を経て、財政制度がさらなる制度化を見せるようになる。表5に示した予算の変遷から以下の点を指摘することができる。第一に、地方の独自の財源が減少する傾向にある一方で、表5からは、連邦予算からの財政移転を示す「無償移転」が年を追うごとに増加する様子が見て取れる。第二に、歳出の構造そのものには大きな変化がなかったということも明らかになる。そのうち目につきやすい変化としては、「産業・エネルギー・建設」および「目的別基金」の地方予算の割合が増えた点が挙げられる。

以上の検討を踏まえ、全予算中の連邦予算の割合の推移を折れ線グラフに示したのが図2である。ここから、財源の配分については、一九九九年までは連邦予算の割合が全体の五〇％を下回っていたが、二〇〇〇年から次第にその割合が増すようになり、二〇〇五年には六〇％を超えるに至ったことが明らかになる。その一方で、歳出に関しては、近年に至って連邦予算の割合が増加に転じているものの、それまでの変化は相対的に緩やかであった。

なお、二〇〇〇年代後半以降、地方行政の枠組が変容する可能性が生じているという点を指摘しておく必要がある。まず、連邦中央の主導で策定される「優先的国家プロジェクト」の実施を挙げることができる。「優先的国家プロジェクト」とは、二〇〇五年秋にプーチン大統領が打ち出したもので、「保健」、「住宅」、「教育」、「農業」の四分野が含まれている。また、連邦予算から支出がなされる特別プログラムも二〇〇〇年代に入ってから拡充されるようになり、その例として、二〇〇二年から二〇一〇年にかけての「住居」プログラム、二〇一二年までの農村の社会的発展プログラム、道路の安全性向上プログラムなどがある。

こうしたプロジェクトは連邦予算から地方へと多額の資金が流れる構造を作り出し、既存の財政連邦主義の枠組とは異なった力学を生み出しつつある(43)。それに伴い、地方行政府が独自性や裁量を発揮する余地は次第に縮小していくことが予想される。しかし、このような変化が地方政治の自立性の縮減にまで行き着くかどうかという点については慎重に検討を行う必要がある。特に重要なのは、これらのプログラムを実施する担い手となるのは連邦構成主体や地方自治体の行政府であることから、地方指導者の「才覚」が重要な役割を果たす局面は依然として残っているという点である。

(3)　連邦構成主体予算と地方自治体予算――サマーラ州を事例として

地方レヴェルにおける財政の実態を明らかにするためには、連邦予算と地方予算の関係だけではなく、地方レヴェ

表6　サマーラ州・サマーラ市の1997年予算（単位：100万ルーブル）

サマーラ州			サマーラ市		
歳入 （税収） （税収以外）	3,850,394 （3,338,154） （512,240）		歳入 （税収） （税収以外）	2,070,526 （2,023,636） （46,890）	
歳出	4,516,070		歳出	2,542,935	
赤字	665,676		赤字	472,409	
歳出の内訳					
国家機構 （国家機関・行政）	118,851 （117,495）	2.6%	国家機構	57,624	2.3%
法秩序維持・治安 （内務局） （消防）	205,430 （176,347） （24,400）	4.5%	法秩序維持・治安	43,484	1.7%
基礎研究・技術発展支援	11,609	0.3%	—	—	—
産業・エネルギー・建設 （住民向け固形燃料価格の補塡） （鉱物資源基盤の再生）	45,434 （21,658） （10,200）	1.0%	—	—	—
農漁業 （機構・人員） （農産コンプレクスの改革）	402,959 （12,982） （211,300）	8.9%	農漁業	6,440	0.3%
環境保護 環境保護活動	70,149 （66,460）	1.6%	環境保護	1,500	0.1%
運輸，道路，通信，情報 （郊外電車の損失補塡）	32,765 （26,000）	0.7%	交通 （自動車交通）	270,619 （139,476）	10.6%
市場経済インフラ	7,000	0.2%	—	—	—
住宅・公共サーヴィス	21,600	0.5%	住宅・公共サーヴィス （住宅） （公共サーヴィス）	942,885 （780,752） （152,933）	37.1%
非常事態・自然災害対策	20,000	0.4%	非常事態・自然災害対策	2,704	0.1%
教育 （職業教育）	341,902 （15,370）	7.6%	教育 （一般教育）	488,014 （471,688）	19.2%
文化・芸術 （機構・人員）	72,499 （65,842）	1.6%	文化・芸術・映画	12,419	0.5%
マスメディア	16,815	0.4%	マスメディア	920	0.0%
保健 （機構・人員） （非勤労住民の強制保険）	400,011 （135,600） （260,954）	8.9%	保健・スポーツ （非勤労住民の強制保険）	521,917 （403,993）	20.5%
スポーツ （機構・人員）	66,030 （23,000）	1.5%			
社会政策 （社会保障） （機構・人員） （子ども手当）	1,063,506 （246,182） （110,072） （591,177）	23.5%	社会政策 （施設）	32,789 （28,939）	1.3%
その他	430,720	9.5%	その他	27,260	1.1%
市・地区への財政支援	652,199	14.4%	—	—	—
設備投資	536,591	11.9%	設備投資	134,360	5.3%
計	4,516,070	100.0%	計	2,542,935	100.0%

出典）1997年州予算：Закон Самарской области от 7 марта 1997 г № 1-ГД Об областном бюджете на 1997 год，1997年州都予算：Решение Самарской городской Думы от 20 марта 1997 г О консолидированном бюджете города и городском бюджете на 1997 год.

ルにおける連邦構成主体と地方自治体の関連についての分析が必要となる。しかし、先に示した表4および表5では連邦構成主体予算と地方自治体予算が合算されており、両者の関係を分析することができない。その限界を補うため、以下では、サマーラ州およびサマーラ市の予算文書を紹介する。同州は、一九九〇年代においては財政的な基盤が強い地方として知られ、連邦中央から補助金を受け取らない「ドナーリージョン」にも数えられたという点で他の地方とは一線を画している。しかし、地方自治体レヴェルまで含んだデータがなかなか入手できない現状において、サマーラ州に関しては州および州都双方の予算データが比較的よく整備されていることから、とりあえずこのデータを取り上げて若干の分析を試みることにしたい。なお、一九九〇年代については一九九七年、二〇〇〇年代については二〇〇六年の予算データを取り上げる。(44)

まず、一九九七年の予算データは表6に示す通りである。一九九七年は金融危機の前年であり、一九九〇年代中盤の地方財政の様子をよく示すものと考えられる。表より、サマーラ州およびサマーラ市の一九九七年予算の歳入は、州予算が三兆八五〇三億九四〇〇万ルーブル、州都予算が二兆七〇五億二六〇〇万ルーブル、歳出は、州予算が四兆五一六〇億七〇〇〇万ルーブル、州都予算が二兆五四二九億三五〇〇万ルーブルであり、州都予算の州予算に対する規模は五〇—六〇％程度であったことが明らかになる。

歳出の内訳を見ると、州予算の最も大きな比率を占めているのは社会政策であり、全歳出の二三・五％を占める。そのうち金額が最も大きいのは、幼児を養育する家庭に対して支給された子ども手当および社会保障である。社会保障の項目は、年金生活者、障害者、母子家庭、貧困家庭などに対して給付される補助金などを含んでいる。州予算で社会政策に次ぐ比重を占めるのは、地区や市への財政支援である。とりわけ、比較的税収が少ない農村地区に対する財政支援が大きな比重を占めていた。

州都予算は住民の生活に密着した分野を中心としている。最も比重が大きいのは住宅・公共サーヴィスで、全歳出

表7　サマーラ州・サマーラ市の2006年予算（単位：1000ルーブル）

サマーラ州			サマーラ市		
歳入 （収入） （無償移転）	52,619,929 (48,742,209) (3,877,718)		歳入 （税収） （無償移転）	9,024,142 (5,962,742) (3,061,400)	
歳出（注）	59,044,061		歳出	9,661,085	
赤字	6,424,132		赤字	636,943	
歳出の内訳					
全国家的問題	5,498,793	9.3%	全国家的問題	859,700	8.9%
国防	10,340	0.0%	国防	1,940	0.0%
法秩序維持・治安	2,842,691	4.8%	法秩序維持・治安	109,312	1.1%
国民経済 （農漁業） （交通）	8,769,606 (2,769,516) (4,505,133)	14.9%	国民経済 （交通）	582,940 (399,907)	6.0%
住宅・公共サーヴィス （住宅政策） （公共サーヴィス）	2,038,376 (1,856,812) (152,999)	3.5%	住宅・公共サーヴィス （住宅政策） （公共サーヴィス）	2,457,378 (699,531) (1,688,108)	25.4%
環境保護	500,617	0.8%	環境保護	13,910	0.1%
教育 （一般教育）	7,338,739 (3,616,822)	12.4%	教育 （一般教育）	2,972,607 (2,031,798)	30.8%
文化・映画・マスメディア	1,069,878	1.8%	文化・映画・マスメディア	122,856	1.3%
保健・スポーツ	11,098,252	18.8%	保健・スポーツ	984,873	10.2%
社会政策 （住民向け社会扶助）	4,860,323 (3,354,982)	8.2%	社会政策 （住民向け社会扶助）	1,555,569 (850,750)	16.1%
他予算への移転	15,016,449	25.4%	—	—	—
計	59,044,061	100.0%	計	9,661,085	100.0%

注）歳出を項目別に足し合わせると59,044,064となる．法律の修正に伴って変更された可能性がある．以下の歳出の割合では，原データを基準とし，分母を59,044,061として算出した．

出典）Закон Самарской области от 27 декабря 2005 г № 228-ГД Об областном бюджете на 2006 год，2006年州都予算：Решение Думы городского округа Самара от 19 января 2006 г № 47 О бюджете городского округа Самара Самарской области на 2006 год.

中の三七・一％を占める。具体的には、住宅料金の補助金、恩典の適用により住宅料金の支払いを免除されている人への補塡、住宅・公共サーヴィス提供企業の損失補塡、住宅や暖房設備の修理等が含まれている。住宅・公共サーヴィスに続いて保健・スポーツおよび教育がそれぞれ二〇％近い比重を占めている。教育に関しては、いわゆる通常の学校教育は地方自治体の管轄となっており、予算も地方自治体から支出されることになっている。

それでは、二〇〇〇年代に入って以降の状況はどのようなものだったのだろうか。ここでは、二〇〇一年の改革プログラム、二〇〇四年の予算法典の改正を経た後の、二〇〇六年のデータを取り上げる。その具体的な内容は表7の通りである。まず、州予算が歳入五二六億一九九二万九〇〇〇ルーブル、歳出五九〇億四四〇六万一〇〇〇ルーブル、州都予算が歳入九〇億二四一四万二〇〇〇ルーブル、歳出九六億六一〇八万五〇〇〇ルーブル、となっており、州都予算の規模は州予算の二割に満たない。一九九七年予算と比較すると、州都予算の州予算に対する比重が大幅に減っていることが明らかになる。また、州都予算の歳入のうち、「無償移転」が全体のおよそ三分の一を占めているという点も指摘しておく必要がある。また、州予算の歳出の最大の比重を占めるのが他予算への財政移転であり、一九九七年の一五％から大幅に増加した二五・四％となっている。その他の支出項目については比較的満遍なく予算配分がなされている。一九九〇年代と比較すると、教育分野への支出額の増大が顕著であり、一九九七年予算では州予算からの支出がなかった一般教育へも三六億一六八二万二〇〇〇ルーブルが支出されている。それに加え、住宅・公共サーヴィスについても、一九九七年の時点ではほぼ全てが地方自治体レヴェルの予算から支出されていたものが、二〇〇六年予算では、特に住宅政策に関しては州予算からの支出が多くなっている。

州都予算に目を向けると、教育と住宅・公共サーヴィスが引き続き突出しており、それぞれ三〇・八％、二五・四％を占めている。それに加え、一九九〇年代にはもっぱら州予算の管轄であった社会政策の支出が州都でも増えており、連邦構成主体・地方自治体の双方によって管轄されるようになったことが明らかになる。具体的には、州予算・州都予算の双方において、住民向けの社会扶助が大きな比重を占めていた。

このように、一九九〇年代と比較すると、州予算と州都予算の双方から支出される項目（とりわけ社会政策と教育政策）が増えた結果、両者の役割分担がより複雑なものになったことを指摘できる。同時に、そのような中で、州予算の重みが増しつつあった。そして、上位レヴェル予算からの財政移転が地方自治体の予算編成上非常に重要な意味を持つようになったという点にも留意すべきである。総じて、二〇〇〇年代の中央集権化の動きは、予算編成の仕方にも大きな変化を与えたと言える。

以上概観してきたように、一九九〇年代から二〇〇〇年代にかけ、サマーラ州では予算制度の整備が進み、連邦構成主体と地方自治体の役割分担が次第に複雑化、また予算が充実していく様子が観察された。

第四節　ロシアにおける中央地方関係の変遷

ここまで、中央地方関係の制度および地方財政の両面から述べてきたように、体制転換後のロシアにおける連邦制は遠心力の高まりから中央集権化へ、という経過をたどった。本書が前提とする時期区分に従って時期ごとの特徴をまとめると以下のようになる。

まず、一九九〇年代は分権状況に特徴付けられていた。中央地方関係の制度については、憲法制定を経て連邦制の形がようやく確定したものの、ソ連解体前後の時期に高まった遠心力の収拾にはほど遠い状態であった。また、財政制度に関しては、特に一九九七年、九八年には地方予算が連邦予算を上回るなど、地方予算が大きな比重を占めていたことが明らかになった。それに加え、一九九〇年代は財政制度が未発達であったことにより、連邦・地方間の予算の配分がアドホックな形で行われることが多かったという点も重要である。このような状況の中で、地方行政府は、制度上も、そして財政面においても自立的な存在であった。

しかし、連邦中央によるコントロールが利かない状況は多くの問題を引き起こし、事態を収拾する必要性が強く認識されるようになった。一九九〇年代後半には、プリマコフ首相による連邦制改革の試みを皮切りに、行き過ぎた分権化を是正しようとする制度改革が始まった。その傾向をさらに加速させたのが、二〇〇〇年以降、プーチン大統領によって推進された連邦制改革である。さらに、この時期には、財政制度の制度化が進展すると同時に、予算全体に占める連邦予算の比重が少しずつ増していった。一九九〇年代末以降は、中央地方関係の制度化が進み、中央集権化の萌芽が現れた時期であったと言える。

二〇〇〇年代中盤以降はさらなる中央集権化傾向が観察されるようになった。その重要な契機となったのが、二〇〇四年末に成立し、二〇〇五年から実施されるに至った行政府長官の実質的任命制度である。この制度の導入は、地方エリートの行動様式にも大きな影響を与えることになった。また、財政面においても、連邦予算の歳入が増加し、連邦が地方に対して優位に立つ傾向が明らかになった。同時に、上位予算から下位予算への補助金が増えたという点も重要である。このように、その前の時期から始まりつつあった中央集権化はさらに強化されるに至った。

以上、本章では、体制転換からおよそ二〇年にわたる過程を追跡し、そこからいくつかの段階区分を導き出した。この時期区分は、第二部において地方レヴェルにおけるエリートの離合集散の変化を分析する際の前提条件となる。

注

(1) この制度変更の詳細については補章第三節（4）（107頁）を参照。

(2) ロシア政治研究者の間では連邦制はポピュラーなテーマであり、数多くの研究がある。例えば、Jeffrey Kahn, *Federalism, Democratization, and the Rule of Law in Russia* (Oxford: Oxford University Press, 2002); Mikhail Fillipov, Peter C. Ordeshook and Olga Shevtsova, *Designing Federalism: A Theory of Self-Sustainable Federal Institutions* (Cambridge: Cambridge University Press, 2004) などを挙げることができる。また、ロシアにおける連邦制を他国と横断的に比較した試みとして、長谷直哉「ロシア連邦制の構造と特徴——比較連邦論の視点から」『スラヴ研究』五三号（二〇〇六年）、二六七—二九八頁を参照。

(3) 地方自治についても多くの研究がある。その一例として、Evans and Gel'man eds., *The Politics of Local Government*

in *Russia*; В. Гельман, С. Рыженков, Е. Белокурова, Н. Борисова. Реформа местной власти в городах России, 1991–2006. СПб.: Норма, 2008 などを参照。

（4）例えば、日本の文脈では、集権―分権の軸に加え、中央政府の機能を、地方団体とは別の機関が担うのか、それとも地方団体が担うのか、という観点から、分離―融合という軸が重要であるとの指摘がある（天川晃「変革の構想――道州制論の文脈」大森彌、佐藤誠三郎編『日本の地方政府』（東京大学出版会、一九八六年）、一一一―一三七頁）。

（5）ここでは直接の検討対象とはならないが、ソ連邦とロシア共和国の関係は非常に複雑である。この点について、両者の相互関係を「ズレを含んだ相似形」と表現して分析を行ったものとして、塩川伸明『多民族国家ソ連の興亡Ⅲ　ロシアの連邦制と民族問題』（岩波書店、二〇〇七年）を参照。

（6）以下、憲法制定に至るまでの経緯については、塩川『多民族国家ソ連の興亡Ⅲ』第一章を参照。

（7）タタルスタン共和国との権限分割条約のその後の展開をも含めて追ったものとして、中馬瑞貴「ロシアの連邦中央とタタルスタン共和国との間の権限分割条約」『外国の立法』二三二号（二〇〇七年）、一一一―一一九頁を参照。

（8）制度の詳細については補章第三節（4）（107頁）を参照のこと。

（9）上院の選出方式は変遷を重ねている。その具体的な内容については補章第三節（2）（104頁）を参照のこと。

（10）プリマコフによる連邦制改革の包括的な評価については Р. Ф. Туровский. Политическая регионалистика, 574–577 を参照。

（11）この時期に行われた制度改革の詳細については、上野俊彦「ロシアにおける連邦制改革――プーチンからメドヴェージェフへ」仙石学・林忠行編『スラブ・ユーラシア研究報告集2　体制転換研究の先端的議論』（北海道大学スラブ研究センター、二〇一〇年）、一―二〇頁を参照。

（12）Федеральный закон от 24 июня 1999 г. № 119–ФЗ «О принципах и порядке разграничения предметов ведения и полномочий между органами государственной власти Российской Федерации и органами государственной власти субъектов Российской Федерации» // СЗ РФ. № 26, 1999. Ст. 3176.

（13）Федеральный закон от 6 октября 1999 г. № 184–ФЗ «Об общих принципах организации законодательных （представительных）и исполнительных органов государственной власти субъектов Российской Федерации» // СЗ РФ. № 42, 1999. Ст. 5005.

（14）その具体的な内容については Cameron Ross, *Federalism and Democratization in Post-Communist Russia*（Manchester and New York: Manchester University Press), 148-151 を参照。

（15）Федеральный закон от 29 июля 2000 г. № 106-ФЗ «О внесении изменений и дополнений в Федеральный закон «Об общих принципах организации законодательных（представительных）и исполнительных органов государственной власти субъектов Российской Федерации» // СЗ РФ. № 31, 2000. Ст. 3205.

（16）また、これに続いて成立した二〇〇〇年八月四日付連邦法により、連邦構成主体の首長についても、それよりひとつ下のレヴェルである地方自治体の議会の解散もしくは首長の罷免ができるようになった（Федеральный закон от 4 августа 2000 г. № 107-ФЗ «О внесении изменений и дополнений в Федеральный закон «Об общих принципах организации местного самоуправления в Российской Федерации» // СЗ РФ № 32, 2000. Ст. 3330)。

（17）Указ Президента РФ от 13 мая 2000 г. № 849 «О полномочном представителе Президента Российской Федерации в федеральном округе» // СЗ РФ. № 20, 2000. Ст. 2112.

（18）大統領全権代表という役職はエリツィン時代から存在しており、当初は各連邦構成主体に置かれることになっていた。この点については第一章第二節（3）（47頁）を参照。

（19）二〇一二年より、南部連邦管区のうち、北カフカース諸国が独立した連邦管区（北カフカース連邦管区）を構成することになり、連邦管区の数は七から八へと増えた。また、二〇一四年三月にはクリミア連邦管区が加わり、連邦管区の数は九となった。

（20）このような見解は広く共有されているが、連邦管区の設置によってクレムリンによる知事のコントロールが容易になることはなかったとの見方もある。連邦管区に関する大規模な比較研究として、Peter Reddaway and Robert W. Orttung eds., *Dynamics of Russian Politics: Putin's Reform of Federal-Regional Relations* vol. 2（Lanham, MD: Rowman & Littlefield, 2005）を参照。

（21）この制度変更の詳細については、補章第三節（2）（104頁）を参照のこと。

（22）この手続きに従い、ペルミ州とコミ＝ペルミャーク自治管区（二〇〇五年一二月一日）、クラスノヤルスク辺区とタイムール自治管区・エヴェンキ自治管区（二〇〇七年一月一日）、カムチャツカ州とコリャーク自治管区（二〇〇七年七月一日）、イルクーツク州とウスチオルダ＝ブリヤート自治管区（二〇〇八年一月一日）、そしてチタ州とアガ＝ブリヤート自治管区（二〇〇八年三月一日、合併後はザバイカル辺区に改称）の合併が行われた。その結果として、一九九〇年代においては八九あった連邦構成主体は二〇〇八年三月をもって八三となった。なお、二〇一四年三月にクリミア共和国とセヴァストーポリ市が連邦構成主体に加わり、連邦構成主体の総数は八五となった。

（23）Федеральный закон от 28 августа 1995 г. № 154-ФЗ «Об общих принципах организации местного самоуправления в Российской Федерации» // СЗ РФ. № 35, 1995. Ст. 3506.

（24）Федеральный закон от 6 октября 2003 г. № 131-ФЗ «Об общих принципах организации местного самоуправления в Российской Федерации» // СЗ РФ. № 46, 2003. Ст. 3822.

（25）こうした見解を示すものとして、Hellmut Wollman and Elena Gritsenko, "Local Self-Government in Russia: Between Decentralization and Recentralization," in *Federalism and Local Politics in Russia* (*BASEES/ Routledge Series on Russian and East European Studies*), edited by Cameron Ross and Adrian Campbell（Abington and New York: Routledge, 2009), 227-247を参照。その一方で、中央集権化を推進しようとする意図が当初からあったわけではなく、むしろ、連邦・連邦構成主体・地方自治体の対等な三者関係の構築を目指したものであったとの見方もある（Adrian Campbell, "Vertical or Triangle? Local, Regional and Federal Government in the Russian Federation after Law 131" in *Federalism and Local Politics in Russia*, 263-283）。

（26）Федеральный закон от 11 декабря 2004 г. № 159-ФЗ «О внесении изменений в Федеральный закон «Об общих принципах организации законодательных （представительных） и исполнительных органов государственной власти субъектов Российской

Федерации» и в Федеральный закон «Об основных гарантиях избирательных прав и права на участие в референдуме граждан Российской Федерации» // СЗ РФ. № 50, 2004. Ст. 4950.「実質的任命制」の具体的手順については第一部の補章第三節（4）（107頁）を参照のこと。

（27）任命制の導入が比較的スムーズに決まった理由について論じたものとして、Paul J. Goode, "The Puzzle of Putin's Gubernatorial Elections," *Europe-Asia Studies* 59, no. 3（2007）: 365–399 を参照。

（28）ベスラン学校占拠事件とは、二〇〇四年九月一日から三日にかけて北オセチア共和国のベスラン市において起こったテロ事件である。このテロ事件はチェチェン独立派武装勢力が首謀者であったとされ、四〇〇名近い犠牲者が出た。

（29）この制度の実際の適用を見ると、当初は現職の追認が圧倒的に多かったが、二〇〇七年頃からは新たな知事の任命が目立つようになった（Nikolay Petrov, "Regional Governors under the Dual Power of Medvedev and Putin," *Journal of Communist Studies and Transition Politics* 26, no. 2（2010）: 276–305）。その後、二〇一〇年にはそれまで長い間行政府長官を務めてきたボスたちが次々とその座を去ることになり、知事の交替が加速した。ミンチメル・シャイミーエフ（タタルスタン共和国）は二〇一〇年三月、ムルタザ・ラヒーモフ（バシコルトスタン共和国）は同年七月、ルシコフ（モスクワ市）が同年九月、キルサン・イリュムジノフ（カルムイク共和国）が同年一〇月にそれぞれ辞任した。

（30）Elena A. Chebankova, *Russia's Federal Relations: Putin's Reforms and Management of the Regions*（*BASSEES/ Routledge Series on Russian and East European Studies*）（Abington and New York: Routledge, 2010）, Chap. 6.

（31）この時にクレムリンから送り込まれた知事には「シロヴィキ」と呼ばれる治安機関関係者が多かったことがしばしば指摘されるが、これは偏った見方である。実際に新たな知事に任命されたのは多様なバックグラウンドを持つ人々であったことが指摘されている（Helge Blakkisrud, "Medvedev's New Governors," *Europe-Asia Studies* 63, no. 3（2011）: 367–395）。

（32）ウクライナとの比較からこの点についての指摘を行ったものとして、大串敦「支配政党の構築の限界と失敗――ロシアとウクライナ」『アジア経済』第五四巻第四号（二〇一三年）、一四六―一六七頁を参照。

（33）Постановление Правительства РФ от 15 августа 2001 г. № 584 «О Программе развития бюджетного федерализма в

Российской Федерации на период до 2005 года» // СЗ РФ. № 34, 2001. Ст. 3503. この文書について詳細な検討を行ったものとして、横川和穂「ロシアにおける財政改革と地方自治体財政の変容――『ロシア連邦における二〇〇五年までの財政連邦主義発展プログラム』を中心に」『ロシア・東欧研究』第三三号（二〇〇四年）、一〇六―一二一頁を参照。

（34）一九九〇年代におけるロシアの財政連邦主義の実態については、Jorge Martinez-Vazquez, Jameson Boex and Robert Ebel eds., *Russia's Transition to a New Federalism*（WBI World Series, World Bank, 2001）を参照。近年の変化に関しては Migara O. De Silva, Galina Kurlyandskaya, Elena Andreeva, Natalia Golovanova, *Intergovernmental Reforms in the Russian Federation: One Step Forward, Two Steps Back?*（Washington, DC: World Bank, 2009）に詳しい。

（35）Налоговый кодекс Российской Федерации от 31 июля 1998 г. № 146-ФЗ Часть первая. // СЗ РФ. № 31, 1998. Ст. 3824.

（36）鉱物資源採掘税は二〇〇一年八月八日付連邦法によって導入された（Федеральный закон от 8 августа 2001 г. № 126-ФЗ «О внесении изменений и дополнений в часть вторую Налогового кодекса Российской Федерации и некоторые другие акты законодательства Российской Федерации, а также о признании утратившими силу отдельных актов законодательства Российской Федерации» // СЗ РФ. № 33, 2001. Ст. 3429）。

（37）Martinez-Vazquez, Boex and Ebel, *Russia's Transition to a New Federalism*, 34-35.

（38）De Silva, Kurlyandskaya, Andreeva and Golovanova, *Intergovernmental Reforms in the Russian Federation*, 73.

（39）支出の詳細についてはMartinez-Vazquez, Boex and Ebel, *Russia's Transition to a New Federalism*, 12を参照。

（40）Daniel S. Treisman, *After the Deluge: Regional Crises and Political Consolidation in Russia*（Ann Arbor: The University of Michigan Press, 1999).

（41）Федеральный закон от 12 января 1995 г. № 5-ФЗ «О ветеранах» // СЗ РФ. № 3, 1995. Ст. 168.

（42）これは予期されていたことでもあった。エリツィン大統領は当初、法律の実施は非現実的であるとして退役軍人法に対して拒否権を発動した（Andrea Chandler, *Shocking Mother Russia: Democratization, Social Rights, and Pension Reform in Russia, 1990-2001*（Toronto: University of Toronto Press, 2004), 120-121）。

（43）二〇〇〇年代後半のロシアにおいては、こうした優先的国家プロジェクトに加え、道路建設など様々な連邦予算のプロジェクトが打ち出されたが、その多くが同様の形式によって行われており、地方間の予算獲得争いが熾烈なものとなっている。さらに、こうしたプロジェクトは、一部は、「統一ロシア」の党プロジェクトとして行われるケースもあり、党内の政治、また、選挙民動員にも大きな影響を与えている。

（44）筆者は、官公庁においても用いられている法律文書のデータベース「コンサルタント・プラス（Консультант плюс）」から予算データを入手した。それぞれの詳細は以下の通りである。Закон Самарской области от 7 марта 1997 г № 1-ГД «Об областном бюджете на 1997 год»（一九九七年州予算）; Решение Самарской городской Думы от 20 марта 1997 г «О консолидированном бюджете города и городском бюджете на 1997 год»（一九九七年州都予算）; Закон Самарской области от 27 декабря 2005 г № 228-ГД «Об областном бюджете на 2006 год»（二〇〇六年州予算）; Решение Думы городского округа Самара от 19 января 2006 г № 47 «О бюджете городского округа Самара Самарской области на 2006 год»（二〇〇六年州都予算）.

補章　政治制度——選挙法・政党をめぐる制度を中心に

本章は政治制度を取り上げる。制度は本書の主要な関心対象ではないが、圧倒的一党優位状況の出現を説明する際に制度的要因を重視する論者が多いため、そうした議論に対する応答を行う必要があること、そして、実証研究を展開するに際しても、アクターを規定していた制度的な枠組が前提知識のひとつとして重要であると考えられることから、以下においては選挙法、政党をめぐる制度を中心として議論を展開する。

第一節　制度の枠組

ロシアにおける選挙・政党システムの制度的な枠組は、個別の選挙法、選挙の原則を定めた法律、そして政党法によって規定されている。そのうち、個別の選挙法については早い段階からその整備が行われてきた(1)。その出発点となったのは、ロシア連邦での最初の選挙となった一九九三年上下院選挙である。この時期は議会の空白期にあたったため、選挙規程は大統領令によって定められた。その後も、大統領選挙と下院選挙は個別の選挙法によって規定され、一九九〇年代には選挙のたびごとに新たな法律が制定されていた。

こうした個別の選挙法の発展と並んで、一九九〇年代半ば以降、選挙の基本的な原則を定める「市民の選挙権およびレファレンダム参加権の基本的保障についての連邦法」の整備が進められた。また、政党のあり方を規律する政党法は二〇〇一年に成立した。

地方レヴェルの選挙については、選挙の原則を定めた連邦法、連邦構成主体・地方自治体の一般原則を踏まえた上で、それぞれの地方において実施方法が決定される。一九九九年に「連邦構成主体の立法（代表）国家権力機関および執行国家権力機関の組織の一般原則についての連邦法」が制定されると、これがひとつの指針となった。

このように、政党・選挙をめぐる制度は、試行錯誤を繰り返しながら、そして、各種の法律が相互に入り組む形で発展してきた。そのため、これらの制度を把握するためには、その基本原則がどのようなものであるかということをおさえた上で、個別の選挙法における具体的な規定に目を向ける必要がある。

以下においては、まず第二節で前提的な制度となる政党法と選挙の原則を定める法律について概観し、続く第三節で個別の選挙法を取り上げながらその制度的な変遷を論じる。第四節においては、二〇〇〇年代以降に行われた制度改革の背景要因についていくつかの解釈を提示する。本章の末尾に主要政党の一覧を示す。

第二節　政党法および選挙制度

本節では、まず政党を取り巻く制度、そして、選挙の原則を定めた法律について、その概要を示す。成立後に改正があった場合には主要な変更点についても触れる。

（1）政党を取り巻く制度

当初、政党は社会団体法(2)によって規定される社会団体のひとつという位置づけであり、明確な定義はなされていなかった。しかし、政治組織を社会団体一般から区別する必要性が意識されるようになったことから、社会団体法の一九九八年改正で政治的社会団体に関する規定が加えられた（一二条一項）(3)。同条において、政治的社会団体とそれ以外の社会団体との区別、そして、どのような団体が政治的社会団体としては認められないのかといった点が明文化された(4)。

しかし、この段階では政党についての法整備は依然として発展途上であり、政治組織の形態には曖昧な部分が残っていた。一九九〇年代を通じ、各種選挙法においては、政党に加えて、「選挙ブロック」の参加が認められていた。選挙ブロックとは、複数の政治団体や社会運動などによって形成される集合体である。その結果、選挙のたびに無数の政治・社会団体が選挙ブロックの下に結集して選挙を戦い、選挙が終わると雲散霧消するという事態が生じるようになった。

このような状況に大きな変化をもたらしたのが、二〇〇一年に成立した政党法(5)である。政党法は、政党の要件として、過半数の連邦構成主体に地方支部を置くこと、連邦全体で一万人以上の党員が存在すること、過半数の連邦構成主体においてそれぞれ少なくとも一〇〇人以上の党員を擁することを規定し（三条）、一定の要件(6)を満たした政党には国庫助成がなされることになった（三三条）(7)。さらに、二重党籍を認めない規定が設けられた（二三条六項）。その後、二〇〇四年一二月二〇日付の政党法改正(8)によって政党の要件はさらに厳格化され、党員数が五万人以上、過半数の連邦構成主体に五〇〇人以上の地方支部を有している必要があるとされた。その結果、法務省に登録される政党数は大幅に減少することになった。なお、二〇一〇年以降、政党の要件は緩和の方向に向かっている(9)。

政党法の制定を経て、各種の選挙法においても「選挙ブロック」の選挙への参加を認めない法改正が行われた。このように、「選挙ブロック」というカテゴリーがなくなり、登録要件を満たさなかった群小政党が消滅したことは、ロシアの政党政治の展開に直接的な影響を及ぼすことになった。

（2）選挙の基本原則

選挙の基本原則を規定する「市民の選挙権およびレファレンダム参加権の基本的保障についての連邦法」は一九九七年九月に制定され[10]、二〇〇二年六月に全面改訂された[11]。同法においては選挙の実施に関する様々な細かい規定が設けられているが、そのうち、選挙の原則という観点からは、「全ての候補者（名簿）に反対」欄と最低投票率要件が重要である。

まず、「全ての候補者（名簿）に反対」欄についてである。「全ての候補者（名簿）に反対」の欄は、一九九三年の下院選挙の際に導入され、有権者は、投票したい候補者もしくは候補者名簿が存在しない場合に同欄にチェックを付けることができるというものであった。この規定は一九九七年法の五一条六項、二〇〇二年法の六三条八項にある。この欄にチェックをつけた有権者がどの候補者（名簿）の得票数よりも多かった場合、その選挙は不成立となり、再選挙が行われる。この要件を緩和する第一歩となったのが二〇〇五年七月二一日付連邦法[12]であった。同法により、連邦構成主体・地方自治体議会においては連邦構成主体法に基づいて「全ての候補者（名簿）に反対」欄をなくすことができるようになった。その翌年の七月一二日付連邦法[13]により、「全ての候補者（名簿）に反対」の全面的な廃止が決定された。「全ての候補者（名簿）に反対」欄は、有権者が選挙そのものへの不信任を示すための有力な手段として機能していたことから、この制度変更は有権者の選択肢を狭めるものとして批判された[14]。

続いて、最低投票率について触れる。ロシア連邦においては、投票率が一定の基準を下回った場合は選挙が無効になる最低投票率要件が設けられていた。この制度については、「市民の選挙権およびレファレンダム参加権の基本的保障についての連邦法」において原則が示され、その具体的な数字は個別の選挙法において定められることとなっていた。二〇〇二年法ではこの数字は二〇％と設定されたが、個別の選挙法による数字の引き上げ、また、地方自治体レヴェルの議会選挙については、最低投票率要件の撤廃も可能であるとされた（七〇条一項ⓐ）。なお、種々の選挙のうち、最低投票率が最も高く設定されていたのは大統領選挙であり、その数字は五〇％であった。もっとも、最低投票率も改革の対象となり、最終的には、「全ての候補者（名簿）に反対」欄の廃止に続き、二〇〇六年一二月五日付連邦法(15)によって全面的に撤廃されることが決まった。

第三節　大統領・上下院・地方首長・地方議会の選挙制度

本節では、個別の選挙制度を概観する。その際に、大統領選挙、連邦議会の選挙については個別の選挙法を取り上げ、行政府長官選挙・地方議会選挙、地方自治体首長の選出方法についてはその概要のみの言及にとどめる。以下の記述から、それぞれの選挙制度が試行錯誤を繰り返す形で修正を重ねてきたこと、そして、とりわけ上院や連邦構成主体行政府長官などの選挙・選出方法は連邦制改革とも密接に関連しており、その変遷には独自のロジックがあったことが明らかになる。もっとも、全体として見ると、いずれの選挙制度においても政党の果たす役割を増そうとする方向性をもって改革が行われてきたことが了解されよう。

（1）　大統領

ロシア連邦における大統領の選出方法は憲法およびロシア連邦大統領選挙法によって規定されている。当初は大統領選挙のたびごとに新たな法律が制定されていたが、二〇〇三年法の制定以降は同法に修正を加える形で改訂が行われている。

ロシア連邦における最初の大統領選挙法となった一九九五年法(16)の主要な規定は以下の通りである。大統領選挙の候補者擁立は選挙団体、あるいは有権者によって行われる（三二、三三条）。候補者の擁立のためには一〇〇万人の署名が必要であり、そのうち、ひとつの連邦構成主体の署名数が七万を超えてはならない（三四条）。過半数の票を獲得した候補が大統領に選出される（五五条）。単独の候補が過半数を得票できなかった場合には、上位二候補者によって決選投票が行われる（五六条）。二〇〇〇年大統領選挙に向けて制定された一九九九年法[17]もほぼこの内容を踏襲するものであった。

二〇〇三年法[18]では下院に議席を有する政党・選挙ブロックによる候補者擁立には署名が不要になった一方、有権者によって擁立される候補者については二〇〇万人の署名（ひとつの連邦構成主体の上限は五万人）が必要であるとの変更が加えられた（三六条一項）[19]。なお、大統領の任期は、二〇〇八年末の憲法改正の結果、四年から六年へと延長されることが決まった[20]。六年任期の大統領を選ぶ最初の選挙は二〇一二年三月に行われた。

(2)　上　院

上院議員の選出方法については、憲法制定の時点において連邦構成主体と連邦中央との折り合いがつかなかったことから、憲法には代表機関および執行機関から各一名ずつ選出されるという以上の規定は存在していない[21]。上院の構成方法は、連邦制改革と連動する形で大きな制度変更が繰り返された点に特徴がある。

最初の上院の構成は公選制に基づいて行われた。上院の選挙は下院選挙および憲法の国民投票と同日の一九九三年一二月一二日に行われることとなり、選挙規程は大統領令によって公表された[22]。選挙規程によれば、上院議員は、各連邦構成主体から得票率の多い二候補者が選出される（三条一項）。また、各有権者は二票を投じることができるとされた（三条三項）。

もっとも、上院の公選による選出は一九九三年の一度きりとなった。一九九五年一二月五日付連邦法[23]により、上院の構成方法が変更され、上院は、各連邦構成主体における執行権力の長と立法権力の長によって自動的に構成されることになった。

それ以降は公選制によらない構成方法の枠内で少しずつ制度変更が行われている。まず、二〇〇〇年八月五日付連邦法[24]により、上院議員は、各連邦構成主体における執行権力・立法権力の長ではなく、それぞれの「代表」によって構成されるようになった。立法機関の代表は立法機関の長によって候補が立てられ、立法機関の選挙によって選ばれる（三条）。執行機関の代表は連邦構成主体首長によって任命される（四条）。執行機関の代表の任命は立法機関の議員全体の三分の二の反対がない場合に効力を発する（五条）。二〇〇七年には、合計して一〇年以上当該連邦構成主体に居住していなければならないとする居住要件が付け加えられた[25]。

その後、上院の構成方法に変更が加えられたのは二〇〇九年二月一四日付連邦法[26]においてである。同法により、上院議員の候補者資格は、連邦構成主体あるいは当該連邦構成主体に位置する地方自治体の議員にのみ認められるとされた。しかし、この構成方法も間もなく変更されることになった。二〇一二年一二月三日付連邦法[27]に基づき、二〇一三年一月一日以降、連邦構成主体の立法機関と執行機関の双方からそれぞれ代表が選出されるようになった[28]。

(3) 下　院

一九九三年一二月の下院選挙は、大統領令によって公表された選挙規程に基づいて行われた[29]。その際に、定数四五〇名中半数の二二五議席を比例代表制（連邦区）、もう半数の二二五議席を小選挙区制で選出するという小選挙区比例代表並立制が導入された。比例区の候補者の擁立は選挙団体によって、そして、小選挙区の候補者の擁立は選挙団体および有権者グループによって行われるものとされた（五条一項）。なお、選挙団体とは、法務省に登録されている政党・政治運動および選挙の時期に構成される社会団体などからなる選挙ブロック[30]を意味する（五条二項）。比例代表と小選挙区の重複立候補は認められた（二四条）。また、阻止条項は五％と定められた（三八条二項）。

それに続いて制定された一九九五年下院選挙法[31]は一九九三年法を踏襲する内容であったが、比例代表名簿の編成の仕方に変更が加えられた。比例代表名簿のうち、全連邦の名簿に載せられるのは一二名に制限され、それ以外の候補者は連邦構成主体ごと、あるいは地域ブロックごとに構成される名簿に名前が載せられることになった（三七条）[32]。

一九九九年選挙を前にした一九九九年六月二四日付の下院選挙法[33]では、基本的にはそれまでの下院選挙法の内容が踏襲されたが、一九九五年下院選挙において五％条項の存在により多くの死票が出たことから、比例区の議席配分の方法が変更された。まず五％以上を得票した全ての政党・選挙ブロックの合計得票率が五〇％を超えない場合には三％以上を獲得した政党・選挙ブロックにも議席が配分されるという規定が付け加えられた（八〇条四項）。さらに、五〇％を超えた政党が一党のみでその他の政党が五％以下の得票であった場合には第二位の政党にも議席を配分するとされた（八〇条五項）。政党法成立後の二〇〇二年に制定された下院選挙法[34]においても、大幅な変更は行われず、政党に加えて選挙ブロックの参加が認められている。

その後、下院の選挙制度にラディカルな変更が加えられたのが、二〇〇五年五月一八日付の下院選挙法[35]（施行は二〇〇七年選挙から）である。その主な変更点は以下の通りであった。まず、小選挙区制と比例代表制で半数ずつの議席を選出するという方式を取りやめ、全議席を比例代表制によって選出することが決まった（三条二項）。続いて、選挙ブロックの参加は認められなくなり、政党法の要件を満たす政党のみが選挙に参加できるようになった（三三条一項）。比例候補の名簿は、地域ごとの有権者数に応じ、複数の連邦構成主体、もしくは連邦構成主体の一部によって形成される地方グループごとに作成されるが、三名までは全連邦部分に名前を載せることができる（三六条二〇項）。さらに、阻止条項は五％から七％に引き上げられる（八二条七項）。阻止条項を超えた政党の合計得票率が六〇％に満たない場合には、阻止条項を超えなかった政党にも合計得票率が六〇％になるまで議席が配分される（八二条八項)。一政党が単独で六〇％以上を得票し、七％の阻止条項を超えた政党がほかに存在しなかった場合には、七％を超えなかった政党のうち最も得票率の多かった政党に議席が配分される(八二条九項)。

また、二〇〇八年末の憲法改正(36)により、下院の任期は四年から五年へと延長されることになった(37)。選挙法については、二〇〇九年五月一二日付の改正により、阻止条項を原則として七％とする方針は維持されたが、得票率が七％に満たなかった政党にも一定の議席配分が行われることとなり、五％以上六％未満の政党については一議席が、六％から七％の間だった政党については二議席が与えられることが決められた。阻止条項については、二〇一一年下院選挙を控えた一〇月、その次の二〇一六年下院選挙から阻止条項を七％から五％に引き下げる改正法案が成立した(38)。

なお、二〇一四年二月二二日付下院選挙法(39)により、小選挙区制が復活することが決まった。この方式に従って行われる最初の下院選挙となる二〇一六年選挙では、小選挙区で半数の二二五名、比例代表制で二二五名が選出される。

(4)　連邦構成主体の行政府長官

民族地域および一部の例外を除けば、連邦構成主体の行政府長官は当初はエリツィン大統領によって任命されていた。公選制が全面的に実施されるようになったのは一九九五年以降のことである(40)。行政府長官の任期や選挙の方法は連邦構成主体ごとに定められることとされた。実態としては、行政府長官の任期は四年、そして、第一回投票で所定の得票率に届かなかった場合には上位二候補者で決選投票を行う二回投票制が採用された地方が比較的多かったが、途中で変更が加えられることも頻繁にあった(41)。

一九九九年の「連邦構成主体の立法(代表)国家権力機関および執行国家権力機関の組織の一般原則についての連邦法(42)」では、行政府長官の任期は五年以内とされ、連続して二期以上の再選は認められないことが明文化された(一八条五項)。もっとも、その後の法改正(43)によって同法成立時に行政府長官の地位にあった者についてはそれ以前に開始した任期はカウントされないことになり、多くの行政府長官が三選、もしくは四選を目指すことが可能になった。

行政府長官の公選制は一九九六年から二〇〇四年までの間に実施されており、その間、行政府長官選挙が二回行われた地方と三回行われた地方がある。これは、二〇〇四年に行政府長官の選出方法に変更が加えられた際に、予定通り選挙を実施した地方もあれば、選挙を行わずに新方式への移行を待った地方もあり、地方によってその対応が分かれたことに起因している。

その後、二〇〇四年一二月一一日付連邦法(44)の制定によって行政府長官の公選制は廃止され、「実質的任命制」に移行した。その内容は、大統領によって選定された候補者を連邦構成主体レヴェルの立法府において検討し、承認するというものである。連邦構成主体の立法府が二度大統領の提案を否決、あるいは決定を行わなかった場合には、大統領と立法府の間で一か月の協議期間が設けられる。その上で、三度目の提案が否決された場合には、大統領は立法府を解散することができる。

これに加え、二〇〇四年一二月二七日付の大統領令(45)により、大統領が候補者を選定する際には、大統領全権代表、大統領府長官を通じ、三名以上の候補が大統領に提示されるという手順が定められた。また、政党の形成と関連の深い制度変更として、その翌年の二〇〇五年一二月三一日付連邦法(46)により、連邦構成主体レヴェルの議会第一党が行政府長官の候補者を選ぶことができるようになった。

なお、二〇一二年五月二日付連邦法(47)により、同年六月一日から行政府長官選挙が再び導入されることになった。もっとも、新たな制度では、大統領と候補者を擁立する政党もしくは候補者との事前協議が可能となり、また、候補者が地方自治体の議員・首長から総数の五―一〇％の署名を集めなければならないとされるなど、二〇〇四年以前の公選制がそのまま復活したわけではない(48)。

(5) 地方議会

地方議会――この言葉は連邦構成主体の議会と地方自治体の議会の双方を指しうるが、ここでは主に前者を念頭に置いている――は一貫して公選制によって選出されている。一九九三年の大統領令によって公表された規程[49]では、地方議会の選挙は小選挙区を中心とし、中央選挙管理委員会の了承を得た場合に比例代表制を含む混合選挙を実施することができるとされていた。もっとも、この方針は間もなく撤回され、一九九四年に制定された「市民の選挙権の基本的保障についての連邦法[50]」においては、具体的な選挙方法についての言及が姿を消し、連邦構成主体の法律に委ねられることになった。

「連邦構成主体の立法(代表)国家機関および執行国家機関の組織の一般原則についての連邦法[51]」によれば、地方議会の議員は、専業の議員とそれ以外の議員によって構成され、その人数の割合については各連邦構成主体において定められる(四条五項)。地方議会の議員は下院議員や裁判官、その他の公職との兼職が禁じられている(一二条一項)。また、地方議会の議員のうち、専業の議員については他の職業との兼職は認められない(一二条二項)。

二〇〇〇年代以降、プーチン大統領就任後の政治改革の波は地方議会の選挙システムにも及んだ。政党法成立などの改革の流れを受け、二〇〇二年六月一二日に新たに成立した「市民の選挙権およびレファレンダム参加権の基本的保障についての連邦法[52]」において、地方議会の選挙については、議席の過半数が比例代表制に基づいて選出されるべきであるとの規定が設けられた(三五条一六項)。新たな選挙の方式は二〇〇三年七月一五日から実施に移されることになった[53]。これは、政党法により、政党以外の政治主体が選挙に参加できなくなるという規定が発効した翌日のことであった。その後、二〇一三年一一月二日付連邦法[54]により、比例代表選挙による選出が義務づけられる議席の割合が減らされ、全体の二五%以上とされた。

表8　州都における制度選択

	「従来型」	「混合型」	「シティ・マネージャー型」
2003年（全数76）	66（86.8%）	0（0%）	10（13.1%）
2007年（全数76）	52（68.4%）	3（3.9%）	21（27.6%）

注）なお，全数が76となっているが，これはモスクワ，サンクトペテルブルグ，チェチェン共和国の首都グロズヌィおよび自治管区を除外した数であると考えられる．

出典）В. Я. Гельман, Т. В. Ланкина. Политические диффузии в условиях пространственно гибридного режима: институциональное строительство и выборы мэров в городах России // Полис. № 6, 2007. С. 89から抜粋.

また、二〇〇五年七月二一日付連邦法[55]において、地方議会選挙の阻止条項の上限が七％とされたこと[56]に加え、地方議会選挙を原則として三月もしくは一〇月の第二日曜日に行うことが決められた[57]。

(6)　地方自治体首長

地方自治体首長の選出方法は当初斉一化されていなかった[58]が、二〇〇三年一〇月六日に成立した「地方自治の組織の一般原則についての連邦法[59]」においてその選出方法が明確化された。まず、市長の選出方法として、公選制と、議会によって議員の中から選ばれる間接的な選出方法の二通りがあることが確認された。その上で、市長が間接的に選出される場合には、市長は議長として議会を率いることとされ、執行権力の担い手としていわゆる「シティ・マネージャー」が置かれることが決められた。シティ・マネージャーは、連邦構成主体行政府のメンバーも参加する委員会によって選定され、自治体との契約に基づいてその任に当たる。

すなわち、二〇〇三年法の制定に伴う制度変更の結果として、①公選制で選出された市長と議会が並立する形態、②公選制で選出された市長が議長として議会を率いる形態、③議員の中から選出された市長とシティ・マネージャーが並立する形態、の三種類が想定されることになった[60]。これらをそれぞれ①「従来型」、②「混合型」、③「シティ・マネージャー型」と名付け、実際に州都において採用された制度形態を調査したのが表8である。ここから、当初は公選制が維持されたケースが多かったものの、二〇〇七年の時点で「シティ・マネージャー型」を採用する州都の数が増えていることが明らかになる。

第四節　制度変更の背景および意義

ここまで明らかにしてきたように、選挙および政党をめぐる制度は二〇年あまりにわたって大きな変化を遂げてきた。このプロセスは時に入り組んだものとなったが、その概要は以下の二点にまとめることが可能である。第一に、二〇〇〇年代に入ってから政党法が制定されたことに始まり、地方議会選挙における比例代表制度の義務化、下院選挙の全比例代表制への移行を軸とした比例代表選挙を重視する制度への変更が行われ、政党の果たす役割が増した。第二に、最低投票率要件や「全ての候補者（名簿）に反対」欄、そして、地方行政府長官や地方自治体の首長など、地方レヴェルにおける各種の選挙制度に変更が加えられ、選挙を通じた意思表示のルートが限定された。

この変化について、多くの観察者は、一連の制度の変更が政権側の意図を反映するものであり、「権威主義化」を志向するものであるとの解釈を行ってきた。こうした議論の文脈では、政党法の制定や比例代表制の重視は「統一ロシア」の拡大に直結すると解釈される。その最たる動きとされたのが、二〇〇五年の下院選挙法の改正であった。代表的な論者であるホワイトとクリシュタノフスカヤは、二〇〇五年の下院選挙法の大幅改正は「統一ロシア」の勝利を確実にするために行われたものであるとした上で、インタヴューなどを通し、そうしたアイディアがかなり以前から準備されていたことを明らかにしている。[61]そして、二〇〇六年に入ってからの「全ての候補者（名簿）に反対」欄および最低投票率要件の廃止、そして、地方行政府長官の公制廃止や地方自治体首長の選出方法などの変更は、いずれも、選挙を通じた民意の表出を困難にするものであると捉えられた。

しかし、このような解釈は全面的に間違っているとは言えないまでも、やや性急なところがあり、実際、いくつかの観点から異なった側面を指摘する議論もある。とりわけ重要なのが、これらの制度改革は、一九九〇年代における政党制の発展の遅れを受けてしばしば指摘されてきた制度的な問題点をひとつずつ解消しようとするプロセスでもあったという点である。こうした長期的な視点に立つならば、二〇〇〇年代以降の制度改革は、一九九〇年代から続く、制度形成をめぐる試行錯誤の一環として捉えることも可能になる。

まず、政党法の制定および比例代表制へのシフトについて取り上げることにしたい。一九九〇年代、下院の選挙システムは小選挙区と比例代表の並立制であった。これは、政党の数を制限すると考えられた小選挙区制と、諸政党の勢力をより忠実に反映すると考えられた比例代表制を併用することにより、政党の数をある程度制限すると同時に、政党制の定着を促そうとするものであった。ところが、実際には小選挙区制と比例代表制がうまく連動せず、比例区では群小政党が乱立し、小選挙区では大量の無所属候補が生み出されるという事態が生じた[62]。このような状況を踏まえ、一九九〇年代には、選挙システムが政党の発達に及ぼした負の影響がしばしば強調されたのである[63]。以上のような経緯を振り返ると、二〇〇〇年代に入ってから政党の要件が整備され、さらに比例代表制が重視されるようになったことは、一面ではそれ以前の反省を踏まえたものだったとの見方も可能である[64]。

また、「全ての候補者（名簿）に反対」欄や最低投票率要件の撤廃についても、単なる民意の封じ込めとは異なる側面を指摘することができる。一九九〇年代において、これらの要件はしばしば選挙の成立を困難なものとし、再選挙に次ぐ再選挙が行われるという事態を招いていた。このように、最低投票率を満たすことができずに何度も選挙が行われる様子は、本書で取り上げるウリヤノフスク州においても一九九九年下院選挙の際に観察されている（第四章第三節（3）（186頁）を参照）。地方レヴェルの選挙システムが政党制に与えた影響について包括的な研究を行ったゴロソフは、このような理由で再選挙が繰り返された結果として、余力のある地方エスタブリッシュメントに有利な状況が生じたことを指摘している[65]。これらの要件が二〇〇〇年代に入ってから撤廃されたということは、確かにある種の意思表明のルートを封じることにはなったが、一方で、必要な合理化のプロセスであったという解釈もありうる。そして、地方行政府長官の公選制廃止等、二〇〇〇年代に入ってから地方の選挙システムに次第に中央集権化の傾向が見られるようになった点についても、一九九〇年代においては行き過ぎた地方の自立化が問題視されることが多かったことを想起すれば、一定の合理性があったことが了解されよう。

もちろん、こうした側面があるからといって、政権側に有利な制度を作ろうとする意図が全くなかったと解釈するのはナイーヴに過ぎる。しかし、制度変更というものは一定の意図をもって導入されたとしても、結果的にその意図通りの作用を及ぼすとは限らず、むしろ種々の「意図せざる帰結」をもたらす。そのことは、一九九〇年代の一連の制度改革にも、そして二〇〇〇年代の制度改革にも同様に当てはまる。二〇〇〇年代の一連の政治制度改革を政権の支配強化という意図の実現とみなし、それが「権威主義化」をもたらしたとする説はやや単線的に過ぎ、制度が実際にどのように作動するかのメカニズムの具体的な究明によって補われる必要がある。

資料　選挙ブロック・政党

ここでは、主要な政党について取り上げ、結成された時期が早い順に、政党の登録の時期、沿革、組織、リーダーなどについて簡単に解説する。なお、これらのうち、一貫して全国レヴェルでも地方レヴェルでも一定以上の重みを持っていたのは（1）の共産党である。成否は別として、「政権与党」になることを目指して地方レヴェルでもある程度以上の組織化を進めたのは（3）、（5）、（6）、（7）、（8）、（9）である。本論ではこれらの政党の名前が各所で登場する。これに対し、（2）、（4）、（10）、（11）はいくつかの地方で一定の位置を占めたこともあるが、本書でフィールドワークの対象とした地域では――（11）が部分的な例外をなすが――言うに足る位置を占めていない。

(12) および (13) の政治的重みはこれらよりもさらに小さい。

(1) 「ロシア連邦共産党」

ソ連共産党およびロシア共和国共産党は、一九九一年の「八月政変」以後、ロシア共和国内での活動を禁止され、同年一一月に解散された。その再建の動きは、一九九二年一一月に憲法裁判所が共産党の初級組織の合法活動を認めたことを受けて活発化した。正式には、一九九三年二月一三—一四日に開かれた共産党再建大会の際に復活が宣言され、ロシア連邦共産党という現名称が採用されるに至った。

ロシア連邦共産党はソ連共産党の後継政党であり、共産主義および愛国主義を柱としている。共産主義のみならず愛国主義を標榜するという点がロシア連邦共産党のある種の強みとなっている。

党首は、創設時から現在に至るまでゲンナジー・ジュガーノフである。党員数は、一九九六年三月の時点で八九連邦構成主体に五七万人を擁していると発表されたが、実際の党員数は一五万から三〇万の間を推移していたとの報告がある。(66) 法務省のデータによると、二〇一二年一月一日時点では、八一の地方支部を擁し、党員数は一五万六〇〇〇人である。(67)

なお、共産党は二〇〇〇年代に入ってから分裂を繰り返している。二〇〇二年にはゲンナジー・セレズニョフが「ロシア再生党」を、また、二〇〇三年には、セルゲイ・グラジエフ、ドミトリー・ロゴージンらが愛国主義的な傾向を持つ「ローヂナ」を結成した。さらに、二〇〇五年には穏健左派で「統一ロシア」とも親和的な「ロシアの愛国者」が共産党から分裂した。相次ぐ分裂は共産党の勢力低下を促進した。

(2) 「ロシア自由民主党」

ロシア自由民主党の起源はソ連邦自由民主党に遡る。ソ連邦自由民主党とは、ソ連において共産党以外に認められた最初の政党であり、一九九一年四月一二日にソ連法務省に登録されている。ロシア自由民主党は、ソ連邦自由民主党の後継政党として一九九二年一二月一四日に創設された。ロシア自由民主党はその後、共産党に次ぐ野党としての地位を維持してきた。

ロシア自由民主党のイデオロギーは公式には「自由民主主義」とされているが、実際には愛国主義、民族主義を中心としたポピュリズムであり、党首であるウラジーミル・ジリノフスキーの影響力が非常に強い。イデオロギー的な主張がしばしば変わることから、「カメレオン政党」と呼ばれることもある。

結党以来ジリノフスキーが党首を務めている。党員数は、一九九二年一二月の登録時点では一〇〇〇人であったが、一九九三年下院選挙後に急に増したとされている(68)。法務省のデータによれば、二〇一二年一月一日時点で全八三連邦構成主体に地方支部を置き、その党員数は二〇万四六〇〇人である。

(3)「ロシアの選択」・「ロシアの民主的選択」

「ロシアの選択」は一九九三年下院選挙に向け、当時の第一副首相エゴール・ガイダールを中心に政権の肝煎りで形成された選挙ブロックである。「ロシアの選択」は、この時期に政権によって推進されていたラディカルな経済改革を支持する立場を明確にし、私有財産制、経済自由主義を謳っていた。

初代党首に選出されたのはセルゲイ・コヴァリョフであった。一九九三年秋の時点でのメンバーは数万人程度と見積もられたが、これらの人々は正式な党員だったわけではなく、ボリス・エリツィンの支持母体であった「民主ロシア」を中心としたいわゆる民主派および官僚らが幅広く糾合される形となっていた(69)。

「ロシアの選択」は一九九三年下院選挙において期待されたほどの成果を残せなかったことから、その後、党内の路線対立が激化した。一九九四年二月にはガイダールに近いメンバーを中心として「ロシアの民主的選択」が新たに結成され、同党は実質的に「ロシアの選択」の後継政党となった。「ロシアの民主的選択」は一九九五年夏の時点で七八の連邦構成主体に支部を有し、党員は二五〇〇人であった(70)。ガイダールを中心とした勢力はその後も経済自由主義的な立場をとる「右派(71)」勢力の中核となり、最終的には「右派勢力同盟」に合流することになる。

(4)「ヤブロコ」

「ヤブロコ」は、一九九三年下院選挙に向けて創設された選挙ブロック「ヤヴリンスキー＝ボルドゥレフ＝ルキーン」から選出された議員を中心とした議会内会派「ヤブロコ」をその母体とする政党である。創設集会は一九九五年一月五―六日に行われた。

ヤブロコは、その創設者の一人であるグリゴリー・ヤヴリンスキーがペレストロイカ期においてラディカルな市場経済移行を推進していたこともあり、いわゆる「右派」に分類されることも多いが、そのイデオロギー的な立場は社会民主主義、社会的自由主義である。エリツィンによって推進された「ショック療法」には批判的な態度を表明していた。

党首は結成時から二〇〇八年まではヤヴリンスキーが務め、二〇〇八年六月二二日の党大会でセルゲイ・ミトローヒンが新たな党首として選出された。党員数は一九九五年末時点で数万人であったとされる(72)。法務省のデータによれば、二〇一二年四月二七日時点で、ヤブロコには七六の地方支部、五万三〇〇〇人の党員が存在している。

(5)「我らが家ロシア」

一九九五年下院選挙に向け、政権の肝煎りで創設された二つの選挙ブロックのうち、中道右派を目指すものとされたのが「我らが家ロシア」である（中道左派を志向する選挙ブロックとして結成されたルィプキン・ブロックは選挙で惨敗した）。「我らが家ロシア」は、一九九五年選挙の際には行政府長官らを幅広く組織したが、選挙後はその勢力を縮小し、一九九九年下院選挙での敗北を最後に表舞台から姿を消した。二〇〇一年の政党法制定後、独立の政党として登録されることはなかった。

「我らが家ロシア」は政権を支持する「与党」ブロックであった。一九九三年下院選挙時に政権ブロックとして結成された「ロシアの選択」とは異なり、イデオロギー的にはいわゆる中道に属する。

党首は同ブロック結成当時に首相を務めていたヴィクトル・チェルノムイルヂンであった。一九九五年六―七月の時点では既に八五の連邦構成主体に地方支部が置かれていると宣言されたが、実態がなかった場合もある。正式な党員数は不明であるが、実際に活動に専従していた人数は三〇〇人程度と見積もられている(73)。

（6）「祖国＝全ロシア」

「祖国＝全ロシア」は、一九九九年下院選挙を前にして各地で選挙ブロックの形成が盛んになっていたことを背景とし、モスクワ市長ユーリー・ルシコフを中心とした「祖国」と、タタルスタン共和国大統領ミンチメル・シャイミーエフ、バシコルトスタン共和国大統領ムルタザ・ラヒーモフをトップとする「全ロシア」が合流して作られた選挙ブロックである。

「祖国＝全ロシア」のうち、「祖国」は大国主義的かつロシア人中心主義的な傾向を持っていたが、一方の「全ロシア」は、民族共和国を中心として形成されたブロックであったことから、「祖国＝全ロシア」においてはロシア人中心主義的な主張は公然とはなされなかった。一九九九年下院選挙直前には、元首相のエフゲニー・プリマコフとの提携が実現している。

「祖国＝全ロシア」は様々な政治団体が集まった選挙ブロックとしてスタートしたため、組織形態については不明な点が多い。同ブロックは、二〇〇〇年三月の大統領選以後、「統一」との連携を強め、二〇〇一年四月に「統一」と合同、そして、二〇〇一年一二月には「統一ロシア」へと合流した。

（7）「右派勢力同盟」

「右派勢力同盟」は、一九九九年下院選挙に向けて同年八月に形成された右派の選挙ブロックである。その中心的なメンバーとなったのはセルゲイ・キリエンコ、ボリス・ネムツォフ、イリーナ・ハカマダらであり、主要な政治団体としては「正義」、「新勢力」、「ロシアの声」[74]などが合流した。

「右派勢力同盟」は経済自由主義に立脚する政党であり、「右派」の中心的な政治勢力となった。なお、「右派勢力同盟」の結成の際に、同じく「リベラリズム」を標榜するとされていたヤブロコは合流しなかった。これは、移行直後の時期から続く、リベラル派内の路線の違いを背景としている。

「右派勢力同盟」の初代リーダーに選ばれたのはネムツォフであった（二〇〇四年まで）。「右派勢力同盟」はその後苦戦が続き、二〇〇八年に解散が決定された。その一部は「市民の力」、「ロシア民主党」などとともに「正義の事業」へと合流した。

（8）「統一」

「統一」は、下院選挙を目前に控えた一九九九年九月にクレムリンの肝煎りで作られた選挙ブロックである。同ブロックは「祖国＝全ロシア」の台頭に対抗する形で急遽結成される形となったが、一九九九年下院選挙で予想以上の得票率を記録し、その後勢力を拡大することになった。

イデオロギー的な立場は中道右派である。二〇〇〇年三月の大統領選挙においてはウラジーミル・プーチンを支持した。

結成時のリーダーに選ばれたのは、非常事態大臣のセルゲイ・ショイグーであった。二〇〇一年四月に「祖国＝全ロシア」と合同し、同年一二月、「統一ロシア」へと改組された。「統一」は、プーチン大統領との緊密な関係を背景とし、政党「統一ロシア」の母体となった。

（9）「統一ロシア」

「統一ロシア」は、二〇〇一年一二月一日、「統一」と「祖国＝全ロシア」が合同して結成された。同年七月に成立した政党法に基づいて形成された最初の政党である。同党は次第にその勢力を拡大し、二〇〇七年下院選挙の結果、下院の議席の三分の二を占めるに至っている。

「統一ロシア」のイデオロギー的立場は中道右派とされるが、そのすそ野は広く、いわゆる包括政党である。特に、ウラジーミル・プーチン大統領とのつながりが強かった点に特徴があり、二〇〇七年の下院選挙における「統一ロシア」の綱領は「プーチン・プラン」と名付けられた。

当初は母体となった三ブロックのトップであったセルゲイ・ショイグー、ユーリー・ルシコフ、ミンチメル・シャイミーエフが最高評議会の共同議長を務める三頭体制であった。二〇〇二年一一月二〇日、内務大臣のボリス・グルィズロフが最高評議会議長に選出された。その後、二〇〇四年一一月二七日の党大会において党議長の役職が設けられ、グルィズロフが初代党議長に選出された。二〇〇八年五月七日、大統領を退いたプーチンが党議長（ただし党員ではない）に選出された。その後、プーチンが再び大統領に選出されたことに伴い、二〇一二年五月二六日、大統領の任期満了後首相となったドミトリー・メドヴェージェフが「統一ロシア」の党議長に選出されている。

二〇一二年一月一日時点で、「統一ロシア」は全ての連邦構成主体にその支部を有し、全体の党員数はおよそ二一一万四〇〇〇人である。

(10)「ローヂナ（祖国）」

「ローヂナ」は、二〇〇三年下院選挙に向け、ドミトリー・ロゴージンとセルゲイ・グラジエフを中心として形成された選挙ブロックである。二〇〇三年下院選挙の結果、「ローヂナ」は五％を超える得票を記録し、下院に議席を獲得した。

「ローヂナ」は、愛国主義と社会主義に軸足を置く政党であった。同党形成の立役者となったロゴージンやグラジエフはどちらもロシア連邦共産党の出身であり、愛国主義的な傾向を強く持っていた。

主要構成メンバー間の路線対立が激化した結果、「ローヂナ」は二〇〇六年一〇月に解散した。その一部は同年に結成された「公正ロシア」に合流した。なお、同党はその後復活し、二〇一二年一二月に法務省に登録された。

(11)「公正ロシア」

「公正ロシア」は、二〇〇六年一〇月二八日に「ローヂナ」、ロシア生活者党、年金生活者党の合同によって結成された政党である。

「公正ロシア」のイデオロギー的な立場は中道左派であり、社会民主主義を標榜している。初期においては、「統一ロシア」との連携関係が目立ったため、「官製野党」とする見方も根強かったが、二〇一一年頃から、「公正ロシア」は政権に批判的な立場に転じるようになり、実態のある野党へと変貌を遂げていく可能性も指摘されるようになっている。(75)

初代党首はセルゲイ・ミロノフである。二〇一一年から二〇一三年まではニコライ・レヴィチェフが党首を務めたが、二〇一三年一〇月から再びミロノフが率いることになった。

法務省のデータによると、「公正ロシア」は二〇一二年一月一日時点で全八三構成主体に地方支部を置き、党員数はおよそ三八万人である。

(12)「正義の事業」

「正義の事業」は二〇〇八年一一月一六日に「右派勢力同盟」、「市民の力」、「ロシア民主党」が連合して形成された政党である。

「正義の事業」はイデオロギー的には中道右派、経済自由主義を中心としたリベラリズムを標榜しており、市長・行政府長官公選制の復活を訴えるなど、政治的にも自由主義的な立場に立っている。

二〇一一年六月から九月までミハイル・プロホロフ[76]、その後二〇一二年末までアンドレイ・ドゥナーエフが党首を務めた。法務省の情報によると、二〇一二年一月一日時点で七九連邦構成主体に地方支部を置き、党員数はおよそ五万七〇〇〇人である。

(13)「人民の自由」党

「人民の自由」党は、既存の政治の枠組に抵抗する「反システム政党」とされた。創設集会は二〇一〇年に開かれ、二〇一一年五月二三日に法務省に登録するための書類を提出したが、要件を満たさないとして拒否された。

「人民の自由」党は民主派運動を糾合した政党であり、中心的なメンバーはミハイル・カシヤノフ、ガリ・カスパロフ、ボリス・ネムツォフらである。

二〇一二年六月、ロシア共和党に合流する形でロシア共和党＝「人民の自由」党となり、現在は法務省に登録された政党として活動している。

注

（1）選挙法の変遷については、上野俊彦「ロシアの選挙制度」木戸蓊・皆川修吾編『スラブの政治（講座スラブの世界第五巻）』（弘文堂、一九九四年）、一一七—一四六頁、上野俊彦『ポスト共産主義ロシアの政治——エリツィンからプーチンへ』（日本国際問題研究所、二〇〇一年）（そのうち「ロシアの選挙民主主義——エリツィン期の連邦議会選挙の分析」、一三七—一七二頁）などが参考になる。

（2）Федеральный закон от 19 мая 1995 г. № 82-ФЗ «Об общественных объединениях» // СЗ РФ. № 21, 1995. Ст. 1930.

（3）Федеральный закон от 19 июля 1998 г. № 112-ФЗ «О внесении изменений и дополнений в Федеральный закон «Об общественных объединениях» // СЗ РФ. № 30, 1998. Ст. 3608.

（4）政治的社会団体として認められないのは以下の団体である。ロシア連邦法に基づいて、労働組合、宗教・慈善団体、民族文化自治団体、社会基金、社会施設、社会自治機関として登録されている団体。外国人・外国および国際的な組織の参加を認めている団体。特定の職業・民族・部族・人種・信仰に基づいた人々のみをメンバーとする団体。政治的社会団体の構成員として認められる権利のない人をメンバーとする団体。企業活動を行い、利潤を分配することを目的とした団体。非政治的な目的のために結成された団体。連邦法によって特別に規定される非政治的性質を有する団体。

（5）Федеральный закон от 11 июля 2001 г. № 95-ФЗ «О политических партиях» // Собрание Законодательства РФ, № 29, 2001. Ст. 2950.

（6）その具体的な要件は、①下院選挙の得票率が三％以上、②小選挙区選出の議員が全国で一二人以上、③大統領選挙の得票率が三％以上、の三点であった。

（7）もっとも、この政党助成金制度は期待されたほどの影響を及ぼさなかったとの指摘がある（Kenneth Wilson, "Party-System Development under Putin," *Post-Soviet Affairs* 22, no. 4 (2006): 314–348）。

（8）Федеральный закон от 20 декабря 2004 г. № 168-ФЗ «О внесении изменений в Федеральный закон «О политических партиях» // СЗ РФ. № 52, 2004. Ст. 5272.

（9）まず、二〇〇九年四月二八日付連邦法において、政党の要件を段階的に引き下げることが決められた（Федеральный закон от 28 апреля 2009 г. № 75-ФЗ «О внесении изменений в Федеральный закон «О политических партиях» в связи с поэтапным снижением минимальной численности членов политических партий» // СЗ РФ. № 18, 2009. Ст. 2155）。同法によれば、二〇一〇年一月からは党員数四万五〇〇〇人以上、過半数の連邦構成主体に四五〇人以上の地方支部、そして、二〇一二年一月からは党員数四万人以上、過半数の連邦構成主体に四〇〇人以上の地方支部、が要件となった。その後二〇一二年四月二日付で行われた法改正により、党員数の要件が四万人から五〇〇人へと大幅に引き下げられた（Федеральный закон от 2 апреля 2012 г. № 28-ФЗ «О внесении изменений в Федеральный закон «О политических партиях» // СЗ РФ. № 15, 2012. Ст. 1721）。

（10）Федеральный закон от 19 сентября 1997 г. № 124-ФЗ «Об основных гарантиях избирательных прав и права на участие в референдуме граждан Российской Федерации» // СЗ РФ. № 38, 1997. Ст. 4339.

（11）Федеральный закон от 12 июня 2002 г. № 67-ФЗ «Об основных гарантиях избирательных прав и права на участие в референдуме граждан Российской Федерации» // СЗ РФ. № 24, 2002. Ст. 2253.

（12）Федеральный закон от 21 июля 2005 г. № 93-ФЗ «О внесении изменений в законодательные акты Российской Федерации о выборах и референдумах и иные законодательные акты РФ // СЗ РФ. № 30, 2005. Ст. 3104.

（13）Федеральный закон от 12 июля 2006 г. № 107-ФЗ «О внесении изменений в отдельные законодательные акты Российской Федерации в части отмены формы голосования против всех кандидатов（против всех списков кандидатов）» // СЗ РФ. № 29, 2006. Ст. 3125.

（14）この制度はその後部分的に復活することになる。二〇一四年六月四日付連邦法により、連邦構成主体法において「全ての候補者（名簿）に反対」欄を置かない旨の規定がない場合、地方自治体レヴェルの選挙に再導入することが可能になった（Федеральный закон от 4 июня 2014 г. № 146-ФЗ «О внесении изменений в Федеральный закон «Об обеспечении конституционных прав граждан Российской Федерации избирать и быть избранными в органы местного самоуправления» и Федеральный закон «Об основных гарантиях избирательных прав и права на участие в референдуме граждан Российской Федерации» // СЗ РФ. № 23, 2014. Ст. 2931）。

（15）Федеральный закон от 5 декабря 2006 г. № 225-ФЗ «О внесении изменений в гарантиях избирательных прав и права на участие в референдуме граждан Российской Федерации» и Гражданский процессуальный кодекс Российской Федерации» // СЗ РФ. № 50, 2006. Ст. 5303.

（16）Федеральный закон от 17 мая 1995 г. № 76-ФЗ «О выборах Президента Российской Федерации» // СЗ РФ. № 21, 1995. Ст. 1924.

（17）Федеральный закон от 31 декабря 1999 г. № 228-ФЗ «О выборах Президента Российской Федерации» // СЗ РФ. № 1, 2000. Ст. 11.

（18）Федеральный закон от 10 января 2003 г. № 19-ФЗ «О выборах Президента Российской Федерации» // СЗ РФ. № 2, 2003. Ст. 171.

（19）その後、二〇一二年五月二日付連邦法によってこの数字が引き下げられ、全体で三〇万人の署名を集める必要があり、ひとつの連邦構成主体の上限は七五〇〇人とされた（Федеральный закон от 2 мая 2012 г. № 41-ФЗ «Овнесении изменений в отдельные законодательные акты Российской Федерации в связи с освобождением политических партий от сбора подписей избирателей на выборах депутатов Государственной Думы Федерального собрания Российской Федерации, в органы государственной власти субъектов Российской Федерации и органы местного самоуправления» // СЗ РФ. № 19, 2012. Ст. 2275）。

（20）Закон Российской Федерации о поправке к Конституции Российской Федерации от 30 декабря 2008 г. № 6-ФКЗ «Об изменении срока полномочий Президента Российской Федерации и Государственной Думы» // СЗ РФ. № 1, 2009. Ст. 1.

(21) これは連邦構成主体との妥協の結果であった。一九九二年、九三年にかけての連邦制のあり方をめぐる政治闘争については第二章第二節（1）（73頁）を参照のこと。

(22) Указ Президента РФ от 11 октября 1993 г. № 1626 «О выборах в Совет Федерации Федерального Собрания Российской Федерации» // Собрание актов Президента и Правительства Российской Федерации. № 42, 1993. Ст. 3094.

(23) Федеральный закон от 5 декабря 1995 г. № 192-ФЗ «О порядке формирования Совета Федерации Федерального Собрания Российской Федерации» // СЗ РФ. № 50, 1995. Ст. 4869. また、各地方における執行権力の長の選挙は一九九六年一二月までに終えるものとされた（三条）。

(24) Федеральный закон от 5 августа 2000 г. № 113-ФЗ «О порядке формирования Совета Федерации Федерального Собрания Российской Федерации» // СЗ РФ. № 32, 2000. Ст. 3336.

(25) Федеральный Закон от 21 июля 2007 г. № 189-ФЗ «О внесении изменения в статью 1 Федерального закона «О порядке формирования Совета Федерации Федерального Собрания Российской Федерации» // СЗ РФ. № 30, 2007. Ст. 3803.

(26) Федеральный закон от 14 февраля 2009 г. № 21-ФЗ «О внесении изменений в отдельные законодательные акты Российской Федерации в связи с изменением порядка формирования Совета Федерации Федерального Собрания Российской Федерации» // СЗ РФ. № 7, 2009. Ст. 789.

(27) Федеральный закон от 3 декабря 2012 г. № 229-ФЗ «О порядке формирования Совета Федерации Федерального Собрания Российской Федерации» // СЗ РФ. № 50, 2012. Ст. 6952.

(28) 立法機関の代表は、議長、会派、あるいは少なくとも定数の五分の一の議員によって候補者を選定し、議会で投票を行って決定する。執行機関の代表は、行政府長官が三名の候補者から一名を任命する。

(29) Указ Президента РФ от 1 октября 1993 г. № 1557 «Об утверждении уточненной редакции Положения о выборах депутатов Государственной Думы в 1993 году и внесении изменений и дополнений в Положение о федеральных органах власти на

переходный период» // Собрание актов Президента и Правительства Российской Федерации. № 41, 1993. Ст. 3907.

（30）この選挙ブロックについては一九九五年下院選挙法においてより細かな規定が設けられ、選挙ブロックに参加した社会団体は独立した選挙団体として選挙に参加することも、また別の選挙ブロックに加わることもできない旨が明記された（三三条）。

（31）Федеральный закон от 21 июня 1995 г. № 90–ФЗ «О выборах депутатов Государственной Думы Федерального Собрания Российской Федерации» // СЗ РФ. № 26, 1995. Ст. 2398.

（32）この条項に関しては、一九九九年法において、地域別名簿に入らない候補者の数は一八名以下であると規定された（一九九九年法三九条八項）。二〇〇二年法では地域別名簿に入らない候補者の数は一八名以下と一九九九年法の内容が踏襲されたが、地域別名簿の数は七以上という規定が加えられた（二〇〇二年法四〇条八項）。

（33）Федеральный закон от 24 июня 1999 г. № 121–ФЗ «О выборах депутатов Государственной Думы Федерального Собрания Российской Федерации» // СЗ РФ. № 26, 1999. Ст. 3178.

（34）Федеральный закон от 20 декабря 2002 г. № 175–ФЗ «О выборах депутатов Государственной Думы Федерального Собрания Российской Федерации» // СЗ РФ. № 51, 2002. Ст. 4982.

（35）Федеральный закон от 18 мая 2005 г. № 51–ФЗ «О выборах депутатов Государственной Думы Федерального Собрания Российской Федерации» // СЗ РФ. № 21, 2005. Ст. 1919.

（36）前注（20）参照。

（37）Федеральный закон от 12 мая 2009 г. № 94–ФЗ «О внесении изменений в отдельные законодательные акты Российской Федерации в связи с повышением представительства избирателей в Государственной Думе Федерального Собрания Российской Федерации». // СЗ РФ. № 20, 2009. Ст. 3178.

（38）Федеральный закон от 20 октября 2011 г. № 287–ФЗ «О внесении изменений в отдельные законодательные акты Российской Федерации в связи со снижением минимального процента голосов избирателей, необходимого для допуска к распределению депутатских мандатов в Государственной Думе Федерального Собрания Российской Федерации» // СЗ РФ. № 43, 2011. Ст. 5975.

(39) Федеральный закон от 22 февраля 2014 г. № 20-ФЗ «О выборах депутатов Государственной Думы Федерального Собрания Российской Федерации» // СЗ РФ. № 8, 2014. Ст. 740.

(40) 行政府長官の公選制導入は一斉に行われたわけではなく，現職再選の見込みが高い地方から優先的に行われた。その経緯については Steven L. Solnick, "Gubernatorial Elections in Russia, 1996-1997," *Post-Soviet Affairs*, 14, no. 1 (1998): 48-80 を参照。

(41) 各地方において採用された選挙制度の内容およびその変遷については，Konitzer, *Voting for Russia's Governors*, 90 に詳しい。

(42) Федеральный закон от 6 октября 1999 г. № 184-ФЗ «Об общих принципах организации законодательных (представительных) и исполнительных органов государственной власти субъектов Российской Федерации» // СЗ РФ. № 42, 1999. Ст. 5005.

(43) Федеральный закон от 8 февраля 2001 г. № 3-ФЗ «О внесении дополнения в Федеральный закон «Об общих принципах организации законодательных (представительных) и исполнительных органов государственной власти субъектов Российской Федерации» // СЗ РФ. № 7, 2001. Ст. 608.

(44) Федеральный закон от 11 декабря 2004 г. № 159-ФЗ «О внесении изменений в Федеральный закон «Об общих принципах организации законодательных (представительных) и исполнительных органов государственной власти субъектов Российской Федерации» и в Федеральный закон «Об основных гарантиях избирательных прав и права на участие в референдуме граждан Российской Федерации» // СЗ РФ. № 50, 2004. Ст. 4950.

(45) Указ Президента РФ от 27 декабря 2004 г. № 1603 «О порядке рассмотрения кандидатур на должность высшего должностного лица (руководителя высшего исполнительного органа государственной власти) субъекта Российской

Федерации» // СЗ РФ. № 52, 2004. Ст. 5427.

（46）Федеральный закон от 31 декабря 2005 г. № 202-ФЗ «О внесении изменений в статью 18 федерального закона «Об общих принципах организации законодательных（представительных）и исполнительных органов государственной власти субъектов Российской Федерации» и в Федеральный Закон «О политических партиях» // СЗ РФ. № 1, 2006. Ст. 13.

（47）Федеральный закон от 2 мая 2012 г. № 40-ФЗ «О внесении изменений в Федеральный закон органов государственной власти субъектов Российской Федерации» и Федеральный закон «Об основных гарантиях избирательных прав и права на участие в референдуме граждан Российской Федерации» // СЗ РФ. № 19, 2012. Ст. 2274.

（48）さらに、二〇一三年四月二日付連邦法により、連邦構成主体法が認める場合、公選によらずに行政府長官を選出することも可能になった（Федеральный закон от 2 апреля 2013 г. № 30-ФЗ «О внесении изменений в отдельные законодательные акты Российской Федерации» // СЗ РФ. № 14, 2013. Ст. 1638）。その場合、政党の推薦を受けて大統領が提案した候補が議会において選出されることになる。

（49）Указ Президента РФ от 27 октября 1993 г. № 1765 «Об утверждении Основных положений о выборах в представительные органы государственной власти края, области, города федерального значения, автономной области, автономного округа» // Собрание актов Президента и Правительства Российской Федерации. № 41, 1993. Ст. 4189.

（50）Федеральный закон от 6 декабря 1994 г. № 57-ФЗ «Об основных гарантиях избирательных прав граждан Российской Федерации» // СЗ РФ. № 33, 1994. Ст. 3406.

（51）前注（42）を参照。

（52）前注（11）を参照。

（53）二〇〇三年から実施された地方議会選挙の比例代表選挙が各地方に及ぼした影響についてのデータを集めた文献として、Александр Кынев. Выборы парламентов российских регионов 2003-2009 : Первый цикл внедрения пропорциональной избирательной системы. М.: Центр «Панорама», 2009 を参照。

（54）Федеральный закон от 2 ноября 2013 г. № 302-ФЗ «О внесении изменений в отдельные законодательные акты Российской Федерации» // СЗ РФ. № 44, 2013. Ст. 5641.

（55）Федеральный закон от 21 июля 2005 г. № 93-ФЗ «О внесении изменений в законодательные акты Российской Федерации о выборах и референдумах и иные законодательные акты РФ» // СЗ РФ. № 30, 2005. Ст. 3104.

（56）その後、二〇一四年五月五日付連邦法に基づいて阻止条項の上限は五％に引き下げられた（Федеральный закон от 5 мая 2014 г. № 95-ФЗ «О внесении изменений в федеральный закон «Об основных гарантиях избирательных прав и права на участие в референдуме граждан Российской Федерации» // СЗ РФ. № 19, 2014. Ст. 2300）。

（57）選挙の日程についても後に変更が加えられ、二〇一二年一〇月二日付連邦法により、原則として九月の二週目に選挙を行うこととされた（Федеральный закон от 2 октября 2012 г. № 157-ФЗ «О внесении изменений в Федеральный закон «О политических партиях» и Федеральный закон «Об основных гарантиях прав и права на участие в референдуме граждан Российской Федерации» // СЗ РФ. № 41, 2012. Ст. 5522）。

（58）Федеральный закон от 6 октября 2003 г. № 131-ФЗ «Об общих принципах организации местного самоуправления в Российской Федерации» // СЗ РФ. № 46, 2003. Ст. 3822.

（59）同法制定以前の市長の選出方法や機能等についてインフォーマルな方法をも含めて紹介したものとして、Slider, "Governors versus Mayors" を参照。スライダーは、市長の選出は公選制に基づいて行われることが多かったが、連邦構成主体の行政府長官によって任免されることもあったとしている。

（60）この点について詳しくは Cameron Ross, *Local Politics and Democratization in Russia*（Abington and New York: Routledge, 2009）, 172-173 を参照。

（61）Stephen White and Ol'ga Kryshtanovskaya, "Changing the Russian Electoral System: Inside the Black Box," *Europe-Asia Studies* 63, no. 4（2011）: 557-578.

（62）一九九〇年代においては無所属候補の多さがたびたび問題視されてきた。その一例として以下の文献を参照。Robert G.

Moser, "The Impact of the Electoral System on Post-Communist Party Development: The Case of the 1993 Russian Parliamentary Elections," *Electoral Studies* 14, no. 4 (1995): 377-398; Robert G. Moser, "Independents and Part Formation: Elite Partisanship as an Intervening Variable in Russian Politics," *Comparative Politics* 31, no. 2 (1995): 147-165.

(63) Н. Б. Яргомская. Избирательная система и уровень партийной фрагментации в России // Полис № 4, 1999. С. 122-129; Jerry F. Hough, "Institutional Rules and Party Formation," in *Growing Pains: Russian Democracy and the Election of 1993*, edited by Timothy J. Colton and Jerry F. Hough (Washington D.C.: Brookings Institution Press, 1998), 37-73; Misha Myagkov and Peter C. Ordeshook, "Changing Russia's Electoral System: Assessing Alternative Forms of Representation and Elections," *Demokratizatsiya* 7, no. 1 (1999): 73-92.

(64) こうした観点に立って二〇〇五年の下院選挙法改正について論じた論考として、Thomas F. Remington, "Presidential Support in the Russian State Duma," *Legislative Studies Quarterly* 31, no. 1 (2006): 5-32を参照。レミントンによれば、小選挙区比例代表並立制によって選出された議会では、小選挙区選出議員が形成した議員グループと主に比例代表選出議員を中心に構成される議会内会派が並立し、特に議員グループは非常に流動的な状況にあった。そのため、大統領は議会との関係構築に深刻な問題を抱えており、二〇〇五年の選挙法改正にはこの問題を解決しようとする意図があったとされる。

(65) Grigorii V. Golosov, *Political Parties in the Regions of Russia: Democracy Unclaimed* (Boulder, CO and London: Lynne Rienner Publishers inc., 2004), 207-243.

(66) Ю. Г. Коргунюк, С. Е. Заславский. Российская многопартийность: становление, функционирование, развитие. М.: Фонд ИНДЕМ, 1996. С. 96.

(67) 以下、法務省に登録されているデータに関しては、同省の公式サイトに掲載された情報に依拠している。いつの時点のデータかという点については引用の際に示す。

(68) Коргунюк, Заславский. Российская многопартийность. С. 130.

(69) Коргунюк, Заславский. Российская многопартийность. С. 68.

(70) Коргунюк, Заславский. Российская многопартийность. С. 70.

(71)「右派」とはいわゆる経済自由主義勢力のことを指す。西欧ではナショナリズムは右派との親和性が高いと考えられているが、ロシア政治の文脈ではむしろ左派との親和性が高い。

(72) Коргунюк, Заславский. Российская многопартийность. С. 73.

(73) Коргунюк, Заславский. Российская многопартийность. С. 145.

(74)「ロシアの声」は、第五章で取り上げるサマーラ州知事のチトフを中心として形成された政党である。

(75) Luke March, "Managing Opposition in a Hybrid Regime: Just Russia and Parastatal Opposition," *Slavic Review* 68, no. 3 (2009): 504-527.

(76) プロホロフは「正義の事業」を離れた翌年、政党「市民プラットフォーム」を結成した。同党は二〇一二年七月に法務省に登録された。

第二部　沿ヴォルガ地域の事例——圧倒的一党優位に至る多様な経路

序　フィールドワークと資料

(1) 各州の概要と位置関係

序章において明らかにしたように、本書は、沿ヴォルガ地域のサラトフ州、ウリヤノフスク州、サマーラ州、ヴォルゴグラード州を実証研究の対象として取り上げる。表9に示すように、四州のうち、面積はヴォルゴグラード州とサラトフ州が大きく、それにサマーラ州、ウリヤノフスク州が続く。人口・経済規模ともに最も大きいのがサマーラ州、続いてヴォルゴグラード州、サラトフ州、ウリヤノフスク州の順となる。もっとも、この四州の中では経済的に最も恵まれているサマーラ州でも、二〇〇〇年代後半からは一人当たりリージョン内総生産の全国平均（二〇〇八年時点で二四万一七六七ルーブル）を下回るようになった。

それぞれの地域の位置関係は図3の通りである。これら四州はいずれもヴォルガ川に面しており、ウリヤノフスク州の方が上流、ヴォルゴグラード州が下流となっている。ヴォルガ川はヴォルゴグラード州を抜けると、アストラハン州を通ってカスピ海にそそぎこんでいる。都市間の距離はウリヤノフスク市からサマーラ市までが二三六キロ、サマーラ市からサラトフ市までが四四二キロ、サラトフ市からヴォルゴグラード市までが三八九キロ、となっている。

表 9　4州の基礎データ

	サラトフ州	ウリヤノフスク州	サマーラ州	ヴォルゴグラード州
面積（1000km^2）2009年	101.2	37.2	53.6	112.9
人口（1000人）2009年	2,565	1,299	3,170	2,590
一人当たりリージョン内総生産（ルーブル），2008年	128,208.0	115,493.0	222,726.3	165,811.7

出典）Регионы России : официальное издание. 2010.

図 3　ヴォルガ流域図
出典）Регионы России: официальное издание の地図より筆者作成.

（2）資　料

本書においては、文献資料としては主として新聞に依拠した。ロシアの地方新聞にはいくつかの類型がある。まず、州行政府や市行政府が発行する新聞がある。これらの新聞は発行主体のトップである知事や市長を個人的に賞賛する記事を載せることがしばしばある。また、選挙直前には対抗馬に対するネガティヴ・キャンペーンや、現職に有利な世論調査の結果が掲載されることも多いため、その取扱いには注意が必要になる。また、地方によっては議会が広報に近い新聞を発行している場合もある。

次に、比較的自由な論調の独立系地方新聞がある。ここでは、それらの新聞が行政府からは一定の距離を置いているという意味で「独立系」と形容する。これらの新聞の出自は様々であり、当初は広報に近い性格を持っていたがその後独立系に転じたものもあれば、一九九〇年代後半以降に創刊され、当初から反政権・行政府の傾向が強いものもある。こうした独立系の地方新聞はどの地方にも存在しているが、その質にはばらつきがあり、資金源の問題からタブロイド紙化する新聞もある。

そして、純粋な地方新聞ではないものの、地方レヴェルのできごとが比較的きめ細かくフォローされているものとして、全国紙の地方版がある。全国に地方支社を持っている新聞社には『ロシア新聞（Российская газета）』、『論拠と真実（Аргументы и факты）』、『コメルサント（Коммерсантъ）』などがある。そのうち、『ロシア新聞』は政府広報紙であり、『論拠と真実』はタブロイド紙としての性格を強く帯びているのに対し、『コメルサント』紙は比較的中立かつ批判的な見方を提供していることから、本書においては同紙の情報を主に利用した。沿ヴォルガ地域におけるコメルサント紙の支社体制は時期によって変遷しているが、筆者が調査を行った時点では、「中流ヴォルガ支社」がサマーラ州・サラトフ州・ウリヤノフスク州を、そして「下流ヴォルガ支社」がヴォルゴグラード州を担当していた。

表 10　地方新聞一覧

	政府系新聞	独立系新聞	全国紙地方版
サラトフ州	『サラトフ州新聞（Саратовская областная газета）』（州行政府，2006 年から），『サラトフ通報（Саратовские вести）』(注 1)	『観点（Взгляд）』（2004 年から）	『コメルサント』（ヴォルゴグラード，サマーラ）
ウリヤノフスク州	『人民の新聞（Народная газета）』（州行政府），『ウリヤノフスクの真実（Ульяновская правда）』（州議会）	『シムビルスクのクーリエ（Симбирский курьер）』(注 2)	『コメルサント』（サマーラ）
サマーラ州	『ヴォルガのコミューン（Волжская коммуна）』（州行政府）	『サマーラの観察（Самарское обозрение）』	『コメルサント』（サマーラ）
ヴォルゴグラード州	『ヴォルゴグラードの真実（Волгоградская правда）』（州行政府），「市広報（Городские вести）」（市行政府）	『ビジネス・ヴォルガ（Деловое Поволжье）』	『コメルサント』（ヴォルゴグラード）

注 1）『サラトフ通報』は，当初は行政府寄りの新聞であったが，2000 年代以降，その論調は変容している．『サラトフ州新聞』は，イパトフ知事によって新たに作られた新聞である．
注 2）『シムビルスクのクーリエ』は，当初はウリヤノフスク市執行委員会の機関紙であった．
出典）筆者作成．

なお、実証部分において全国紙の地方版を引用する際には、原則的にはその記事が出された支社が位置する都市名を付すこととした。

地方新聞は、途中で廃刊になったものも含めれば無数に存在し、その論調は目まぐるしく変化する傾向にある。モスクワの図書館も地方新聞を所蔵しているものの、歴史が長い政府系の新聞の収集に偏る傾向があり、情報の入手には限界がある。一方で、独立系の新聞の創廃刊が繰り返された地方においては、現地の図書館においてもその所蔵状況は悪く、体系的に情報収集を行うことは難しい。このように、資料の体系的な収集には困難がつきものであるが、本書においてはひとつの地方につき必ず複数の新聞を参照するようにした。本書において主に参照したのは表10に示した新聞である。

（3）フィールドワーク

本書の実証部分は、現地における聞き取り調査を中心としたフィールドワークに基づいている[(1)]。フィールドワークを実施した二〇一〇年はメドヴェージェフ大統領の任期が終わりに近づいた頃であり、プーチン大統領の二期八年の間に形成された政治体制が少しずつ弛緩し、将来の展望について比較的楽観的な見方が出てきた時期であった。

フィールドワーク遂行の第一のステップとなるのは、公的機関に対する調査協力要請である。公的機関への協力要請は、議員へのアクセスを容易にすること、そして、地方レヴェルにおけるエリート競争の中核的な役割を果たした行政府の政策等についての情報を得ることを目的とした。州および州都の行政府・立法府は大きな官僚組織であり、内部の人物と予めコンタクトを取っていない限り、建物の中に入ることすら困難である。そこで、筆者は、事前に聞き取り調査への協力を求める書面を送付してからインタヴューに向かうという方法を全四州において実践した[(2)]。

その具体的な手順は以下の通りである。書面は公的機関に到着するとその機関の文書課において番号処理をされ、担当に回される。その際、特に州レヴェルの行政府・立法府は組織の官僚化が進んでいるため、届いた文書がこの時点で黙殺されることは稀である。その後、担当者と連絡を取ることになる。通常、文書が文書課から担当部署に到達するのには一日以上、そこから別の部署に回される場合にはさらに日数がかかる。また、複数の部署に手紙のコピーが回されることもある。相手方が調査に協力する用意があれば話はスムーズに進むが、そうではない場合、電話をたらいまわしにされるか、あるいは、「後でかけなおす」といって断られることがほとんどである。この「実験」の結果は表11の通りである。ここでは、文書課の段階で「未着」を理由に問い合わせを拒否された場合には「不明」と表記し、担当者に回されて以降、調査協力にまで行き着かなかった場合には、明確な拒否の言明がなかった場合にも（むしろ明確に拒否されることは少ない）、「協力拒否」とした。

公的機関を対象とした調査に加え、筆者は、政党に対する聞き取り調査を行った。二〇一〇年の時点で地方レヴェルにおいて一定の存在感を有していた政党として、与党の「統一ロシア」、そして最大野党である共産党、その中間

表 11　公的機関を対象とした調査依頼に対する回答

	州行政府	州立法府	州都行政府	州都立法府
サラトフ州	協力拒否	協力拒否	協力拒否	不明
ウリヤノフスク州	協力拒否	協力	協力拒否	不明
サマーラ州	協力拒否	協力	協力	不明
ヴォルゴグラード州	協力	協力（州行政府の協力要請による）	協力（州行政府の協力要請による）	協力拒否

出典）筆者作成.

表 12　政党を対象としたインタヴューの概要

	「統一ロシア」	ロシア連邦共産党	公正ロシア
サラトフ州	協力（党本部の専従職員）	協力（州議会会派長・州議会議員）	協力（党本部の専従職員）
ウリヤノフスク州	協力（党本部の専従職員）	協力（州議会議員）	—（注）
サマーラ州	協力（党本部の専従職員）	協力（州議会議員）	協力（党本部の専従職員）
ヴォルゴグラード州	協力（党本部の専従職員・州議会議員）	協力(州議会会派長)	協力（党本部の専従職員）

注）ウリヤノフスク州では,「公正ロシア」選出の市議会議員が協力に応じる意向を示したものの,行き違いでインタヴューには至らなかった. また,『公正ロシア』政党支部はそれ以外のインタヴュー相手の紹介には応じなかった.
出典）筆者作成.

的な位置を占める「公正ロシア」の三党を対象とし、政党支部にインタヴューを申し込むという方法で調査を行った[3]。その結果をまとめたのが表12である。全体として、政党は調査に協力的であった。与党の「統一ロシア」も、党組織は予想より開放的であり、全ての地方において筆者の調査に協力を表明した。共産党も「公正ロシア」も同様であった。政党本部に対してインタヴューを申し込んだ後の対応は政党により様々であった。「統一ロシア」の場合は党本部の専従職員がインタヴューに応じることが多かった。また、「公正ロシア」に関しても、党本部に常時職員がおり、議員歴もある専従職員が主要なインタヴュー相手であった。共産党の場合は直接州議会の議員を紹介された。

（4）実証部分の構成

以下においては、主要なアクターおよび対抗関係が比較的単純なものから複雑な方へと順に検討を行う。具体的には、州行政府優位型のサラトフ州（第三章）、州行政府・共産党地方委員会並立型のウリヤノフスク州（第四章）、州行政府・州都行政府並立型のサマーラ州（第五章）、そして州行政府、州都行政府に加えて共産党地方委員会が大きな役割を果たした三者並列型のヴォルゴグラード州（第六章）の順に取り上げる。

各地方の政治プロセスは、序章において示した時期区分に従い、①一九九〇年代の遠心化に伴って生じた分権状況、②一九九〇年代末から二〇〇〇年代初頭にかけての中央地方関係の制度化・集権化の端緒、そして③二〇〇〇年代中盤以降の政治的中央集権化、に分けて論じる。

このように、共通の時系列に従って議論を進めることから、各章の構成はほぼ同様となる。当該地方の歴史と概要（第一節）、一九九〇年代（第二節）、一九九〇年代末から二〇〇〇年代中盤まで（第三節）、二〇〇〇年代中盤以降（第四節）、の経緯を明らかにした上で、第五節においてまとめを行う。

注

（1）フィールドワークを実施したのはいずれも二〇一〇年である。ヴォルゴグラード市に六月二〇日から七月三日まで、サラトフ市に一〇月二日から二四日まで、サマーラ市に一〇月二五日から一一月一四日まで、ウリヤノフスク市に一一月一五日から一二月五日まで滞在した。

(2) この手法についてはロシア国立人文大学のセルゲイ・ルイジェンコフ助教授から有益な助言を受けた。また、調査の実施に先立って各所に送付したレターの準備に際しては同大学の国際部イワン・エリセーエフ氏の協力を得た。

(3) なお、「統一ロシア」の政党支部は、四州全てにおいて、ひとつの建物全体を政党支部として利用していた（その建物のサイズは様々であった。ウリヤノフスク州とヴォルゴグラード州は「一軒家」といった風情であり、サラトフ州とサマーラ州は二階建ての大きな現代風の建築物であった)。「公正ロシア」は事務所を間借りし、そこで四、五名の専従職員が常時勤務していることが多い。一方、共産党は、自前の党本部としての住所はあるものの、(「公正ロシア」よりもさらに）小さな事務所であることが多い。これは、主要な活動がもっぱら議会において行われているためであると考えられる。

第三章　サラトフ州

本章ではサラトフ州を取り上げる。サラトフ州では一九九〇年代に知事を務めたアヤツコフが、エリツィンに親和的な立場をとった「白い知事」として知られた。州内においては、一九九〇年代中頃にはアヤツコフ知事を中心とした州行政府勢力の優勢が顕著となり、州行政府が他の勢力を圧倒するようになった。州行政府の優位が比較的早い時期に確立した地方において政党形成がどのように進んだのかということが本章の主要なテーマとなる。

第一節　サラトフ州の概要

(1)　地理的位置および人口

サラトフ州は、南側はヴォルゴグラード州、西側はヴォロネジ州とタンボーフ州、北側はペンザ州、サマーラ州、ウリヤノフスク州、そして東側はカザフスタンと境を接している。サラトフ州の主要な都市は、州都のサラトフ市を筆頭に、ヴォルガ側をはさんでサラトフ市の向かい側に位置するエンゲルス市、そしてバラコヴォ市である。[1] 二〇〇七年時点の人口は州全体でおよそ二六〇万人（州都サラトフ市は人口八四万一四〇〇人、エンゲルス市は人口二〇万八〇〇人、バラコヴォ市は人口一九万九一〇〇人）である。[2]

（2）前　史[3]

サラトフ市の基礎が築かれた時期については確かなことは分かっておらず、タタール人の集落として一五八〇年代にヴォルガ左岸に作られたという説もあれば、一五九〇年、ヴォルガ右岸に要塞が築かれたことがその始まりだとする説もある。一般には、一五九〇年がサラトフの築かれた年とされている。

サラトフは一六七〇年から七一年にかけてステパン・ラージンの乱の中心地となり、次いでコサックの拠点となった。その後、サラトフはツァリーツィン（現ヴォルゴグラード）の興隆に伴って軍事的な要塞としての重要性を失っていき、一七七三年にはプガチョフの勢力圏に入った。ヴォルガ・ドイツ人の入植が推進されたのもこの時期である。サラトフが再び活気を取り戻すようになったのは一七四七年に塩の取引所が作られてからである。サラトフはこの頃から商工業の拠点として栄えるようになった。

一八七〇年にはタンボーフからサラトフまでの鉄道が建設され、モスクワ、ペテルブルグへとつながる鉄道網が整備された。一九世紀後半からの街の成長は目覚ましく、その規模はニジニ・ノヴゴロド、サマーラと並んだ。このようにして発展したサラトフは、一九二〇年代までは「沿ヴォルガ地域の首都」として知られていた。なお、サラトフの街のシンボルとして知られるドイツ風のコンセルヴァトーリヤ（音楽院）は一九一二年に完成した。

ソ連時代のサラトフ州では、ドイツ人が数多く住んでいたことから、一九二四年にヴォルガ・ドイツ人自治共和国が創設され、その首都は現在のエンゲルス市に置かれた。もっとも、大祖国戦争が始まると、ヴォルガ・ドイツ人はその多くがシベリアやカザフスタンに移住させられた。また、サラトフにはサラトフ航空機工場などの国防関係の企業が存在するため、一九九〇年までは外国人の立ち入りが許されない「閉鎖都市」とされていた。

表13　サラトフ州における人口一人当たりリージョン内総生産

（単位：1995年は1000ルーブル，それ以降はルーブル）

	1995年	2000年	2005年	2008年
サラトフ州	7,029.1	23,315.4	65,314.9	128,208.0
対全国平均比（全国＝100）	80.3	59.0	51.8	53.0

出典）Регионы России: официальное издание. 2010.

サラトフと関連の深い人物としては、『何をなすべきか』を著した作家ニコライ・チェルヌィシェフスキー、画家のヴィクトル・ボリソフ＝ムサトフ、一九五六年にノーベル化学賞を受賞したニコライ・セミョーノフらがいる。また、サラトフで学んだ人物として宇宙飛行士ユーリー・ガガーリンが有名である。ガガーリンが人類初の有人宇宙飛行から地球へと帰還した際に着陸した地点はエンゲルス市からそれほど遠くない場所に位置するスメーロフカ村であった。

（3）社会経済状況

サラトフ州は伝統的な農業州として知られる。リージョン内総生産は二〇〇九年時点で三二七一億八一一〇万ルーブルである[4]。本書が取り上げる四州の中ではサマーラ州、ヴォルゴグラード州に次ぐ水準となっている。

リージョン内総生産のうち、農業部門は一二・五％を占めており、全国平均の四・五％を大幅に上回っている。小麦、ライ麦などの穀物、野菜、ジャガイモの生産が中心である。

製造業はリージョン内総生産全体の一九・五％を占める。製造業のうち生産額が最も高いのは食品加工業であり、製造業全体の二六・五％となっている。サラトフ州の主要な産業は、航空機、トロリーバス、ベアリングなどの製造である。また、サラトフ州の第三の都市であるバラコヴォ市には原子力発電所がある。バラコヴォ原子力発電所の発電能力は毎時三〇〇〇億キロワットであり、ロシアにおける原子力発電の五分の一の発電量を誇っている。

サラトフ州の経済状況は次第に悪化しており、表13に示されるように、近年に至っては一人当たりリージョン内総生産が全国平均の半分程度となっている。これは、本書が取り上げる四州の中では、最も経済規模が小さいウリヤノフスク州に次いで低い。

（4）こんにちのサラトフ―文化水準の高さと政治経済状況のギャップ

こんにちのサラトフは二面性を有している。一面では、サラトフは文化的な水準の高い街として知られており、音楽や演劇に関連する施設を数多く擁している。それに加え、同地では学術研究も盛んであり、政治学や社会学などをはじめとした社会科学分野においても、社会学者のエレーナ・ヤルスカヤ＝スミルノワなど、全ロシア的に活躍する研究者は多い。このような知的バックグラウンドの豊かさはロシア全土におけるサラトフの評判を高めている。

その一方で、サラトフにおける社会経済状況、政治をめぐる状況は恵まれているとは言いがたく、生活水準や経済の近代化という観点からは後れを取っている。経済状況は全体として落ち込んでおり、インフラの面なども含め、そこにおける日常生活には依然として様々な困難がある。筆者が出会ったあるジャーナリストは、サラトフは（隣のヴォルゴグラードとは違って）何も生産できず、衰退の一途をたどっていると慨嘆していた。また、第二部の序においても触れたように、サラトフでは、筆者がフィールドワークを実施した四州の中でインタヴューが最も困難であり、閉鎖的な街であるとの印象を受けざるを得なかったということも付言しておく必要がある。

このような、文化面での水準の高さと、それを取り巻く政治や経済の発展の遅れという二面性はロシア全体に共通する問題ではあるが、個別の地方を取り出した場合、サラトフにおいて観察されるそのギャップは特に大きいものであるように思われる。この点は、サラトフのひとつの特色ともなっている。

第二節　アヤツコフ知事による政治空間の独占

本節では、体制転換から一九九〇年代後半に至るまでのサラトフ州における政治状況を振り返り、サラトフ州において形成されたエリート配置を明らかにする。具体的には、サラトフ州の初代行政府長官であったベルィフの時代について触れた上で、その後のサラトフ州に大きな影響を与えた第二代行政府長官アヤツコフについて、彼の登場した経緯とその州政運営について検討する。

(1)　サラトフ州における体制転換

サラトフ州に変化の兆しが現れたのは一九九〇年のことであり、同年三月の地方ソヴェト選挙の結果、民主派の議員が少数ながら誕生した。しかし、こうした動きが農業セクターを中心とした主流派の勢力に影響を与えることはなく、サラトフ州における政治変革のスピードは比較的緩やかなものであった(5)。

サラトフ州の体制エリートが政治改革の影響を大きく受けるきっかけとなったのは一九九一年の「八月政変」であった(6)。この政変を受けてソ連共産党州委員会第一書記のコンスタンチン・ムレーニンは辞職に追い込まれ、民主派勢力からニコライ・マカレーヴィチが行政府長官に、そして、それまで共産党市委員会を率いていたウラジーミル・ゴロヴァチョフが大統領代表に任命された。ところが、この任命はサラトフ州における政治状況の安定化をもたらすことはなかった。次第に激化していったエリート集団間の競争の中で、マカレーヴィチも、ゴロヴァチョフも、次第にその影響力を失っていったのである。

その結果、影響力のあるグループに属していなかったユーリー・ベルィフ（巻末の経歴番号1、以下同じ）が妥協的な候補者として浮上した。彼は一九九二年二月にサラトフ州行政府長官代理となり、五月に入ってから州行政府長官に任命された。しかし、ベルィフにとって、諸エリート集団が激しく対抗しあう政治状況を収拾することは困難であった。この時期にサラトフ州を含む複数の地方間比較研究を行った政治学者は、サラトフ州を、他の多くの地方と同様、体制転換期においてこれといった発展戦略を持たない地方であると評価した。(7)

こうして、体制転換期のサラトフでは政治的な覚醒は観察されず、依然として農村地域が影響力を保っていた。そのことから、サラトフ州は改革の機運からは程遠い保守的な地方であるとの見方が一般的となった。同州においては体制移行のプロセスを経ても際立ったリーダーが現れるには至らず、既存のエリート集団間の権力闘争が収拾されることはなかった。

(2)　アヤツコフの登場とエリツィン政権への接近

アヤツコフの登場

初代知事のベルィフが支持基盤の獲得に苦労する中、体制転換直後のサラトフ州において彗星のごとく登場したのが、サラトフ市長のユーリー・キトフの下で第一副市長を務めていたドミトリー・アヤツコフ（経歴番号2）であった。アヤツコフは一九九三年四月に行われた州ソヴェトの補欠選挙に当選した。(8)一九九三年の「十月政変」の際に、キトフ市長をはじめとしたサラトフ市のエリートは自らの態度を明確にしなかったが、アヤツコフは違っていた。彼はいち早くエリツィン大統領支持を表明し、ソヴェトの解散を主張したのである。(9)非常事態に直面したアヤツコフの迅速な行動は、彼の権威を大いに高めることになった。

一九九三年一二月に行われた上院選挙に、サラトフ州からは知事のベルィフ、キトフ市長およびアヤツコフの三人が出馬した。この時、ベルィフとアヤツコフは同盟関係を結んでキトフ市長を追い落とそうとしていたとの見方がある。[10]選挙の結果、ベルィフ知事とアヤツコフの二人が上院議員に当選し、キトフは落選した。キトフは間もなく市長を解任され、一九九四年二月に遺体で発見された。[11]このような状況を受け、副市長のアヤツコフが新たな市長に任命される可能性が高まったが、ベルィフはアヤツコフの権威が増すことを恐れ、彼をサラトフ市長には任命しなかった。[12]

その後、ベルィフがサラトフ州における州政運営の様々な困難に直面して次第に求心力を失っていく一方で、アヤツコフはサラトフ州内における権威ある政治家としての立場を維持し続けた。一九九六年二月二一日にベルィフが知事の職を解任されると、[13]アヤツコフがその代理に任命され、行政府長官就任への第一歩を踏み出すことになったのである。

アヤツコフの任命

当時、アヤツコフは一九九六年の大統領選に向け、エリツィン支持のキャンペーンを精力的に行っていた。このキャンペーンの主要な担い手となったのが、アヤツコフが率いていた選挙ブロック「改革＝新路線」である。一九九六年三月には、「改革＝新路線」、「我らが家ロシア」、サラトフ州大統領支援社会基金の三組織が、大統領選挙でエリツィンを支持する全国組織の州調整委員会を結成することで合意している。[14]大統領選挙に向けた活発な動きが評価されたこともあり、大統領選挙を二か月後に控えた四月一五日、アヤツコフは行政府長官に任命された。[15]

アヤツコフの知事就任に伴い、彼の古巣であった州都サラトフ市は自立性を失っていった。アヤツコフは、四月二八日に予定されていた市長選挙を中止し、五月になってサラトフ市郊外のサラトフ地区行政府長官および州議会議員を務めていたユーリー・アクショーネンコ（経歴番号3）を市長に任命した。[16]さらに、一九九六年九月二五日、州議会は知事による修正が盛り込まれた地方自治法および地方自治体選挙法を可決し、アヤツコフによる市長公選制の停止は法的根拠を獲得するに至った。[17] かくして、サラトフ州においては、事実として州都が州行政府のコントロール下に入っただけでなく、フォーマルな制度上も市長任命制の存続が認められ、州都が独自の政治的役割を果たすことが困難になった。

(3)　州行政府による野党の封じ込め

共産党との攻防

知事に就任したアヤツコフは間もなく正念場を迎えた。全国的にも共産党の勢いが増す中で行われた一九九六年大統領選挙において、サラトフ州でいかにしてエリツィン票を確保するか、が彼の至上命題となったのである。しかし、サラトフ州の政治状況は予断を許さないものであった。六月一六日の大統領選挙（第一回投票）の結果、サラトフ州では共産党のジュガーノフが四一・六％の得票率を記録し、二八・四％しか獲得できなかったエリツィンに大きな差をつけたのである。七月三日に行われた決選投票では、エリツィンは第一回投票から一五ポイント以上を上乗せした四四・一％を得票したものの、一方のジュガーノフ候補が四九・九％を得票して再びエリツィンを上回り、アヤツコフは自らの役割を十分には果たすことができなかった。

大統領選挙に続いて重要な決戦の場となったのが、同年九月一日に行われた第一回州行政府長官選挙である。同選挙に向けたキャンペーンは、文字通りクレムリンの全面的な支援の下で展開された。[18] サラトフ州における選挙戦の模様を目の当たりにした観察者は、それが、モスクワ市の選挙キャンペーン――ルシコフ市長の圧倒的な優位の下で行われることが知られていた――と酷似していることを指摘し、「唯一の違いは、プラカードに、ルシコフではなく、アヤツコフと書かれていることだ」と書き残している。[19] 行政府長官選挙の結果、アヤツコフは八一・四％の票を獲得し、対抗馬であった共産党のヴァレリー・ラシュキン（経歴番号4）に大差をつけて当選した。この選挙結果については「赤い」サラトフが「白い」知事を選んだ、と形容された[20]。

同時に、この選挙は、地方の左傾化を恐れていた連邦中央が固唾をのんで見守った選挙でもあった。アヤツコフの就任式にやってきた大統領府長官のアナトーリー・チュバイスは、「我々はサラトフの選挙の行方を注視していた――我々にとっては最初のブリヌイがどのように焼けるかということが非常に重要だったのである。ロシアの伝統にもかかわらず[21]、最初のブリヌイは失敗しなかった」とアヤツコフの勝利を讃えている[22]。

アヤツコフ知事による州政運営

行政府長官に当選した後、アヤツコフは、エリツィン政権との良好な関係をアピールする狙いも込めて様々な政策を打ち出した。その中で有名なものに、連邦レヴェルに先立って土地の売買を可能にした州法「土地について」がある[23]。この法律の適法性に関しては当初疑問が出されていたものの、地方のイニシアチヴが先行する形となり、他の地方にも広がっていった。この法律の成立は先駆的な事例として全ロシア的に喧伝され、土地のオークションで得られた資金は税収外収入として給料の支払いや社会プログラムの実施などに充てるとされていた[24]。アヤツコフは土地の売買導入をめぐるパフォーマンスで自らの「先進性」を示すことにある程度まで成功した。

また、アヤツコフは行政府長官に任命された直後から、野党の勢力拡大を抑制し、州内における自らの支持基盤を強化することを目指していた。その第一歩として、一九九六年五月、各政治勢力に対し、政治対立を避ける必要性を説き、調和を呼びかける「社会調和協定」への賛同を求める声明が出された[25]。この点について、アヤツコフは、このような協定を結ぶことによって諸政治勢力と建設的かつ安定的な関係を構築することが可能になり、結果としてサラトフ州の社会経済的状況の安定化が実現する、それがひいてはロシア全体の政治・経済状況の改善に資することになると訴えた[26]。

しかし、このような手法は左派および共産党の封じ込めには不十分であり、共産党は「社会調和協定」に調印しようとはしなかった。[27] それだけでなく、左派系の政治勢力はそのような手法を採用するアヤツコフ陣営への反発を強め、同協定に対する抗議文を共産党の機関紙に掲載した。[28] このことは、アヤツコフ陣営と左派との間で激しい論争を巻き起こした。共産党はその後も年金・補助金・給料の未払いを理由にピケを実施するなどし、州行政府への対決姿勢を鮮明にした。[29]

アヤツコフの共産党嫌いは顕著であった。彼は共産党に対する嫌悪を隠そうとはせず、「サラトフ州議会には一人の共産党員も当選させない」と公然と言い放つほどだったのである。[30] 実際に一九九〇年代には共産党員が州議会議員に選出されることはなく、州議会はもっぱら執行権力の強力なコントロール下に置かれていた。[31] 共産党のアファナーシエフ議員（サラトフ州議会）は、アヤツコフ自身はイデオロギー的には（二〇一〇年当時現職のイパートフ知事よりも）左派寄りの人物であったにもかかわらず、アヤツコフ時代は、共産党にとって不遇の時期であったと回想している。[32]

（4）小括・一九九〇年代のサラトフ州

ここまで述べてきたように、当初知事となったベルィフは権力の掌握に失敗したが、その後に登場したアヤツコフは盤石な権力基盤を構築することに成功した。さらに、サラトフ州においては州都行政府や共産党地方委員会も州行政府に圧倒され、政治勢力としては周縁化されていった。共産党地方委員会はエリツィン政権支持の立場を打ち出した州行政府に対する批判を強めたが、アヤツコフによってその勢力伸長を阻まれた。その結果、州行政府の「一人勝ち」状態が実現したのである。[33]

第三節　アヤツコフ知事による政党形成の試みと一九九九年下院選挙

本節では、一九九〇年代末から二〇〇〇年代前半までの集権化の端緒期におけるサラトフ州の政治状況を明らかにするため、まず一九九九年下院選挙前後のアヤツコフ知事の政治的な動きについて触れた上で、下院選挙・大統領選挙後の「統一ロシア」支部形成の動きとそれに対するアヤツコフの反応に注目する。

（1）一九九九年下院選挙に向けた動き

アヤツコフと全国与党の形成

一九九九年選挙に向け、アヤツコフは自らを中心とした選挙ブロックの形成に向けて活発な動きを見せた。最初にアヤツコフが目指していたのは自らのイニシアチヴで「我が祖国」というブロックを新たに創設することであった(34)。この試みはサラトフ州内において着々と進み、アヤツコフ陣営は労組や「改革＝新路線」、女性団体、学生団体などのリーダーとの話し合いを重ね、支持を取り付けていた(35)。

一九九九年一月下旬、アヤツコフは、地方発の選挙ブロックを結成したことを明らかにした(36)。その際、彼は『コメルサント』紙のインタヴューにおいて、自らが創設しようとしている党は大規模な地域政党となるべきものであり、周辺の州への働きかけを行う用意があることを明かしている(37)。しかし、この頃までに、モスクワ市長のルシコフによる「祖国」ブロックや、サマーラ州知事のチトフによる「ロシアの声」など、一九九九年下院選挙に向けた選挙ブロック結成の動きは全国各地で活発化していた。アヤツコフはそうした動きの中で主導権をとることができず、結局、自分でブロックを形成することをあきらめざるを得なくなった。

下院選挙をおよそ半年後に控えた一九九九年五月、アヤツコフは自前の党を結成することをやめ、一九九九年下院選挙で巻き返しを図ろうとしていた「我らが家ロシア」に合流する方針を示した[38]。「我らが家ロシア」は一九九五年下院選挙時に政権によって作られた政権ブロックであり、当時は有力知事らを組織していたが、同選挙での失敗が原因で既に人気を失っていた。アヤツコフはその動きに逆行するようにして「我らが家ロシア」への関与を強めた。彼は「我らが家ロシア」の指導部によって構成される沿ヴォルガ連合のリーダーとなり[39]、最終的には同ブロックの比例代表名簿の上位に名前を連ねることになった[40]。

一九九九年下院選挙における選挙キャンペーンとその結果

一九九九年下院選挙に向けたキャンペーンは順調とは言いがたい状況であった。アヤツコフは各地方において繰り広げられていた選挙ブロックの合従連衡の動きに乗り遅れただけでなく、彼が最終的に拠り所とした「我らが家ロシア」の人気は低迷しており、党勢が回復する気配は見られなかった。その一方で、州内では依然として共産党の影響力が強かった。このような状況の中で、アヤツコフは選挙キャンペーンの一環として選挙民の取り込みを狙ったばらまき政策を開始した。このようなばらまき政策は既にサラトフ州においては珍しいものではなかったが、この一九九九年下院選挙では、その後にも語り継がれるキャンペーンが行われた。

まず、アヤツコフは、低品質の小麦を使って一ルーブル五〇カペイカという廉価のパンを供給する「人民のパン」キャンペーンを開始した。この「人民のパン」の供給は、知事の指令に基づき、主にパン製造工場の負担によって行われたものであった[41]。このばらまき政策は選挙キャンペーンの目玉と位置付けられ、大々的に宣伝がなされた。続いて、州行政府による安いガソリンの提供が打ち出された[42]。この低品質のガソリンは一九八〇年代以降既に生産が停止されており、新しい車に入れるのはよくないとされる代物であった。にもかかわらず、安いガソリンは年金生活者の歓心を買い、彼らは並んでこのガソリンを買い求めたと言われる。

ところが、一九九九年下院選挙の結果は思わしくなかった。州全体で四つある小選挙区のうち、第一五八、第一五九選挙区においてはそれぞれ共産党員が当選し、比例区でも共産党がトップで三〇・四%を獲得した(43)。アヤツコフが関与した「我らが家ロシア」のサラトフ州における得票率はわずか五・三%に過ぎなかった。この数字は全国平均の一・二%よりは多かったものの、「我らが家ロシア」の不人気ぶりを改めて印象付けた。一九九九年下院選挙の結果は、アヤツコフの「我らが家ロシア」との連携が完全な失敗であったことに加え、州内における彼の集票能力にも陰りが出てきたことを示すものとなった。

(2)　下院選挙後

連邦中央における政治状況も変化しつつあった。一九九九年下院選挙直前に作られた「統一」は予想以上の得票率を記録し、「統一」が将来的に政権与党になることがほぼ確定した。その結果、「祖国＝全ロシア」は二〇〇〇年大統領選挙に向けて独自の候補を擁立することをあきらめ、「統一」が支持していたプーチン大統領臨時代行の支持を決めたのである。このようにして、一九九九年下院選挙に向けて相争っていた諸政治勢力はプーチンおよび「統一」の周辺に糾合した。「統一」と「祖国＝全ロシア」を中心とした与党形成の動きは地方レヴェルにおいても始まりつつあった。

サラトフ州における「統一」と「祖国＝全ロシア」の統合プロセスは一筋縄では行かなかった。かつてはアヤツコフの右腕として活躍し、下院議員となったヴャチェスラフ・ヴォローヂン（経歴番号5）が「祖国＝全ロシア」に、そして、同じくサラトフ州選出の下院議員で要職を歴任したリュボーフィ・スリスカ議員が「統一」に与し、「統一ロシア」結成に向けた主導権争いが生じていたためである(44)。この両者の対抗関係は、最終的にはヴォローヂンの関与の下で「祖国＝全ロシア」が「統一」を吸収するという形で解決を見ることになったが、「統一」および「祖国＝全ロシア」の支部形成プロセスに下院議員が深く関与し、かつ、両者の力関係がほぼ互角であったことは、全国的にも珍しい事例として注目を集めた(45)。

新たな与党の形成に向けた動きが進んでいた頃、サラトフ州では、大統領選挙と同日の二〇〇〇年三月二六日に第二回行政府長官選挙が実施された(46)。アヤツコフは一九九九年下院選挙に至るプロセスでは十分に独自性を発揮できなかったものの、行政府長官選挙では巻き返しを図り、選挙の結果、六七％を得票して再選を果たした(47)。こうして、アヤツコフは自分自身の権力基盤は確保することには成功したが、「統一ロシア」の形成プロセスに積極的に参加しようとはせず、政党形成の動きに熱心に取り組んでいた下院議員らからも距離を置いていた。

(3) 小括・一九九〇年代末から二〇〇〇年代初頭までのサラトフ州

サラトフ州において与党の形成に向けた動きが活発化したのは、一九九九年下院選挙前後の時期であった。アヤツコフは当初こそ自前の選挙ブロックを結成しようとしたがその動きは途中で失敗し、その後の「我らが家ロシア」への関与も、彼が期待したような結果を生み出すことはなかった。一九九九年下院選挙・二〇〇〇年大統領選挙後に「祖国＝全ロシア」と「統一」ブロックの連合が試みられた際には、アヤツコフはそれらの政党形成の動きからは一貫して距離を置き、「統一ロシア」の支部創設にも主体的に関与しようとはしなかった。サラトフ州における与党形成の動きは、州行政府を巻き込む形では進展しなかったのである。

第四節　「統一ロシア」による政治空間の独占

本節では、圧倒的一党優位の成立後、すなわち、二〇〇三年下院選挙以降の時期における「統一ロシア」の展開を取り上げる。下院議員のヴォローヂンが積極的に関与する「統一ロシア」は、当初はアヤツコフ、二〇〇五年の知事任命後はイパートフ知事、その後はサラトフ市議会議長のグリーシェンコとの間にそれぞれ紛争を抱えることになった。

(1) 二〇〇三年下院選挙とその後

「蜜月時代」の終焉

二〇〇三年下院選挙に向けた動きが始まる中で、ヴォローヂンはサラトフ州における「統一ロシア」の選挙キャンペーンに全面的に参画するようになった。そこで彼が問題視したのは、地元エリートの「統一ロシア」へのコミットメントが十分ではないという点であった。二〇〇三年一月、ヴォローヂンは、「統一ロシア」の党会議を欠席した州議会副議長のウラジーミル・チュリコフを「自らの選挙区における支持率の高さを鼻にかけている」として厳しく批判した(48)。その上で、「議員個人の支持率と党の支持率は間もなく逆転し、議員たちは党会議に出席するために列をなすようになるだろう」と述べている。

それまでは独自路線を採用していたアヤツコフではあったが、いざ下院選挙に向けたキャンペーンが始まり、ヴォローヂンの関与が強まるようになると、自らも「統一ロシア」のキャンペーンに関与し始めた。アヤツコフはヴォローヂンとともに出席した「統一ロシア」の党会議において、州議会議員や役人らに対し、開口一番、「二〇〇三年の目標はただひとつ、下院選挙において『統一ロシア』が三分の二以上の議席を獲得することだ」と述べ、ただちに候補者を選定するように促した(49)。

このように、州内の有力者が熱心に参加して行われた「統一ロシア」の選挙キャンペーンは一定の効果をあげた。

二〇〇三年下院選挙の結果は同党がサラトフ州においても次第にその支持基盤を拡張しつつあることを示すものとなった。[50] 比例区では、共産党の得票率こそ全国平均より多い一六・八％となったものの、「統一ロシア」の得票率も全国平均を上回る四四・三％であった。それに加え、第一五八小選挙区では、「統一ロシア」に擁立されたウラジスラフ・トレチャークが共産党州委員会書記のラシュキンを破って当選した。

ところが、アヤツコフとヴォローヂンの蜜月時代は長続きしなかった。下院選挙が終わると間もなく、ヴォローヂンを支持する旧「祖国＝全ロシア」勢力とアヤツコフを支持する勢力との間の競争が再燃した。[51] 二〇〇四年三月一四日の州議会補欠選挙にはヴォローヂンに近い候補とアヤツコフに近い候補がぶつかり、結果としてアヤツコフ寄りの候補が勝利するという事態が生じた。ヴォローヂン陣営はこのことに激しく反発し、アヤツコフに対する態度を硬化させたのである。さらに両陣営は、「統一ロシア」から副知事とサラトフ州支部の創設者の一人が除名された件をめぐっても鋭く対立した。

一連の衝突を受けたアヤツコフとヴォローヂンの関係は修復しがたいものとなり、ヴォローヂンの影響下にある「統一ロシア」党員らはアヤツコフ陣営に対する敵意をむき出しにするようになった。下院選挙・大統領選挙が終わって間もない二〇〇四年四月に行われた「統一ロシア」サラトフ州支部の会議においては、アヤツコフの支持者複数名が政治評議会のメンバーから外された。[52] この時期は、第三回行政府長官選挙が政治日程に上り始める頃であり、選挙に向けた動きが活発化しつつあった。そのような中で「統一ロシア」サラトフ州支部の政治評議会から自らの支持者が外されたことは、アヤツコフにとっては痛手となった。彼が三選を望んだ場合、新しい政治評議会がアヤツコフの支持を拒否する可能性が出てきたのである。

アヤツコフとヴォローヂンのにらみ合い

第三回行政府長官選挙をにらむ形で、知事の周辺では不穏なできごとが相次いだ。二〇〇四年五月一三日、州行政府に捜査が入り、ほどなくしてアヤツコフがコンバイン購入をめぐる権限濫用の疑いで取り調べの対象になっていることが明らかになった。[53] 彼は徹底抗戦する構えを見せ、[54] モスクワに出向いて交渉した結果、告発は撤回されることになった。[55] しかし、アヤツコフは無傷ではなかった。サラトフ市においては、アヤツコフに対する告発の撤回に抗議するハンガーストライキを行う人物が現れ、[56] それに続いてより規模の大きな集会も行われた。[57] 一連の事件はアヤツコフの権力基盤の弱体化を招いた。

ヴォローヂンはアヤツコフに対する攻撃の手を緩めようとはしなかった。二〇〇四年九月には「統一ロシア」の一部の議員が審議をボイコットし、州行政府人事についての議論がストップした。[58] その理由として挙げられたのが、アヤツコフが州政府の人事について「統一ロシア」との相談を十分に行わなかったことであった。それと並行して、ヴォローヂンは自らに近い政治勢力の結集に努めた。二〇〇四年一〇月二日には、既存の「統一ロシア」会派とは別に、ヴォローヂンを支持する一〇名の議員のみによる議員グループが新たに結成され、『統一ロシア』の立場の強化について」という決定が採択された。[59] この決定では、「統一ロシア」の党員が議会内において遵守すべき事項が明文化されるなど、党の規律を強化する方向性が目指されていた。その上で、ヴォローヂンの周辺に結集した議員らは、次の行政府長官選挙において、アヤツコフではなくヴォローヂンを支持する意向を明確にした。[60]

このような状況を受け、アヤツコフはしばらくのあいだ反撃を試みた。二〇〇四年一〇月には、アヤツコフの側もヴォローヂンの動きに対抗し、州議会副議長のチュリコフを中心とした「我々は祖国と公正のために」という名前のグループを結成した。[61] このグループはヴォローヂン側の強引な手法に反発した議員の取り込みにも成功し、[62] 一一月には「統一ロシア」から五名の議員が離脱表明をしている。[63] しかし、アヤツコフの旗色は悪かった。彼は妥協の道を探るようになり、最終的には「統一ロシア」に協力を呼びかけた。[64] この呼びかけに対し、「統一ロシア」は、行政府長官選挙では別の候補者を支持する予定であるとしながらも、それまでの間はアヤツコフと連携していくことを約束した。

（2）知事の任命制導入

アヤツコフの退場と新知事の任命

サラトフ州は、行政府長官の任命が最も早い時期に行われた地方のひとつである。二〇〇五年一月上旬の時点で、沿ヴォルガ連邦管区大統領全権代表のセルゲイ・キリエンコ[65]がサラトフ州知事候補者の名簿にアヤツコフとヴォローヂンの名を入れたとの報道があった[66]。しかし、その後の候補者選びは難航し、二月二四日になってようやく、キリエンコが、クレムリンに送る候補者名簿にバラコヴォ原子力発電所のパーヴェル・イパートフ（経歴番号6）[67]と「統一ロシア」サラトフ州支部政治評議会書記のユーリー・ゼレンスキーの二人の名を載せたことを明らかにした[68]。アヤツコフはロシアで初めて、実質的任命制の下で「クレムリンに選ばれなかった」知事となり、知事に代わる職としてベラルーシ大使のポストを与えられた[69]。

二〇〇五年二月二五日、イパートフが次期行政府長官として推薦され[70]、三月三日、サラトフ州議会は全会一致でその人事を承認した[71]。新たな知事となることが決まったイパートフは、アヤツコフ時代の政策、特に官僚組織の非効率性を指摘し、これまでのサラトフ州の官僚組織が過度に政治化されていたことを批判した[72]。このようなイパートフの姿勢は新たな時代の到来を感じさせるものであり、ヴォローヂンも新知事を歓迎した。行政府長官の就任式の際、ヴォローヂンは、イパートフは任命された時点で既に「統一ロシア」に入党していた最初の知事であると賞賛し、道路の修理のための資金を連邦予算から支出する手助けをすることを約束した[73]。

もっとも、ヴォローヂンとイパートフの良好な関係もそれほど長続きしなかった。二〇〇七年に入り、「統一ロシア」州支部の政治評議会の会議において、「統一ロシア」のプログラムの実施に際しての州行政府の役割が問題となった際、イパートフは「党を踏みつけにしようとしている」として糾弾された。(74) その後も知事に対する攻撃は続いた。「統一ロシア」の下院議員らはイパートフ周辺の汚職事件などを挙げ、彼による人事の中立性に疑義を呈し、沿ヴォルガ連邦管区大統領全権代表に調査を要請した。(75) イパートフは次第に不利な状況へと追い込まれていった。

その中でひとつの試金石となったのが、二〇〇七年選挙に向けた「統一ロシア」の比例代表名簿の作成であった。「統一ロシア」の比例代表名簿には知事を含む有力者の名前が連ねられるのが通例であり、その人物の州内における立ち位置が反映される傾向にある。サラトフ州の比例代表名簿はヴォローヂンのイパートフに対する優勢を示すものであった。イパートフの名前は「統一ロシア」の候補者名簿には入っておらず、(76) 名簿のトップにはヴォローヂンの名前が載っていたのである。(77) さらに、それ以外の候補者もほとんどがヴォローヂンに近い人々だったことが判明した。(78)

新たな内紛

イパートフとヴォローヂンの不和に加え、二〇〇七年頃からより深刻な問題として浮上したのが、ヴォローヂンとサラトフ市議会議長オレグ・グリーシェンコ（経歴番号7）の確執であった。「統一ロシア」会派のヴォローヂンに近い議員らは、グリーシェンコ寄りの議員らを非難して市議会の審議をボイコットした。(79) 批判の具体的な内容は、グリーシェンコらが野党との取引に応じ、党のイニシアチヴに反する行動をしているというものであった。さらに、同年六月には「統一ロシア」州支部がヴォローヂンに対して批判的な態度をとっているとの理由で、グリーシェンコの除名が検討されていることが明らかになった。(80)

グリーシェンコはこれに対して反撃に出た。彼は「統一ロシア」中央のボリス・グルィズロフ党議長（当時）に宛てた手紙において「統一ロシア」サラトフ州支部の指導部が公然と地方自治体に介入していることを批判し、ヴォローヂンの取り巻きの行動を収拾するように求めた。[81] すると、この動きに対抗するかのように、七月五日、サラトフ市議会における「統一ロシア」の議員一二名が、グリーシェンコは金融産業グループの利益のみを代表しているとしてその辞任を要求した。[82] ヴォローヂンとグリーシェンコの争いは泥沼化の様相を呈していた。

その結果、サラトフ州においては、ヴォローヂン下院議員、イパートフ知事、そしてグリーシェンコ市議会議長をそれぞれの核とした三集団が「統一ロシア」の傘の下で対抗しあう構図が現れることになった。そのうち、イパートフ知事は比較的弱小であり、特に熾烈な争いが繰り広げられたのはヴォローヂンとグリーシェンコの間においてであった。この構図はその後も維持されており、筆者が調査を行った二〇一〇年一〇月の時点では、二〇一一年三月の地方選挙に向けた水面下の争いが激化しつつあった。[83]

(3) 二〇〇七年下院選挙とその後の展開

ヴォローヂンによる選挙民動員――二〇〇七年下院選挙

サラトフ州は、このような状況の中で二〇〇七年下院選挙を迎えることになった。既に触れたように、州レヴェルにおいては州内の諸政治勢力とヴォローヂンとの間で熾烈な権力抗争が繰り広げられていたが、選挙に向けたキャンペーン運動の中でヴォローヂンが果たした役割は依然として大きく、そのイニシアチヴの下で、「統一ロシア」陣営も一定の凝集性を維持していた。

まず、ヴォローヂンを中心とした選挙キャンペーンにおいては、ばらまき政策に基づいた選挙民動員が重要な役割を果たしていたことを指摘しておく必要がある。これはヴォローヂンの直接的なイニシアチヴに基づいて行われるようになったものであり、サラトフ州が「統一ロシア」における「パイロット・リージョン」と位置づけられる所以でもある。[84] その一環で、生活のあらゆる面に密着した様々なプロジェクトが恒常的に実施されるようになった。[85] この点をよく示すものとして、「統一ロシア」州支部の建物に掲げられた巨大なポスターにあるヴォローヂンの言葉が印象的である。(86)

人々の問題を解決することが我々にとっての優先課題である。だからこそ、教育、医療の向上、住居の建設、道路の改修のためのプロジェクトを実施しなければならない。我々は既にかなり多くのことを実施してきた。しかし、既に達成されたことに満足してはならない。なぜなら、さらに多くの問題が解決を必要としているからだ。

二〇〇七年下院選に向けたキャンペーンも例外ではなかった。二〇〇七年八月には党プロジェクト「統一ロシアの新しい道路」の一環でサラトフ州が連邦予算から六億七一六〇万ルーブルを受け取る予定であることが報道されるなど、インフラ整備のための資金調達が「統一ロシア」の選挙キャンペーンの目玉とされた。(87)

こうしたばらまき政策に加え、ヴォローヂンは反対派を容赦なく押さえ込むことによって与党側の勝利を確実にしようとした。二〇〇七年下院選挙前には、ヴォローヂンに対する名誉棄損(88)やプーチン大統領のコラージュ掲載(89)などに関する度重なる訴訟が紙面をにぎわせた。サラトフ州においては、「統一ロシア」にヴォローヂンが直接的に関与し、かつ、名誉棄損を理由にした訴訟や書類の不備などによる立候補の取り消しが次々と行われるようになったのである。

サラトフ州の政治状況は切迫したものとなった。二〇〇七年九月二六日には、サラトフのジャーナリストたちがプーチンに宛て、サラトフ州における言論の自由の侵害に何らかの措置をとることを求める公開状を送った。(90)この公開状において、ジャーナリストらは、「統一ロシア」および下院副議長ヴォローヂンに対するあらゆる批判が封じられているとし、「批判を窒息させるための国家懲罰システム」が作られつつあると訴えている。

しかし、こうした反発の声はサラトフ州の状況を変化させるには至らず、ヴォローヂンによる強力なキャンペーンは選挙戦の最終盤まで続いた。二〇〇七年下院選挙の結果、「統一ロシア」は、サラトフ州において六四・八％の得票率を記録した。これは、民族地域をも含めた全国平均並みの数字であり、ロシア人州としては健闘した部類に入るものであった。「統一ロシア」を通じた強力な選挙民動員や反対派の抑圧は、反発の声を呼び起こすものではあったが、同時に、「統一ロシア」の得票率確保に一役買い、同陣営の瓦解を食い止めたという面もある。

ルイセンコ・エンゲルス市長をめぐる顚末――「新規参入者」の封じ込め

二〇〇七年下院選挙以後も、サラトフ州における「統一ロシア」の独占状況に根本的な変化は生じなかった。そのような中で、世間の耳目を集めるスキャンダルが生じた。それは、安定的な市政運営を行っていることで知られていたエンゲルス市のミハイル・ルイセンコ市長をめぐるものであった(91)。

ルイセンコは、二〇〇四年には知事の座を目指したこともあり、「統一ロシア」の内部でも政治家としての評判を高めていた。二〇一一年三月の統一地方選挙に向けた動きが始まりつつあった二〇一〇年一一月、ルイセンコと彼の右腕であるタチアーナ・ペトロフスカヤは「統一ロシア」で行われた予備選挙(92)に参加し、それぞれ、九六％、九一％の票を獲得した(93)。彼らはサラトフ州の政治を担う次なる政治リーダーと目されるようになっていたのである。

ところが、同年一一月二九日、ルイセンコがかつて犯罪組織に関わっており、一二年前に殺人を委託したとして突然逮捕されるという「事件」が起こった(94)。この突然の逮捕は、一般市民にも、そしてジャーナリストにも驚きをもって受け止められた。二〇一一年一月二一日、ルイセンコは投開票日の三月一三日を過ぎて一六日まで拘留されることが決まり、選挙への参加が絶望的になった(95)。そして、彼に代わって市長臨時代行に就任したペトロフスカヤも市議会によって辞職に追い込まれた(96)。

一連の顚末については様々な見方がありうるが、その背景に何らかの政治的な意図が働いていたことは否定できない。ルイセンコが州内での評判を高めつつあったことを考えると、将来を担いうる有望なリーダーの台頭が既存のエリートによって警戒されたために生じたものとの解釈も可能になる。また、一連のできごとは、地方選挙の前には政治的コントロールが強化され、市長がその標的となるケースがあること、そして、とりわけ地方自治体レヴェルにおいては「統一ロシア」が党組織を通じて自らの権威を示しやすいことを物語る例として全国的にも注目された[97]。

なお、サラトフ州における「統一ロシア」の集票力はエンゲルス市でのルイセンコ市長の逮捕という深刻なスキャンダルを経てもなお陰りを見せることがなかった。二〇一一年三月の統一地方選挙は、「統一ロシア」がサラトフ市議会において四一議席中三七議席を獲得した[98]ことからも明らかになるように、「統一ロシア」の圧倒的な勝利に終わったのである。

同年一二月の下院選挙もまた同様の結果を示し、「統一ロシア」は、二〇〇七年下院選挙時の得票率よりも高い六四・九％という数字を獲得した。二〇一一年下院選挙の際には多くの地方において「統一ロシア」の得票率が大幅に低下し、その数字は全国平均で四九・三％に過ぎなかったことを踏まえれば、サラトフ州での「統一ロシア」の得票率が突出していたことが明らかになる。このことは、サラトフ州における選挙民動員の強烈さを雄弁に物語っている。

（4）小括・二〇〇〇年代中盤以降のサラトフ州

二〇〇〇年代中盤以降のサラトフ州においては、アヤツコフ知事とヴォローヂンの対立など、様々な紆余曲折を経ながらも、ヴォローヂンを中心とした「統一ロシア」勢力が独占的な状況を作り出すことに成功した。ところが、こうした「統一ロシア」の独占状況はかえって内紛を引き起こす原因にもなり、サラトフ市長のグリーシェンコが台頭してエリート内部に亀裂が走る局面も生じた。もっとも、一連の動きは半ば強制的な手段をもって収拾され、最終的にはエリートの凝集性が維持されたという点は注目に値する。そのことは、サラトフ州の政治状況に一石を投じうる存在となったエンゲルス市のルイセンコ市長の排除にも見て取ることが可能である。

第五節　サラトフ州におけるエリート配置と政党形成

本章では州行政府が他の勢力を圧倒する構図が一九九〇年代に成立していたサラトフ州を取り上げ、こうしたエリート配置が集権化の進展する中でいかなる変化を遂げたのか、という点を中心に分析を行ってきた。

一九九〇年代の分権状況下において、サラトフ州では、地方レヴェルのエリート集団が連邦レヴェルの政党政治に連動する様子は見られなかった。州行政府は他の勢力に対して優位に立っており、選挙の際にも動員力を発揮していた。これは、知事が十分な動員力を有している地方においては連邦レヴェルの政党が浸透しにくいことを示唆している。

このような傾向は、一九九〇年代末から中央集権化の兆しが見られるようになって以降も大きくは変化しなかった。アヤツコフ知事は一時は全国政治への参入を目指したものの、それがうまくいかないことが明らかになると、全国与党との関係構築には消極的になった。サラトフ州における「統一ロシア」の創設に際しては、州行政府ではなく、下院議員が主導的な役割を果たしたのである。

この状況が大きく変化したのは、二〇〇〇年代中盤以降の政治的中央集権化のプロセスにおいてであった。サラトフ州では与党「統一ロシア」の浸透がスムーズに進み、動員力の高さで知られた民族共和国にも匹敵する集票力を示すようになった。このプロセスにおいては、元来地元の政治家であったヴォローヂンが連邦レヴェルでも大きな力を持つようになったという半ば偶然的な要素が大きな役割を果たしたことも無視できないが、より構造的な要因として、強い州行政府の下で対抗勢力が周縁化されており、エリートの凝集性が比較的高かったという点も重要である。

以上明らかにしてきたように、サラトフ州においては、アヤツコフ知事の下で州行政府が他の勢力を圧倒する構図が現れ、自前の動員力を有する州行政府が連邦中央に対して自立的な立場を取っていた。このような状況を背景とし、当初は連邦与党の浸透もスムーズではなかったが、集権化が進むにつれ、動員力が強い州行政府が連邦与党に連動するようになるという経過が観察された。

注

（1）エンゲルス市は、そのもとの名をポクロフスク市（ドイツ名：コザッケンシュタット）といい、一九三一年にフリードリヒ・エンゲルスの名にちなみ、エンゲルスへとその名を変えた。

（2）Регионы России: краткий статистический справочник / Сост. Г. Б. Ерусалимский. СПб.: Изд-во С-Петербур. ун-та. 2008.

（3）以下の記述は、主に Города России: Энциклопедия / Под ред. Г.М. Лаппо. М.: Научное издательство Большая Российская Энциклопедия. 1994 に依拠した。

（4）リージョン内総生産およびその内訳等については Регионы России. Официальное издание. 2011 を参照した。

（5）この点は、隣り合うヴォルゴグラード州とは対照的であった（Moses, "Saratov and Volgograd"）。ヴォルゴグラード州はサラトフ州と同様に比較的農業セクターが強い地方であるが、ペレストロイカ期における政治の変革は比較的早い時期に進んだ。

（6）Сергей Рыженков. Саратовская область（1986–1996）: Политика и политики. Материалы к политической истории региона. Регионы России. Хроника и руководители. Том 2. Саппоро, 1997. С. 120–125, Gel'man, Ryzhenkov and Brie, *Making and Breaking Democratic Institutions*, 84-86.

（7）А. Магомедов. Политические элиты российской провинции // Мировая экономика и международные отношения. № 4, 1994.

С. 72–79.

（8）Саратовские вести, 29 апреля 1993 г.

（9）Саратовские вести, 6 октября 1993 г.

（10）Gel'man, Ryzhenkov and Brie, *Making and Breaking Democratic Institutions*, 88.

（11）キトフの死の真相については様々な憶測があり、汚職疑惑なども取り沙汰されていたが、公式には「自殺」であるとされた（Рыженков. Саратовская область. С. 162–165）。

（12）Gel'man, Ryzhenkov and Brie, *Making and Breaking Democratic Institutions*, 88.

（13）表向きの理由としては予算および給与として支払われるべきであった資金の不正使用が挙げられた（Указ Президента РФ от 21 февраля 1996 г. № 219 «О Белых Ю.В.» // СЗ РФ. № 10, 1996. Ст. 900）。もっとも、地元の研究者の間でもベルィフ解任の理由についての合意はない（Рыженков. Саратовская область. С. 208–209）。

（14）Саратовские вести, 15 марта 1996 г.

（15）Саратовские вести, 16 апреля 1996 г.

（16）Саратовские вести, 15 мая 1996 г.

（17）Сергей Рыженков. Саратов : бунт на коленях // Реформа местной власти в городах России.

（18）サラトフにはエリツィンが再選された大統領選挙の際にキャンペーンに加わったＰＲコンサルティング会社の「ニッコロ・エム」というエージェントが送り込まれた（Коммерсантъ, 10 сентября 1996 г.）。もっとも、その評判はあまりよくなかったとされる。

（19）Коммерсантъ, 22 августа 1996 г.

（20）Коммерсантъ, 3 сентября 1996 г., Саратовские вести, 3 сентября 1996 г.

（21）ブリヌイとは、ロシアのパンケーキのことである。最初の失敗は仕方がないという意味で、「最初のブリヌイは（失敗して）塊になる」という有名な諺がある。

（22）Коммерсантъ, 10 сентября 1996 г.

（23）Коммерсантъ, 4 ноября 1997 г.

（24）もっとも、土地には限りがあることから、こうした政策が限界を迎えるのは時間の問題であった（Коммерсантъ, 23 апреля 1998 г.）。

（25）Саратовские вести, 12 мая 1996 г.

（26）А. А. Воротников, В. А. Денис. Первый год из жизни саратовского губернатора Дмитрия Федоровича Аяцкова. Саратов: Издательский центр Саратовской государственной экономической академии: Издательская фирма "КАДР", 1997. С. 26.

（27）Саратовские вести, 5 февраля 1997 г.

（28）Саратовские вести, 7 августа 1996 г.

（29）Саратовские вести, 7 февраля 1997 г.

（30）Коммерсантъ, 10 сентября 2002 г. 最初に共産党員が州議会議員に当選したのは二〇〇二年一一月に行われた補欠選挙においてであった（Коммерсантъ, 3 декабря 2002 г.）。

（31）トゥロフスキーの類型においても、サラトフ州議会は執行権力のコントロールが強い事例として挙げられている（Р. Ф. Туровский. Электоральная база «партии власти» в регионах（анализ всероссийских выборов 1995-96 гг.）// Политические процессы в регионах России. М.: Центр политических технологий, 1998. С. 264-296）。

（32）筆者によるセルゲイ・アファナーシエフ議員からの聞き取り（二〇一〇年一〇月一三日、サラトフ市）。

（33）ゲリマンらの著作において、サラトフ州の事例は「勝者総取り（winner takes all）」と形容されている（Gel'man, Ryzhenkov and Brie, *Making and Breaking Democratic Institutions*）。

（34）Саратовские вести, 20 ноября 1998 г., Коммерсантъ, 21 ноября 1998 г.

（35）Саратовские вести, 24 ноября 1998 г.

（36）Саратовские вести, 5 февраля 1999 г.

（37）Коммерсантъ, 30 апреля 1999 г.
（38）Саратовские вести, 14 мая 1999 г.
（39）Саратовские вести, 28 мая 1999 г.
（40）Независимая газета, 18 февраля 1999 г.
（41）そのため、「人民のパン」製造によって生じた赤字分の補塡が州行政府によってなされなかった場合、その他のパンが値上がりするのではないか、との懸念もあった（Коммерсантъ, 13 августа 1999 г., Саратовские вести, 10 августа 1999 г.）。
（42）Коммерсантъ, 8 сентября 1999 г.
（43）Саратовские вести, 21 декабря 1999 г.
（44）Саратовские губернские ведомости, 19 апреля 2001 г.
（45）Саратовские вести, 17 июля 2001 г.
（46）この選挙については、行政府長官選挙が大統領選挙と同日に行われるよう、本来の任期満了の時期を待たずに選挙日程が設定された。これは知事が再選を確実にするためにしばしば用いた手段のひとつであった。知事が採用しうる諸々の手段について明らかにした論文（博士候補論文）として、Анатолий Викторович Бодров. Стратегии губернаторского корпуса в региональных избирательных кампаниях（на материале областей Поволжья. Диссертация на соискание ученой степени кандидата политических наук. «Поволжская академия государственной службы имени П. А. Столыпина» Саратов, 2007 を参照。
（47）Коммерсантъ, 28 марта 2000 г.
（48）Коммерсантъ, 10 января 2003 г.
（49）Коммерсантъ, 10 января 2003 г.
（50）Коммерсантъ, 12 января 2004 г.
（51）Коммерсантъ, 8 апреля 2004 г.
（52）Коммерсантъ, 12 апреля 2004 г.

(53) Коммерсантъ, 15 мая 2004 г.

(54) Коммерсантъ,, 17 мая 2004 г.

(55) なお、告発が突然撤回されたのは、アヤツコフが行政府長官選挙に出馬しないことを条件に取引を行ったからではないかとの見方がある（Коммерсантъ, 21 мая 2004 г.）。

(56) Коммерсантъ（Волгоград）, 26 мая 2004 г.

(57) Коммерсантъ, 7 июня 2004 г.

(58) Коммерсантъ, 23 сентября 2004 г.

(59) Саратовские вести, 9 октября 2004 г.

(60) Коммерсантъ, 4 октября 2004 г.

(61) チュリコフ副議長は先に引用した二〇〇三年一月八日の党会議においてヴォロージンに直接批判されていた人物である（159頁を参照）。

(62) Коммерсантъ（Волгоград）, 7 октября 2004 г.

(63) その後アヤツコフが「統一ロシア」側に歩み寄ったため、最終的に除名されたのは二名にとどまった（Коммерсантъ, 18 ноября 2004 г., Саратовские вести, 18 ноября 2004 г.）。

(64) Коммерсантъ（Волгоград）, 1 декабря 2004 г.

(65) セルゲイ・キリエンコは一九九八年に三五歳の若さでロシア政府首相を経験し、下院議員を経て二〇〇〇年に沿ヴォルガ連邦管区全権代表に任命された。「右派勢力同盟」の中心メンバーでもあり、リベラルな政治家として知られている。

(66) Коммерсантъ, 11 января 2005 г.

(67) なお、イパートフの名が挙がる直前の一一月四日、バラコヴォ原子力発電所の二号機で事故が起きたとの噂が広まり、ヨードを飲んで救急車で運ばれる人も出る騒ぎが起こった（Коммерсантъ, 6 ноября 2004 г.）。このデマの出所は明らかにはなっていないが、アヤツコフがイパートフの就任を阻止しようとして流したのではないかとの憶測もある。

（68）Коммерсантъ, 25 февраля 2005 г.

（69）Коммерсантъ, 12 марта 2005 г. ところが、その後、アヤツコフ自身の問題発言によりベラルーシへの赴任がかなわなくなるなど、その展開は波乱に富むものとなった。

（70）Саратовские вести, 1 марта 2005 г.

（71）Коммерсантъ, 4 марта 2005 г.

（72）Коммерсантъ, 4 марта 2005 г.

（73）Коммерсантъ, 6 апреля 2005 г., Саратовские вести, 6 апреля 2005 г.

（74）Коммерсантъ（Волгоград）, 6 марта 2007 г.

（75）Коммерсантъ, 26 апреля 2007 г.

（76）Коммерсантъ（Волгоград）, 29 мая 2007 г.

（77）Коммерсантъ, 3 июля 2007 г.

（78）Коммерсантъ（Волгоград）, 27 июля 2007 г.

（79）Коммерсантъ（Волгоград）, 5 мая 2007 г.

（80）Коммерсантъ（Волгоград）, 2 июня 2007 г.

（81）Коммерсантъ（Волгоград）, 22 июня 2007 г.

（82）Коммерсантъ（Волгоград）, 6 июля 2007 г.

（83）サラトフ州ヤブロコ支部のドミトリー・コンヌィチェフ氏からの聞き取り（二〇一〇年一〇月四日、サラトフ市）。なお、サラトフ市議会議長のグリーシェンコは、二〇一一年の選挙後、新たに構成されたサラトフ市議会において再選された。その際にそれまで議長を務めてきた四年間を振り返り、その間の権力闘争の熾烈さに言及している（Коммерсантъ（Саратов）, 26 апреля 2011 г.）。

（84）筆者による「統一ロシア」サラトフ州支部職員からの聞き取り（二〇一〇年一〇月一八日、サラトフ市）。

（85）もっとも、多くの「党プログラム」は連邦・州予算によるインフラ整備や社会政策などに便乗する形で行われており、党からの支出はきわめて限定的、もしくはほとんど行われていないという点には留意が必要である。

（86）二〇一〇年一〇月、筆者がサラトフ州支部を訪れた際の情報である。

（87）Саратовская областная газета, 16 августа 2007 г.

（88）Коммерсантъ, 11 августа 2007 г.

（89）Коммерсантъ, 4 сентября 2007 г.

（90）Коммерсантъ, 27 сентября 2007 г.

（91）筆者が二〇一〇年一〇月にサラトフに滞在した際にも、エンゲルス市の評判は非常によく、サラトフ市はエンゲルス市を見習うべきだとの意見をしばしば耳にした。

（92）「統一ロシア」の党内における候補者選定選挙はロシア語でアメリカの政治用語をまねてプライマリーズ（праймериз）と呼ばれるものである。予備選挙が最初に行われたのは二〇〇七年のことであった。この候補者選定手続きは二〇〇九年一一月に行われた第一一回党大会において党憲章に加えられた。

（93）Коммерсантъ（Саратов）, 19 января 2011 г.

（94）Коммерсантъ（Саратов）, 4 декабря 2010 г.

（95）Коммерсантъ（Саратов）, 22 января 2011 г.

（96）Коммерсантъ, 16 февраля 2011 г.

（97）Коммерсантъ, 16 февраля 2011 г.

（98）Коммерсантъ（Саратов）, 15 марта 2011 г.

第四章　ウリヤノフスク州

本章ではウリヤノフスク州を取り上げる。ウリヤノフスク州は一九九〇年代には「赤い地方」として知られ、州行政府と共産党地方委員会とが比較的近い立場をとって並び立つ構図が現れた。本章のひとつの焦点となるのは、体制転換直後の時期においては「赤い地方」として知られ、その首長が連邦中央に対して敵対的な立場をとっていた地方が、その後の政治プロセスの中でどのように変容していったのかという点である。

第一節　ウリヤノフスク州の概要

(1)　地理的位置および人口

ウリヤノフスク州は、東側はサマーラ州、南側はサラトフ州、西側はペンザ州、モルドヴィヤ共和国、北側はチュヴァシ共和国およびタタルスタン共和国とそれぞれ境を接している。ウリヤノフスク州の主要都市は州都ウリヤノフスク市、そして第二の都市ディミトロフグラード市である。二〇〇七年時点の人口は州全体で一三〇万人（うち、州都ウリヤノフスク市は人口六一万一七〇〇人、ディミトロフグラード市は人口一二万七〇〇〇人）である。(1)

(2) 前史(2)

ウリヤノフスクの基礎が築かれたのは一六四八年のことであった。この町は当初シムビルスクと呼ばれていた。シムビルスクは一六七〇年にステパン・ラージン、そして一七七三年から七四年にかけてはプガチョフの支配下に入っている。シムビルスクは一七〇八年にカザン県、一七一七年にアストラハン県、一七二八年に再びカザン県に入り、一七八〇年にはシムビルスク管区の中心都市となった。一九世紀には商工業が発展し始めると同時に教会が発展し、二九の正教会、二つの修道院が活動していた。そしてこの頃にギムナジウムも開かれている。

この街の運命はある種の偶然的な要因によって大きく変わることとなった。シムビルスクに生を受けたウラジーミル・ウリヤノフ（レーニン）が革命の父となり、ソ連邦の生みの親となったのである。シムビルスクはレーニンの本名であるウリヤノフにちなんで一九二四年にウリヤノフスクへと改称された(3)。ウリヤノフスクは、ソ連において、レーニンの故郷として重要な位置を占めるようになった。

大祖国戦争時の工場疎開は、ウリヤノフスクの重要性をさらに高めた。それまでは大規模工業が発展していなかった同地に自動車工場などが移転し、戦後のウリヤノフスク州における工業発展の基礎となった。また、ウリヤノフスク市はレーニン生誕一〇〇周年記念を前に、一九六〇年代後半から精力的に整備が進められた。

このように、ウリヤノフスクはレーニンと分かちがたく結びついている。ウリヤノフ一家はたびたび引っ越しを繰り返したため、レーニンが住んだ家が何軒もあり、それらが全て一般に公開され、「博物館群」をなしている。なお、ウリヤノフスクに関連の深い人物としては、レーニン以外に、作家のイワン・ゴンチャロフや作家で歴史家のニコライ・カラムジンらの名を挙げることができる。

表14　ウリヤノフスク州における人口一人当たりリージョン内総生産

（単位：1995年は1000ルーブル，それ以降はルーブル）

	1995年	2000年	2005年	2008年
ウリヤノフスク州	6,705.5	21,411.5	59,989.2	115,493.0
対全国平均比（全国＝100）	76.6	54.2	47.6	47.8

出典）Регионы России: официальное издание. 2010.

（3）社会経済状況

ウリヤノフスク州は工業州として知られる。二〇〇九年のリージョン内総生産は一五二六億二七四〇万ルーブルであり、四州の中では経済規模が最も小さい(4)。リージョン内総生産のうち、農林業は全体の七・五％を占めている。これは全国的な水準よりは高いものの、沿ヴォルガ地域の中では少ない部類に入る。農業の中心は酪農・畜産業である。

製造業はリージョン内総生産全体の一七・八％を占めている。製造業の総生産額のうち、自動車・航空などの輸送機製造が三五・五％を占める。自動車産業では、大祖国戦争時にモスクワから疎開してきたジル（リハチョフ自動車工場）を基に発展した「ウリヤノフスク自動車工場」、「アフトデターリ＝サーヴィス」、「ヴォルガモーター」などが有名である。また、航空機産業も盛んであり、「アヴィアスタルSP」社は、世界最大級の大型輸送機として有名な「ルスラン」を製造している。

ウリヤノフスク州における人口一人当たりリージョン内総生産は表14のように推移しており、近年では全国平均の半分を下回る水準となっている。

（4）こんにちのウリヤノフスク

――レーニンの遺産、工業化・市場経済化の遅れ

ウリヤノフスクは、ヴォルガ沿岸の他の大都市にはない「牧歌的」な雰囲気を残す場所で

ある。そのひとつには、レーニンの故郷として整備されてきたことも手伝い、昔ながらの古い建物がよく保存されているという点を挙げることができる。目抜き通りのゴンチャロフ通りを少し入れば、木造の家々が立ち並ぶ区画があり、まるでタイムスリップをしたような感覚にとらわれる。

また、ウリヤノフスクは、他の地方に比して一九九〇年代における市場経済への移行のスピードが遅かったという特徴がある。ウリヤノフスクの政治学者マゴメドフ氏は、当時を回想して、ソ連解体後には各都市においてマルシュルートカ（乗り合いタクシー）が現れたが、ウリヤノフスクではマルシュルートカもなく、街灯もなく、夜は真っ暗であった、と語っている(5)。

もっとも、近年のウリヤノフスク市は経済が成長しつつある都市としても知られるようになっており、ようやく経済発展の季節が巡ってきたと言える。こんにちのウリヤノフスク市は、街の中心部に大きな近代的ショッピングセンターも建ち、人でにぎわっている。

第二節　ガリャーチェフ知事の州政運営――「軟着陸」路線

本節では、一九九〇年代のウリヤノフスク州における政治の動向を明らかにするため、体制転換のプロセスを振り返り、体制転換期から一貫してウリヤノフスク州の指導者として君臨し続けたガリャーチェフによる州政運営と、その間に形成されたエリート配置について論じる。

（1）　ウリヤノフスク州における体制転換

ウリヤノフスク州は、ペレストロイカの波がソ連全体に行き渡りつつあった一九九〇年に至ってもなお、政治的にはほぼ無風状態であった。旧体制エリートは選挙の「洗礼」を首尾よく乗り切り、そのまま新たなソヴェトを中心とした体制に適応した。一九九〇年三月に行われた地方ソヴェト選挙の結果、州執行委員会議長ユーリー・ガリャーチェフ（経歴番号８）、州党委員会第二書記オレグ・カザーロフが、それぞれ州ソヴェト議長、州執行委員会議長、に横滑りしている。(6) この頃には既に多くの地方において地方指導者たちが共産党から離脱していたが、ガリャーチェフは共産党から距離を置こうとはせず、一九九一年の「八月政変」時まで州委第一書記を務めた。

ウリヤノフスク州の政治状況はエリツィンにとっては好ましいものではなかった。一九九一年の「八月政変」の後、民主派勢力はガリャーチェフ以外の候補者を推そうと試みたが、地方エリートからの反発が強く、さらには民衆の抗議運動を引き起こした。(7) こうした抵抗に押され、エリツィンは一九九二年一月にガリャーチェフをウリヤノフスク州の行政府長官に任命するに至った。(8) 他の地方においては早くて「八月政変」の直後、遅くとも一九九一年末までには行政府長官が任命されていたことと比較すると、ウリヤノフスク州における行政府長官の任命には長い時間がかかっており、そこに至るまでに様々な困難が生じていたことが了解されよう。

このように、ウリヤノフスク州では、共産党州委第一書記でもあったガリャーチェフがそのまま行政府長官に任命され、彼を中心とした行政府がソ連時代からの延長で独占的な地位を占めるようになった。また、立法権力に目を向けると、一九九四年に予定されていた州議会選挙が中止され、一九九五年末まで州議会が存在しない状況が続いていた。(9) これは、地方議会の選出を規定した連邦法違反を意味するものであり、このような状況が一九九五年末に至るまで公然と維持されていたという点にもウリヤノフスク州の独自性を見出すことができる。こうした経緯を辿ったウリヤノフスク州は、保守的な傾向が特に強く、ソ連時代の面影を残す地域と捉えられた。(10)

（２）ガリャーチェフ全盛期

「軟着陸」路線の採用

ウリヤノフスク州はガリャーチェフが連邦中央に敵対的な態度をとっていたことで全ロシア的に有名になった地方である。[11] 同州の行政府長官に任命されたガリャーチェフは、価格自由化が公式に始まった一九九二年一月上旬に、「値下げと市民の社会保護について」という決定を出し、[12] 主要食料品への補助金の維持を発表するなど、連邦中央の方針に逆行する政策を打ち出した。これが、市場経済移行の「軟着陸（мягкое вхождение в рынок）」路線と呼ばれるものである。

体制転換直後の時期においてはエリツィン政権によって追求された「ショック療法」が不人気であったことから、連邦中央に公然と対抗する姿勢を見せた行政府長官のガリャーチェフは多くの住民の支持を集めた。一九九三年の上院選挙に出馬したガリャーチェフは九〇・一％の票を得て上院議員に選出されている。[13] この数字は他の地方と比較しても高い水準であった。

ウリヤノフスク州の外では、ガリャーチェフは時代錯誤的な人物として描き出されることが多かった。[14] しかし、当のウリヤノフスク州においてはガリャーチェフ知事の政策が一定の評価を得ており、二〇一〇年の彼の死後には胸像が建てられるほどであった点は興味深い。移行期のウリヤノフスク州において、ガリャーチェフ知事は「人々の養い手」として君臨したのである。[15]

この時期におけるガリャーチェフの権力基盤は盤石であった。ウリヤノフスク市長の座にあったのはセルゲイ・エルマコフ（経歴番号９）であったが、彼が率いる州都行政府がガリャーチェフ知事に対抗して独自の存在感を示すことはなかった。

共産党との関係

一九九〇年代のウリヤノフスク州は共産党の得票率が高い「赤い地方」として知られていた。その理由の一端は、住民の支持を集めていたガリャーチェフ知事が、自らの左派的な信条を背景とし、エリツィン大統領に対して批判的な立場をとっていたことに求められる。このことから、ウリヤノフスク州では、ガリャーチェフ知事と、やはりエリツィンに批判的であった共産党地方委員会とが近しい関係にあったのではないかと考えられがちであるが、実態はそうではなかった。むしろ、州内においてはこの両者の間の主導権争いが注目を集めていたのである。(16) アレクサンドル・クルーグリコフ（経歴番号10）率いる共産党地方委員会はガリャーチェフ知事を厳しく批判する存在であり、ガリャーチェフ陣営にとって最大の脅威となっていた。

一九九六年大統領選挙の直後、同年一二月に行政府長官選挙が行われる旨宣言されると、クルーグリコフ率いる共産党はガリャーチェフ批判を活発化させた。クルーグリコフは、ウリヤノフスクは「社会主義の小島」と呼ばれているが、配給制度と社会主義は同義ではなく、ウリヤノフスクの社会主義は真の社会主義ではない、ガリャーチェフを「赤い知事」と呼べるはずがない、と語気を強めた。(17) 一方、ガリャーチェフは「自らは言行不一致の現・共産主義者とは違う、古い共産主義者である」との演説を行うなど、(18) 当時の知事と共産党との応酬は、どちらが「真の共産主義者」であるのかということをめぐって繰り広げられていた。

行政府長官選挙には、現職のガリャーチェフ、共産党のクルーグリコフ、そして民主派（経済自由主義）勢力から複数名の候補が出馬したが、(19) 実質的な争いはガリャーチェフとクルーグリコフの間で展開され、選挙戦は「共産主義者」同士の一騎打ちの様相を呈した。選挙の結果、ガリャーチェフは主に農村部で票を集め、共産党をおさえて再選を果たした。(20) このことにより、ガリャーチェフは改めて「古き良き、そして党派を超えた共産主義者」を標榜することができるようになったのである。

(3) 小括・一九九〇年代のウリヤノフスク州

ここまで明らかにしてきたように、体制転換直後のウリヤノフスク州では、初代知事に任命されたガリャーチェフが反エリツィンの姿勢を明確にし、左派的な立場をとっていた。州行政府と共産党地方委員会は他の地方と同様に相争ってはいたものの、それはどちらかと言えば左派内部の主導権争いとしての性質を有しており、州行政府が共産党地方委員会を力で抑え込むという事態には至らなかった。その結果、ウリヤノフスク州においては、州行政府と共産党地方委員会とが主要なアクターとして対抗しあうエリート配置が形成された。そこにおいて州都行政府が果たした役割は限定的なものであった。

第三節　政権交代――「軟着陸」路線の崩壊とエネルギー危機

本節では、ウリヤノフスク州における一九九〇年代末から二〇〇〇年代初頭までの集権化の端緒期における政治プロセスを明らかにする。その観点からは、まず、ガリャーチェフによって形成された「ウリヤノフスク愛国主義者同盟」の試みが重要である。それに続いて、二〇〇〇年行政府長官選挙の結果として生じた政権交代、そして、その政権交代がもたらした帰結および政党形成との関連についての検討を行う。

(1) 一九九九年下院選挙に向けた動き

一九九八年秋、ガリャーチェフは「ウリヤノフスク愛国主義者同盟」という政治組織を作り、自ら議長の座におさまった[21]。この組織は左派系の色彩を強く帯びており、共産党の一部を取り込むことによってガリャーチェフにとって最大の脅威であった共産党地方委員会を分裂させることを狙ったものであった[22]。実際に共産党の地区組織が同組織の指導部に参加した事例もあり、共産党の支持基盤を突き崩そうとするガリャーチェフの企ては一定の成功を収めたと言える。

さらに、ガリャーチェフは、当時連邦レヴェルで与党になる可能性があった「祖国」ブロック[23]にも自らに近い人物を送り込むなど、潜在的な与党系選挙ブロックが自らの脅威にならないように細心の注意を払っていた[24]。しかし、彼が積極的な動きを起こすことはなかった。「統一」への参加が報じられた際にはその事実を慌てて否定し、『ウリヤノフスク愛国主義者同盟』以外の政治勢力には決して与しない」と明言した[25]。

このように、ガリャーチェフは連邦レヴェルの政党形成の動きをにらみながらも、自らの選挙ブロックである「ウリヤノフスク愛国主義者同盟」以外の政党との連合を模索することはなかった。一九九九年下院選挙に向けた与党形成の試みは、ウリヤノフスク州の状況にそれほど大きな影響を及ぼすことはなかったのである。

（2）第二回行政府長官選挙

「軟着陸」路線の崩壊

一九九〇年代の中盤に差し掛かる頃には、州内における「人々の養い手」として振る舞ってきたガリャーチェフにも限界が見えつつあった。そもそも、ガリャーチェフの「軟着陸」路線を維持することは財政的に不可能であった。農業企業は原価よりも安い値段で作物を出荷した後、長期にわたって州予算からの補塡を待たなければならず、その負担は非常に重いものとなっていた。このような状況を踏まえ、ウリヤノフスク州のひとつの目玉政策であった配給システムは、一九九六年七月一三日の時点で廃止が宣言されるに至った[26]。

また、一九九〇年代後半には学校教師や医師への給与支払い遅延、温水・暖房供給のストップ、食料品や交通費の度重なる値上げなどが目立つようになり、反対デモが相次いだ。デモは次第にエスカレートし、給与の支払いを求めてハンガーストライキを行っていた教師が死亡するという事態にまで発展した。(27) この教師の死はセンセーショナルに取り上げられ、「教師を殺したのは誰なのか」をめぐって事態は紛糾した。その矛先がガリャーチェフに向かうことは避けられなかった。(28) ガリャーチェフは批判記事を書いた共産党の機関紙を訴えるなど、火消しに躍起になったが、焼け石に水であった。彼のカリスマは次第に霞んでいったのである。(29)

二〇〇〇年一二月に予定されていた行政府長官選挙が近づく中、ウリヤノフスクを訪れて取材を行った『フランクフルト・アルゲマイネ』紙の記者は以下のような言葉を残している。(30)

急速な市場化が行われた頃、ウリヤノフスク州は非常に魅力的に映った。しかし、現在、人々は、これまで避けてきた〔市場化の〕ツケを払わされている。「軟着陸」と呼びならわされてきたものは、その実、市場化ではなかった。愚かな政策を採ってきたガリャーチェフの勝利の可能性は低いだろう。

ウリヤノフスク州におけるガリャーチェフ州政は既に限界に達していた。この点について、隣り合うサマーラ州の共産党員であるヴァリートフ議員（サマーラ州議会）は、「市場経済への移行にいくら抵抗しようとしても、結局、早く川に飛び込むか、それとも少し遅く飛び込むか、という程度の違いしかなかった」との感想を漏らしている。(31)

第二回行政府長官選挙と「統一」の登場

ウリヤノフスク州の行政府長官選挙にチェチェン戦争の英雄でもあるウラジーミル・シャマーノフ（経歴番号11）

将軍が出馬するのではないかという噂は既に選挙の半年以上前から出ていた(32)。シャマーノフの名前が挙がったことはクレムリンの関与を示唆するものと捉えられ、大統領選挙に勝利したばかりの若くエネルギッシュなプーチン大統領が、既存の知事らを排し、新たな知事を誕生させることによって地方をコントロールしようとする意欲の現れとして受け止められた。

その頃、潜在的な与党として力を増しつつあった「統一」も、ウリヤノフスク州支部の創設に向けた動きを活発化させていた。しかし、その動きは必ずしも一直線ではなかった。二〇〇〇年九月二二日にウリヤノフスクの「統一」が全国党の州支部に改組される集会が開かれた(33)。しかし、その指導部には「ウリヤノフスク愛国主義者同盟」のメンバーも選ばれるなど、ガリャーチェフ陣営の影響力が強いことが明らかであった。「統一」の内部ではガリャーチェフ派とそれ以外の勢力との間で権力闘争が激化し、九月二二日の創立集会は無効だったとする声も出ていた(34)。

「統一」を取り巻く状況は第二回行政府長官選挙に向けた動きとともに変化していった。選挙戦においてシャマーノフが優勢になったことは、「統一」の親ガリャーチェフ派の立場を弱めることになった。その結果として、同党の内部においてはシャマーノフ支持派と親ガリャーチェフ派との対立がさらに深刻なものとなった。これら両陣営間の内紛の後、「統一」は最終的には親ガリャーチェフ派を排除するという強硬手段に訴え、行政府長官選挙においてシャマーノフ候補を支持することを決定したのである(35)。

以上のような経緯を経た結果、シャマーノフ将軍は、クレムリン与党の「統一」の支持を受けて行政府長官選挙に出馬した。すると、ガリャーチェフ知事に反発していた主要なエリート集団もシャマーノフを支持し始めた。そこには共産党も含まれており(36)、最終的に、シャマーノフは州内のほとんど全ての政治勢力の支持を受けることに成功した。

選挙の結果、シャマーノフ将軍は第二代ウリヤノフスク州行政府長官に選出され、ガリャーチェフ路線との決別を華々しく宣言した(37)。

表 15　ウリヤノフスク州におけるエネルギー危機に関するアンケート調査
質問：昨冬，暖房の供給が不十分であった際，誰が市民の権利を守ったと考えるか？

1	誰にも守られなかった	59.1%	7	労組	3.2%
2	マスメディア	21.7%	8	ウリヤノフスク市議会	2.4%
3	検察，裁判所	17.7%	9	政党	2.3%
4	連邦政府・機関	5.0%	10	独占禁止・企業支援省	2.0%
5	ウリヤノフスク市行政府	4.2%	11	ウリヤノフスク州議会	1.9%
6	ウリヤノフスク州行政府	3.6%	12	その他	2.3%

出典）T. A. Рассадина. Отчет о социологическом исследовании «оценка населением г. Ульяновска проведения отопительного сезона 2002–2003 гг. и некоторых проблем жилищно-коммунального хозяйства» // Основные аспекты регионального политического процесса: Ульяновская область. 2002–2003 гг. Ульяновск, 2003. С. 74–99.

（3）第二回行政府長官選挙後

シャマーノフ知事とエネルギー危機

ガリャーチェフ陣営に対する失望を追い風に勝利したシャマーノフ知事ではあったが、間もなく、ウリヤノフスク州政は崩壊状態に陥った。その理由の一端は軍人出身のシャマーノフが行政には不慣れであった点に求めることも可能であるが、ガリャーチェフ時代に「軟着陸」路線が採用され、市場経済への移行の「痛み」が先送りされていたこともその状況を深刻化した一因であった。

この時期、何よりも深刻な問題となったのがエネルギー危機である。ガリャーチェフ時代に累積した債務はふくらむ一方であり、チュバイスが率いる電力供給会社「統一エネルギーシステム」からの取り立ても厳しくなっていた。州行政府が負債を返済しない限りエネルギーは供給されず、暖房・温水の供給が不安定になる一方、値上げは継続的に行わざるを得ないという悪循環が出現したのである[38]。この時期のウリヤノフスク州のエネルギー危機はロシア中で最も深刻な部類に入り、同じく大混乱が生じていた沿海辺区と並び称されるのが常であった。表15に示したエネルギー危機についてのアンケート調査から明らかになるように、六割近い住民がエネルギー危機に際して「誰にも守られなかった」と回答し、行政府や議会の対応に不満を表明していた(39)。

なお、全ての住民にとって死活問題となるエネルギー危機を前にし、野党は何ら有効な手を打つことができなかった。共産党はピケや公共料金の不払い運動などの呼びかけを盛んに行ったが(40)、住民全体を巻き込む運動には発展しなかった(41)。むしろ、重要な役割を果たしたのは、元々ガリャーチェフに近かった人々を中心に結成された社会運動「ウリヤノフツィ（ウリヤノフスク州・市の住民の意）」であった(42)。つまり、主要な対立は現行政府長官のシャマーノフ陣営と、前行政府長官ガリャーチェフの取り巻きとの間に生じたものであり、やはり、エスタブリッシュメント内部の権力争いの様相を帯びていたのである。

シャマーノフの「統一ロシア」への接近

危機的な事態に直面したシャマーノフは、連邦与党と良好な関係を構築すべく様々な働きかけを行った。彼が「統一ロシア」に入党したのもその一環であった(43)。元来、クレムリンの後押しでウリヤノフスク州知事となったシャマーノフにとって、連邦中央からの支援に頼ることは自然な反応であった。折しも、二〇〇三年一二月の下院選挙が近づいていた。ウリヤノフスク州では同日に州議会選挙も予定されており、これらの選挙は州内における権力基盤を確固たるものとしたいシャマーノフにとって重要な意味を持っていた。彼は、当然、「統一ロシア」と緊密に連携して選挙キャンペーンに臨むつもりであった。

ところが、エネルギー危機は深刻化する一方であり、事態の改善を図ることのできなかったシャマーノフの人気もまた急落した。そのことが明らかになると、「統一ロシア」は彼から次第に距離を置くようになった。シャマーノフは、最終的には「統一ロシア」から一方的に見放される形となり、二〇〇三年一〇月初め、彼の名前が同党の比例代表名簿から外された(44)。それと同時にシャマーノフが「統一ロシア」中央政治評議会のメンバーとなったことが発表され、「統一ロシア」が一定の配慮を示した格好となったが、一連の顚末は党側が下院選挙でリスクを冒すことを予め避けようとしたことを示すものであった。

結局、ウリヤノフスク州では、シャマーノフ知事も、そして「統一ロシア」も、抜本的に状況を改善することができないままに州議会・下院選挙を迎えた。その結果は惨憺たるものであった。州議会選挙では全七選挙区中六選挙区において「全ての候補者に反対」票が過半数を占め、選挙が不成立となった(45)。さらに、下院選挙においても、第一八一選挙区で「全ての候補者に反対」票が他を上回ったために選挙が不成立になるという事態が生じた(46)。

この選挙結果は、州行政府が「統一ロシア」の得票率を確保できるかどうかといった問題以前に、政治への信頼そのものが危機的状況にあることを示すものであった(47)。選挙が不成立になった第一八一選挙区では二〇〇四年三月一四日に再選挙が行われたものの、再び「全ての候補者に反対」票が最多となって不成立となり、事態収拾のめどは立たなかった(48)。二〇〇三年下院選挙をめぐる顚末はシャマーノフにとって大きな痛手となった。

（4）小括——一九九〇年代末から二〇〇〇年代初頭までのウリヤノフスク州

以上述べてきたように、この時期のウリヤノフスク州ではガヴァナンスが崩壊し、ガリャーチェフは行政府長官選挙で落選した。しかし、新たに就任したシャマーノフ知事の下でも状況の改善には至らず、政治状況は混迷の度を極めた。

政党の形成との関連では、ガリャーチェフが一九九〇年代後半に「ウリヤノフスク愛国主義者同盟」なる組織を作ったが、この組織は連邦レヴェルの政党と連動することはなかった。その要因としては以下の点を指摘することができる。まず、ガリャーチェフは、少なくとも一九九〇年代中盤の時点では比較的安定した支持基盤を有しており、連邦政党に頼る必要はなかった。また、ウリヤノフスク州では共産党地方委員会が州行政府に対抗しうるアクターではあったが、両者はもっぱら左派陣営内部の陣取り合戦を繰り広げており、他の政党がその対抗関係に参入する余地はなかったという事情もある。

政権交代を経てシャマーノフが登場した後もこうした状況が大きく変化することはなかった。共産党を含む野党勢力は行政府長官選挙の際にシャマーノフを支持したが、彼のガヴァナンス能力の限界が明らかになると、州行政府から距離を置くようになった。当のシャマーノフは自らの権力基盤の脆弱さを補うために「統一ロシア」への接近を図ったが、「統一ロシア」の側からそれを拒否され、連携には至らなかった。

第四節　モロゾフ知事＝「統一ロシア」体制の確立

本節では、二〇〇〇年代中盤以降のウリヤノフスク州における地方エリートの動きを明らかにするため、二〇〇三年下院選挙後の政治状況とシャマーノフ知事の退任、二〇〇四年一二月の行政府長官選挙で選出されたモロゾフ知事と「統一ロシア」との関係、そして、二〇〇七年下院選挙後の動向、の順に議論を進める。

(1)　二〇〇三年下院選挙後の一般市民の動向

ガリャーチェフに続き、シャマーノフも全く事態を改善できないことが明らかになる中で、人々の期待は、地方指導者を飛び越え、モスクワによる直接的な介入に集まるようになっていた。大統領選挙直前の二〇〇四年三月一二日、独立系の地方新聞『シムビルスクのクーリエ』に掲載された記事にその一端を見出すことができる(49)。

こんにち、モスクワの介入なしには州の状況をいかんともしがたいことが明らかになってきた。州内の勢力はこの事態を収拾することに失敗した。二〇〇〇年の知事交代は状況をさらに悪化させただけであった。人々の権力への信頼は失墜した。新聞記事やピケ、抗議集会の類は荒野に響き渡る声に過ぎず、大統領宛に電報や手紙を送るといった様々な手法が試みられた。〔二〇〇三年〕一二月七日の下院選挙が多少なりとも状況を改善した。アパートは暖かく、湯が出なくなることもなかった。それどころか、ウリヤノフスクでは選挙が成立しないという失態に見舞われたが、モスクワからのお咎めはなかった。アパートはさらに暖かくなり、湯はより熱くなった。もちろんこれは〔二〇〇四年〕三月一四日に大統領選挙が控えているからであるが、場合によっては、これは、住民たちがとうとう、自分たちが見舞われている「不運」をモスクワに伝える術を見出したからなのかもしれない。

この一節は、クレムリンによってウリヤノフスク州の生活環境が改善することに期待を寄せた一般住民の正直な心情を吐露したものと言える。一九九〇年代後半から二〇〇〇年代にかけて度重なるエネルギー危機に見舞われたウリヤノフスク州の住民にとって、最低限の生活水準が保障されるということは非常に大きな意味を持っており、こうした住民の期待はその後の「統一ロシア」の浸透プロセスにも影響を与えることになる。

（2）最後の行政府長官選挙と「統一ロシア」体制の確立

第三回行政府長官選挙

ウリヤノフスク州では、第三回行政府長官選挙が二〇〇四年一二月に実施されることになった。シャマーノフは、二〇〇三年下院選挙において「統一ロシア」からも、そして住民からも見放されたにもかかわらず、行政府長官選挙に出馬する意欲を見せていた。このことに反発したヤブロコや共産党などはシャマーノフの解任を求めた。(50) また、それ以外の政治勢力からも大統領の直接介入を求める声が出るようになっていた。(51)

ところが、シャマーノフが出馬を取りやめる様子が一向になかったことから、二〇〇四年一一月、「統一ロシア」が党員資格を停止するに至った。(52) そして、最終的には事態収拾の難しさを見越したクレムリンから介入が入った。シャマーノフは行政府長官選挙の一か月前になってモスクワで職を与えられ、ウリヤノフスクから去ることになったのである。(53) 既にシャマーノフの名前が印刷された投票用紙が準備されていたため、選挙管理委員会は彼の名前を消す作業に追われた。(54)

こうして、ウリヤノフスク州は実質的任命制導入前の最後の選挙となる第三回行政府長官選挙を迎えた。この選挙の有力候補と目されたのは、「統一ロシア」が擁立し、さらには連邦管区全権代表のキリエンコの支持を受けたディミトロフグラード市長のセルゲイ・モロゾフ（経歴番号12）であった。当初の見方では、行政府長官選挙は、このモロゾフとウリヤノフスク州初代行政府長官のガリャーチェフの争いになるものと考えられた。ところが、ガリャーチェフは予想されたほどの得票率を獲得できず、決選投票に残ることができなかった。(55) 決選投票は「統一ロシア」の支持を受けたモロゾフと、やはり「統一ロシア」の下院議員であるマルガリータ・バルジャノワの一騎打ちとなった。バルジャノワはウリヤノフスク州における「統一ロシア」の主流派からは距離を置いており、行政府長官選挙への出馬を取りやめるよう勧告を受けていた。(56) 決選投票の結果、モロゾフは五三％を得票、バルジャノワの二一％を大きく上回って当選した。(57) もっとも、この決選投票では「全ての候補者に反対」票が二五％にのぼり、両候補者に対する不信感が表明されていたということも指摘しておく必要がある。

モロゾフ州政と過去の遺産

新知事は就任後間もない時期から精力的に負の遺産の解消に取り組み始めた。その一環として、シャマーノフ時代に行われた公務員給与の値上げを撤回するなどの合理化政策が実行に移された。(58) その背景には、改革を進めることによって連邦中央からの援助を受けやすくしようとする意図もあったものと考えられる。しかし、一九九〇年代から蓄積されてきた負の遺産はそれほど簡単に解消できるものではなかった。特に深刻な課題として浮上したのが、シャマーノフ前知事の在任中にクローズアップされたエネルギー問題であった。

もっとも、住宅・公共サーヴィス改革の直接の担い手としてこの最も困難な課題に正面から取り組み、かつ注目を浴びたのは州都のウリヤノフスク市であった。モロゾフ知事は、ウリヤノフスク市のイニシアチヴを見守りながら、その批判が自らに及ぶことを巧妙に回避する戦略を採用した。その背景には、モロゾフ知事が同時期にウリヤノフスク市長に当選したヴェテラン政治家のエルマコフの影響力を排除しようとする目論見があったとの見方もある。(59)

エルマコフ市長はウリヤノフスク市における暖房と温水の料金を二〇〇五年七月四日から値上げすることを発表した。(60) しかし、それに対しては検察が値上げの撤回を要求したこと(61)に加え、諸政治勢力からも強い反発があった。(62)(63) それでもなお、エルマコフ市長は値上げに向けた動きを止めようとはしなかった。二〇〇五年一二月二八日付の市長決定により、住宅・公共料金が値上げされることが決まったのである。(64) この値上げを受け、共産党、「ローヂナ」などの野党は抗議集会を次々と実施した。(65) 二〇〇六年一月二九日には、ウリヤノフスク市中心部で抗議集会が行われ、集会の参加者が道路を封鎖する騒ぎにまで発展した。(66)

こうした抗議運動は三月になっても収まらず、次第にエルマコフ市長の個人攻撃へと変化していった。三月一七日には共産党、「ロシアの愛国者」、ヤブロコによる抗議集会が行われた。(67) その翌日にヴォルガ川左岸で実施された五〇〇人規模のピケでは、退陣を求める人々によってエルマコフ市長の人形が燃やされるなどした。(68) ウリヤノフスク市では二か月半の間に一八件もの抗議集会が開かれ、抗議の機運が高まっていた。(69)

モロゾフ知事は最終段階になってこの問題の解決に乗り出す姿勢を見せた。彼は、州予算から市行政府のエネルギー会社に対する負債を支払い、また知事の名前で借り入れを行うことを表明したのである。(70) モロゾフ知事は、このように、ガリャーチェフ時代、そしてシャマーノフ時代を経て引き継がれてきた負の遺産を自らの権力基盤を傷つけることなく解消しようとし、それにある程度まで成功した。

モロゾフ＝「統一ロシア」体制と二〇〇七年下院選挙

ウリヤノフスク州においては、安定的な州政運営を行うモロゾフ知事と「統一ロシア」が連携して良好な関係を築くようになり、モロゾフ＝「統一ロシア」体制と呼ぶべき構図が現れた。このモロゾフ＝「統一ロシア」体制は、連邦中央からの補助金および州行政府と「統一ロシア」の密接な関係を柱としたものであった。こうした政治体制の構築はその他の地方においても試みられていたが、ウリヤノフスク州では、州行政府との連携がうまくいっていたこと、そして、それ以前は行政府による支援が手薄であったことから、ガヴァナンスの復旧による支持獲得という手法が成功しやすかった点に特徴がある。

その象徴的な例として、「騙された区分所有者（обманутые дольщики）」をめぐるキャンペーンを挙げることができる。(71) 市場経済への移行から間もない時期であったことも手伝い、現代ロシアには多くの悪徳不動産業者が現れ、同一の物件が複数の買主に売却される、また、建設計画が途中で破綻し入居不能になるといった事態が頻発し、住む場所がなくなる住民も出ていた。ウリヤノフスク州においても、二〇〇六年七月三一日に「騙された区分所有者」の三〇〇人規模の抗議集会が開かれるなど、動きが活発化していた。(72)

そうした一連の抗議活動を受け、モロゾフ知事は、新しく建設される住居の提供、損失補塡の資金を二〇〇七年州予算に計上すること、建物完成のための財源となる予算外基金を見つけること、などを約束した。(73) さらに、この動きは全国的な問題となっていたことから、モロゾフ知事はアレクサンドル・ヒンシュテイン下院議員と会合し、連邦中央とも連携を取る姿勢を見せた。(74)「統一ロシア」はこの「騙された区分所有者」が行政府に対してよりよい処遇を求めたデモに積極的に関与し、新しいアパートの鍵を住民に渡す式典などに州行政府と並んで参加した[75]。

「統一ロシア」が社会的弱者保護の立場を明確に打ち出したことは、政権与党がそれまでの左派の牙城に侵入しつつあることを意味し、左派の側からの反発を招いた。そのひとつのエピソードとして、二〇〇七年四月一〇日に開かれた労組の抗議集会での一幕が興味深い[76]。この労組の抗議集会には、左派系の政治団体だけでなく、「統一ロシア」およびその若者団体である「若き親衛隊」も参加していた。このことに反発した共産党のクルーグリコフは、壇上でマイクの奪い合いを演じた上で、「統一ロシア」と労組の双方を批判したのである。

「統一ロシア」の姿勢への疑問は少なからぬ人々に共有されていた。あるジャーナリストは、「何のために『統一ロシア』が街を練り歩くのか、彼らは部屋の中で人間らしい法律を作るべきだ」と皮肉を込めて記している[77]。このような「統一ロシア」への反発は、モロゾフ＝「統一ロシア」体制そのものの批判へと発展していった。二〇〇七年下院選挙の前、クルーグリコフはモロゾフ知事が「統一ロシア」の選挙キャンペーンに直接的に関わりすぎており、行政の政治的中立性という観点から違法状態にあるとの申立てを行った[78]。

このように、一部で批判の声が強まりつつあったが、それは「統一ロシア」の勢いを止めるものではなかった。二〇〇七年下院選挙に向け、「統一ロシア」は社会的弱者の利益を守る党としてのキャンペーンを展開し、支持を獲得することに成功したのである[79]。ウリヤノフスク州において、「統一ロシア」は全国平均の六四・三％を上回る六六・四％を得票し、対する共産党は一一・四％の得票にとどまった。この選挙結果は、ウリヤノフスク州がもはやかつてのような「赤い地方」ではないことを内外に示すものとなった。

（3）モロゾフ＝「統一ロシア」体制の揺らぎ

「統一ロシア」の伸長とその限界

「統一ロシア」はその後も勢力を拡大し、州議会において同党が全ての委員長ポストを獲得した(80)。また、モロゾフ州知事が州行政府の人事を決める際に「統一ロシア」と事前協議を行うことになるなど(81)、両者の連携も緊密化の兆しを見せていた。さらに、二〇〇八年一〇月一二日に行われたディミトロフグラード市議会選挙の結果、全議席を「統一ロシア」選出の議員が占めるという事態が生じた(82)。ただでさえ「統一ロシア」の優勢が問題視されていた中で、同党議員が文字通り議会を独占するに至ったことは、野党陣営の危機感をさらに煽った。ウリヤノフスク州においては、モロゾフ＝「統一ロシア」体制が安定的に機能し、強力なものとなった結果、「統一ロシア」への風当たりはむしろ強くなったのである(83)。

このような状況に置かれていたモロゾフ＝「統一ロシア」体制が本格的に揺らぎ始めるひとつのきっかけとなったのが、二〇〇九年夏以降のウリヤノフスク市長の公選制廃止についての論争であった(84)。市長の選出方法をめぐる議論はどの地方においても深刻な対立を生み出すことになったが(85)、ウリヤノフスク州も例外ではなかったのである。最終的には市長公選制の維持という形で決着をみたものの(86)、この論争は、「統一ロシア」の内部において、公選制廃止の立場をとったイーゴリ・チーホノフ政治評議会書記と公選制維持を主張した大部分の「統一ロシア」党員との間の深刻な対立を引き起こした(87)。これは、モロゾフ＝「統一ロシア」体制がその内部から揺らぎ始めたことを意味した。

そして、様々な論争を経てようやく行われた二〇一〇年三月のウリヤノフスク市長・市議会選挙が、こうした亀裂をさらに深刻化する方向で作用した。この時の選挙キャンペーンにおいてとりわけ目立つ動きをしたのが、ウリヤノフスク市議会副議長のアレクサンドル・ダニーロフであった。ダニーロフは党内における予備選挙の結果候補者には選ばれず、無所属候補として出馬する意向を示した(88)。結果的に、「統一ロシア」陣営からは、党の公認候補と（元）党員の非公認候補の双方が出馬することになり(89)、三五議席をめぐって四〇人の新旧「統一ロシア」党員が争い合うことになった(90)。「統一ロシア」内部の亀裂は、次第に公然たるものとなっていたのである。

モロゾフ＝「統一ロシア」体制の揺らぎは、政治的正統性をめぐる問題へと発展していった。二〇一〇年三月の市議会選挙への候補者登録を拒否された人々は、メドヴェージェフ大統領に宛て、政治の「近代化」を求める公開状を送っている。(91) さらに、二月一〇日には共産党、「ロシアの愛国者」も加わって「市民コントロール委員会」が結成された。(92) この委員会の中心メンバーとなった「ロシア人民民主同盟」(93) のアレクサンドル・ブラーギンは、「これまでも連合しようという動きはあったが実現しなかった。今回は、選挙管理委員会が『統一ロシア』に懐疑的な人々を不当に取り扱ったことが連携のきっかけになった」と述べている。このように、ウリヤノフスク州では、モロゾフ＝「統一ロシア」体制が揺らぎはじめ、その中から、「統一ロシア」の政治的正統性に疑義を唱える声さえも上がるようになった。

共産党と「統一ロシア」の鍔迫り合いと二〇一一年下院選挙

こうして、「統一ロシア」と野党勢力とはことあるごとに衝突するようになった。この時期に問題となっていたのは、児童数の減少に伴う学校の合併の是非であった。ウリヤノフスク市長は合併を推進したが、それに反対した学校関係者らがハンガーストライキを行った。(94) この運動自体は自然発生的なものであり、政党によって組織されたものではなかったが、共産党や「公正ロシア」などの野党勢力は一連のストライキに積極的に関与し、市長およびその後ろ盾の「統一ロシア」を批判した。

また、二〇一〇年一〇月にはヴォエツコエ村において奇妙なスキャンダルが起こった。(95) 同村に建造される予定であった記念碑をめぐり、「統一ロシア」および共産党の双方が積極的な行動を起こし、両者の間で「手柄」争いが生じたのである。最初にイニシアチヴをとったのは「統一ロシア」であった。「統一ロシア」は、戦勝記念日に向けてかねてより計画されていた記念碑が同党によって建造されたとのプレスリリースを出し、「統一ロシア」が約束を実現する党であることが改めて証明できた、とのコメントを発表した。ところが、共産党は、その石碑は同党が建造の準備を進めていた場所に無断で建てられたものであると主張し、「統一ロシア」に真っ向から反発した。両党は一歩も譲ろうとせず、両陣営の間で記念碑の建造と撤去が繰り返されるに至ったのである。この顚末は、ウリヤノフスク州において、「統一ロシア」と共産党が再び対等に渡り合うようになったことを示唆するものとなった。

野党の台頭が目立つ中で迎えた二〇一一年下院選挙の結果は、「統一ロシア」にとって厳しいものとなった。州都のウリヤノフスクにおいては、市全体で「統一ロシア」が三〇％の得票であったのに対し、共産党が二九％の得票率を記録し、両者はほぼ拮抗していた。[96] この結果は、ウリヤノフスク市が再び「赤く」なったことを意味するものと理解され、ウリヤノフスク市長のアレクサンドル・ピンコフは、この選挙結果の責任を取る形で下院選直後の一二月七日に辞職願を提出した。[97]

（4）小括・二〇〇〇年代中盤以降のウリヤノフスク州

ここまで、圧倒的一党優位状況が顕著となった時期のウリヤノフスク州における政治プロセスを概観してきた。この時期のウリヤノフスク州は、一九九〇年代後半からのガヴァナンスの崩壊を経て一種の政治的真空状態となっており、このことが「統一ロシア」の浸透を後押しした。そして、モロゾフ知事の登場後、同州ではモロゾフ＝「統一ロシア」体制とも呼ぶことのできる安定した政治状況が出現したのである。しかし、州行政府と「統一ロシア」が政治空間を独占するに至ったことが次第に野党陣営の反発を招くようになり、それが、共産党地方委員会の再台頭を後押しすることにもなった。このように、ウリヤノフスク州における「統一ロシア」の浸透は比較的容易に進んだが、そこには一定の限界があったことが明らかになる。

第五節　ウリヤノフスク州におけるエリート配置と政党形成

本章では、ウリヤノフスク州における政治プロセスを取り上げた。同州は一九九〇年代においては「赤い地方」として知られ、州行政府および共産党地方委員会が州内の政治アクターとして重要な役割を果たしていた。こうしたエリート配置と政党形成プロセスの関連を探求することが本章の主題であった。

一九九〇年代のウリヤノフスク州では、州行政府と共産党が並び立つ構造が現れた。政党としては共産党が強かったものの、ガリャーチェフ知事が率いる州行政府は共産党からは距離を置いており、無党派として振る舞っていたという点に特徴がある。そのため、ウリヤノフスク州において政党が果たす役割は限定的であった。この状況は、一九九九年下院選挙に向けた動きの中でも大きくは変化しなかった。

ウリヤノフスク州では二〇〇〇年に政権交代が生じ、クレムリンの支持を受けたシャマーノフ知事が登場した。これは集権化の端緒と軌を一にする現象であると捉えられたが、州内の政治状況がラディカルに変容することはなかった。シャマーノフはクレムリンに対して熱心に働きかけを行ったにもかかわらず、「統一ロシア」への参加はかなわなかった。この時期には既に州行政府の基盤が弱体化しており、「統一ロシア」の側が州行政府勢力との連携に消極的だったのである。

政治的中央集権化の傾向が強まると、ウリヤノフスク州の政治状況は大きく変化した。とりわけ、二〇〇四年一二月の行政府長官選挙を経て当選したモロゾフ知事が重要な役割を果たした。モロゾフ知事は「統一ロシア」と良好な関係を築くことに成功し、安定したガヴァナンスを実現した。しかしながら、「統一ロシア」の浸透には限界があり、とりわけ共産党地方委員会が「統一ロシア」の巨大化に対抗する形で野党としての性格を強めたことが重要である。

以上述べてきたように、ウリヤノフスク州の政治プロセスは、州行政府と共産党地方委員会とが微妙な対抗関係をはらみながらも並立する構図に特徴付けられていた。この構図は、序章において指摘した通り、州行政府が大きな役割を果たし、中央集権化の趨勢に連動する一方で、共産党地方委員会も一定の役割を果たし続けたというメカニズムから説明することが可能である。

また、それとは別に、ウリヤノフスク州の事例は、ガヴァナンスの成否が州行政府および政権与党の支持獲得に際してきわめて重要な役割を果たすことを示している。ウリヤノフスク州の事例は、ガヴァナンスが危機的状態に陥り、さらにそこから劇的な回復を遂げたことによって政権与党の支持拡大が可能になったケースとしてユニークな位置を占めている。

注

（1）Регионы России: краткий статистический справочник.

（2）以下の記述は、主に Города России: Энциклопедия に依拠した。

（3）ソ連解体直後の時期においては、レニングラードからサンクトペテルブルグへの改称をはじめとして各地方において旧名の復活を求める動きが巻き起こったが、ウリヤノフスクにおいてはそのような動きは観察されなかった。二〇〇〇年代後半に入ってから都市名を旧名のシムビルスクに戻そうという声も上がるようになりつつあるが、今のところ実現していない（Коммерсантъ（Самара), 13 марта 2008 г.）。

（4）リージョン内総生産およびその内訳については Регионы России. Официальное издание. 2011 を参照した。

（5）筆者によるアルバハン・マゴメドフ氏（ウリヤノフスク国立工科大学教授）からの聞き取り（二〇一〇年一一月二二日、ウリヤノフスク市）。

（6）Gel'man, Ryzhenkov and Brie, *Making and Breaking Democratic Institutions*, 195.

（7）Gel'man, Ryzhenkov and Brie, *Making and Breaking Democratic Institutions*, 195–196.

（8）Указ Президента Российской Федерации от 9 января 1992 г. № 12 «О главе администрации Ульяновской области» // ВСНД РСФСР и ВС РСФСР. № 4, 1992. Ст. 152.

（9）А. К. Магомедов. Хроника политических событий（1990–1998）// Регионы России: хроника и руководители. Т. 6: Нижегородская область, Ульяновская область. Саппоро, 1990. С. 167–196.

（10）ゲリマンらは、ウリヤノフスク市における体制移行を「エリートの変化なき移行」と名付けている（Gel'man, Ryzhenkov and Brie, *Making and Breaking Democratic Institutions*）。

（11）もっとも、ガリャーチェフも当初からこの方針を明確にしていたわけではなく、一九九一年の「八月政変」直後の時点では態度を決めかねていたことが指摘されている（Арбахан Магомедов. Политический ритуал и мифы региональных элит // Свободная мысль. 11 июля 1994. С. 111）。

（12）Ульяновская правда, 11 января 1992 г.

（13）次点はウリヤノフスク市長のエルマコフで、五三・六％の賛成票を獲得した。

（14）例えば、サマーラ州のチトフは、ウリヤノフスク州が配給システム維持のための補助金を払えなくなるのは時間の問題だとした上で、「人々が自分でお金を稼ぐようにしなければならない」と述べている（Симбирский курьер, 21 июля 1994 г.）。また、「ロシアの民主的選択」の活動の一環で一九九四年九月にウリヤノフスクを視察したガイダール元第一副首相は、ウリヤノフスクでは大企業の利益を犠牲にして共産主義の実験が行われている、と述べ、ウリヤノフスク市の貧しい食料品店を見てソ連時代を思い出した、との感想をもらした（Симбирский курьер, 27 сентября 1994 г.）。

（15）ガリャーチェフ時代には行政府と住民の間に密接な関係があったとされる。その象徴ともなったのが、住民から寄付を集めて病院などを建設する「人民の建設（народная стройка）」事業であった（筆者によるタチアーナ・セルゲーエヴァ氏（ガリャーチェフ知事時代に知事の側近として活躍した人物、インタヴュー当時はウリヤノフスク州年金基金顧問）からの聞き取り。二〇一〇年一一月二五日、ウリヤノフスク市)。

(16) 筆者によるニーナ・デルグノワ氏(ウリヤノフスク国立大学政治学部教授)からの聞き取り(二〇一〇年一一月二八日、ウリヤノフスク市)。

(17) Симбирский курьер, 8 октября 1996 г. 当時のウリヤノフスクの文脈では、「赤い知事」はポジティヴな意味合いで使われているという点にも留意が必要である。

(18) Симбирский курьер, 18 июля 1996 г.

(19) Магомедов. Хроника политических событий.

(20) もっとも、ガリャーチェフは州都ウリヤノフスク市ではクルーグリコフに負けており、その威信には陰りが見え始めていた(Симбирский курьер, 24 декабря 1996 г., 5 января 1997 г.)。

(21) Симбирский курьер, 10 ноября 1998 г.

(22) А. К. Магомедов. Три возраста новейшей Ульяновской политической истории: политический патронат взамен партийной традиции // Российский парламентаризм: история и современность. Материалы научно-практической конференции, посвященной 10-летию Законодательного Собрания Ульяновской области. Ульяновск, 2005. С. 259–269.

(23) この「祖国」は後に「祖国＝全ロシア」へと合流した(補章の資料(6)(117頁)を参照)。

(24) Симбирский курьер, 25 марта 1999 г.

(25) Симбирский курьер, 5 октября 1999 г. しかし、二〇〇〇年に入ると、副知事のアレクサンドル・パヴロフが「統一」の州支部の指導部に入った(Симбирский курьер, 25 января 2000 г.)。

(26) なお、これは大統領選挙決選投票のわずか一〇日後のことであり、エリツィン大統領が再選されたこともこの決断を後押しするひとつの背景要因となった可能性がある(Симбирский курьер, 18 июля 1996 г.)。

(27) 一〇日間のハンガーストライキを終えた一九九八年一二月一日、虚血性心臓疾患により、男性教師アレクサンドル・モトーリンが死亡した(Симбирский курьер, 3 декабря 1998 г.)。

（28）Симбирский курьер, 6 марта 1999 г.
（29）それに加え、ガリャーチェフの二期目には、知事周辺の汚職問題が取り沙汰され（その最たる問題は彼の息子が経営する企業をめぐるものであった）、これもガリャーチェフの権威失墜のひとつの要因となった。
（30）Симбирский курьер, 22 декабря 2000 г.
（31）筆者によるズマル・ヴァリートフ議員からの聞き取り（二〇一〇年一一月一二日、サマーラ市）。
（32）Симбирский курьер, 20 апреля 2000 г.
（33）Симбирский курьер, 23 сентября 2000 г.
（34）Симбирский курьер, 3 октября 2000 г.
（35）Симбирский курьер, 25 ноября 2000 г.
（36）共産党は当初、綱領の違いからシャマーノフ支持に慎重な立場をとっていたが、選挙の直前になってからシャマーノフ支持に転じた（Симбирский курьер, 22 декабря 2000 г.）。しかし、就任後しばらく経つとシャマーノフに対する不満を表明するようになった（Симбирский курьер, 16 мая 2002 г.）。
（37）Симбирский курьер, 11 января 2001 г.
（38）なお、のちにガリャーチェフは、エネルギーに関する負債について以下のように述べている（Симбирский курьер, 8 мая 2004 г.）。「債務はたまった。しかし私はやはり払わなかっただろう。我々が三〇億ルーブルの負債を抱えていると誰が証明するのか？　州予算から支払うべきものではない。これはソフホーズ、工場、公共サーヴィス部門がつりあげたものだ。そしてプーチンに宛てたメモの中で、私は、ウリヤノフスク州を十分に暖房するためには少なくとも三〇億ルーブルが必要だが、州にはそれを支払う能力がないので、州にそれだけの財源を付与するよう頼んでいる。昔は暖房と電気料金は住宅行政省を通じてソ連邦予算からまかなわれていたので、我々はそもそも熱併給発電所とはいったい何かということも知らなかった。であるから私は連邦会議でいつも『払うことはできないし払うつもりもない』と述べてきた。もし供給を止めるなら、プラカードを持ってクレムリンに向かうまでだ」。このガリャーチェフの発言はあまりに無責任であるようにも思われるが、突然自己負担を余儀なくされた地方の立場を正直に吐露したものと言えるだろう。

（39）この調査は、二〇〇三年五月から六月にかけて、ウリヤノフスク市において、九〇〇名を対象とした訪問インタヴュー形式で行われたものである。

（40）Симбирский курьер, 11 июня 2002 г. また、市議会は大統領に宛て、ウリヤノフスクのエネルギー危機を収拾するための対策を要求する声明を出した（Симбирский курьер, 20 июня 2002 г.）。

（41）その後しばらくして、市議会の唯一の共産党所属議員が活動方針の不一致を理由に共産党からの離脱を表明している（Симбирский курьер, 7 сентября 2002 г.）。

（42）Симбирский курьер, 31 декабря 2002 г.

（43）Симбирский курьер, 30 января 2003 г.

（44）Симбирский курьер, 2 октября 2003 г.

（45）「全ての候補者に反対」票については補章第二節（2）（102頁）を参照のこと。

（46）Коммерсантъ（Самара）, 10 декабря 2003 г.

（47）Симбирский курьер, 18 ноября 2004 г.

（48）Коммерсантъ（Самара）, 16 марта 2004 г. 最終的に選挙が成立したのは三度目の投票が行われた二〇〇四年一二月五日のことであった。

（49）Симбирский курьер, 12 марта 2004 г.

（50）Коммерсантъ（Самара）, 19 августа 2004 г.

（51）Симбирский курьер, 17 августа 2004 г.

（52）Коммерсантъ, 22 ноября 2004 г.

（53）Симбирский курьер, 20 ноября 2004 г.

（54）Коммерсантъ, 17 ноября 2004 г., Симбирский курьер, 18 ноября 2004 г.

(55) Симбирский курьер, 7 декабря 2004 г., Коммерсантъ（Самара）, 7 декабря 2004 г.

(56) Симбирский курьер, 21 декабря 2004 г., Коммерсантъ（Самара）, 21 декабря 2004 г.

(57) Коммерсантъ, 28 декабря 2004 г.

(58) Симбирский курьер, 22 января 2005 г.

(59) 二〇〇六年三月にエルマコフ市長の個人攻撃が激化した際、モロゾフ知事が、不人気政策の責任を市長一人に負わせるために裏で煽動を行っている可能性が指摘された（Симбирский курьер, 21 марта 2006 г.）。

(60) Коммерсантъ（Самара）, 9 июня 2005 г.

(61) ロシアにおける検察官の権限には、連邦省庁、連邦構成主体の諸機関、地方自治機関等による法律および命令の執行に対する監督が含まれている。このような検察官の一般監督機能は論争的なテーマである（小森田秋夫編『現代ロシア法』東京大学出版会、二〇〇四年、一二九―一三二頁）。実際の政治のプロセスにおいて検察の一般監督機能はしばしば重要な役割を果たしており、公共料金の値上げの応酬をめぐっては検察も重要なアクターとなるケースがしばしば確認されている。

(62) Симбирский курьер, 23 июня 2005 г.

(63) 各政党のリーダーは大統領、政府、下院に宛ててウリヤノフスク州における公共料金問題に介入するよう要請する手紙を送った（Симбирский курьер, 25 июня 2005 г.）。また、共産党もモロゾフ知事およびエルマコフ市長を厳しく批判した（Симбирский курьер, 28 июня 2005 г.）。

(64) Симбирский курьер, 5 января 2006 г.

(65) Симбирский курьер, 24 января 2006 г.

(66) Коммерсантъ, 30 января 2006 г., Симбирский курьер, 31 января 2006 г.

(67) Коммерсантъ（Самара）, 17 марта 2006 г.

(68) Симбирский курьер, 21 марта 2006 г.

(69) Симбирский курьер, 23 марта 2006 г.

（70）Коммерсантъ（Самара）, 25 мая 2006 г.

（71）この「騙された区分所有者」キャンペーンは全国的に展開されたものである。

（72）Симбирский курьер, 1 августа 2006 г.

（73）Симбирский курьер, 5 октября 2006 г.

（74）Симбирский курьер, 28 декабря 2006 г.

（75）もっとも、このような「統一ロシア」の政治手法はある種の「諸刃の剣」であり、短期的には有権者を引きつけることができるが、その社会問題がうまく解決に向かわなかった場合にはかえって反発を招く可能性もあった。「騙された区分所有者」たちは、救済措置が不十分であったことに不満を持ち、二〇〇七年五月頃には既に「統一ロシア」を批判する声が聞かれるようになっていた（Симбирский курьер, 5 мая 2007 г.）。特に、「騙された区分所有者」の一人が三八歳の若さで急死し、妻と子供二人が残された様子が報道されたことはキャンペーンに大きな影響を与え、運動に参加していた人々の苛立ちは頂点に達した（Симбирский курьер, 17 мая 2007 г.）。

（76）Симбирский курьер, 12 апреля 2007 г.

（77）Симбирский курьер, 3 мая 2007 г.

（78）Симбирский курьер, 3 ноября 2007 г.

（79）Симбирский курьер, 19 апреля 2007 г.

（80）Коммерсантъ（Самара）, 21 марта 2008 г.

（81）Коммерсантъ, 25 июля 2008 г.

（82）Коммерсантъ（Самара）, 14 октября 2008 г.

（83）それ以外の要因として、二〇〇八年から二〇〇九年にかけて、ウリヤノフスク州が金融危機の影響をこうむった点を挙げることも可能である。このことは、野党によるモロゾフ州政批判をより容易なものとし、共産党のクルーグリコフはモロゾフによる危機対策の不備を鋭く批判した（Коммерсантъ（Самара）, 17 апреля 2009 г.）。

(84) Коммерсантъ（Самара), 11 июля 2009 г.
(85) 市長の選出方法については、補章第三節（6）(110頁）を参照のこと。
(86) Коммерсантъ, 4 марта 2010 г. その後、二〇一〇年三月一四日に行われた選挙の結果、アレクサンドル・ピンコフがウリヤノフスク市長に選出された。
(87) Коммерсантъ（Саратов), 24 июля 2009 г.
(88) この予備選挙の説明については第三章注（92）(173頁）を参照。
(89) Коммерсантъ（Самара), 19 января 2010 г.
(90) Коммерсантъ（Самара), 26 января 2010 г.
(91) Коммерсантъ, 8 февраля 2010 г.
(92) Коммерсантъ（Самара), 11 февраля 2010 г.
(93)「ロシア人民民主同盟」とは、二〇〇六年にミハイル・カシヤノフ元首相を中心に形成された社会運動である。
(94) Коммерсантъ（Самара), 2 июля 2010 г.
(95) Коммерсантъ（Самара), 20 октября 2010 г.
(96) Коммерсантъ（Самара), 6 декабря 2011 г.
(97) Коммерсантъ（Самара), 11 декабря 2011 г.

第五章　サマーラ州

本章ではサマーラ州における政治プロセスを検討する。サマーラ州は、経済学者のチトフ知事が体制転換直後から市場経済化を精力的に推進したことで知られる地方である。同州においては、共産党地方委員会が州行政府に対抗しうるアクターとしてはそれほど強くなかった一方、州行政府と州都行政府との対抗関係が顕著なものとなった。地方レヴェルにおける固有の競争構造が政党形成にどのような影響を与えたのかという点が本章の主要なテーマとなる。

第一節　サマーラ州の概要

(1)　地理的位置および人口

サマーラ州は、北側はタタルスタン共和国、西側はウリヤノフスク州、南側はサラトフ州、東側はオレンブルグ州、とそれぞれ境を接している。サマーラ州の主要な都市は州都サマーラ市とトリヤッチ市である。(1) トリヤッチ市は、連邦構成主体中心都市（州都）以外ではロシアで最も大きな都市である。二〇〇七年時点の人口は州全体で三一七万人（州都サマーラ市が人口一一三万九〇〇〇人、第二のトリヤッチ市が人口七〇万四八〇〇人、第三の都市スィズラニ

市の人口は一八万三五〇〇人）である。(2)

（2）前史(3)

サマーラに木造の要塞が築かれ、街が作られたのは一五八六年のことである。一六〇〇年には徴税所が設けられた。サマーラは、一六七〇年から七一年にかけて、そして一七七三年から七五年にかけてはそれぞれラージンとプガチョフの反乱の拠点となった。

一八七七年にオレンブルグまでの鉄道が整備されると、サマーラも鉄道網に組み込まれた。一九世紀後半からは製粉業の発展が目覚ましく、ロシアにおける穀物加工の中心地となった。一九世紀には二二の教会、二つの修道院が活動し、また図書館や博物館が作られるなど、文化的にも発展を遂げている。

サマーラは、ロシア革命後の内戦の際に激戦地となり、一九一八年にはボリシェヴィキに対抗する勢力の中心地となったが、間もなく制圧された。ソ連時代の一九三五年、革命家の名前にちなんでクイブィシェフへと改名された。大祖国戦争時のクイブィシェフは政府、各国大使館、企業などの疎開地とされ、ソ連軍の兵器供給の拠点としても機能した。また、一九四三年にはサマーラ市の中心部に最新の技術を駆使した巨大な防空壕が作られている。

大祖国戦争時にソ連西部から疎開した工場が工業発展の基礎となり、サマーラは工業地域として発展を遂げていった。サマーラ市においては宇宙産業が発展した。(4) また、一九六七年から七一年にかけてはトリヤッチ市において自動車工場が建設された。それ以降、同市はアフトヴァズの「企業城下町」として知られるようになった。

ソ連時代末期の一九九〇年、州名・都市名を再びクイブィシェフからサマーラへと戻す決定が下され、サマーラはかつての名前を取り戻した。

表16　サマーラ州における人口一人当たりリージョン内総生産

（単位：1995年は1000ルーブル，それ以降はルーブル）

	1995年	2000年	2005年	2008年
サマーラ州	12,016.7	42,758.9	125,757.4	222,726.3
対全国平均比（全国＝100）	137.3	108.2	99.8	92.1

出典）Регионы России: официальное издание. 2010.

（3）社会経済状況

サマーラ州は工業州であり、資源を産出することでも知られている。二〇〇九年時点のリージョン内総生産は五七九〇億二三二〇万ルーブルであり、本書で取り上げる四州の中では最も経済規模が大きい(5)。

リージョン内総生産に占める農林業の割合は五・二%とほぼ全国平均並みである。農業と畜産業が同程度に発展している。

リージョン内総生産のうち、製造業が二〇・六%、石油などの天然資源の産出が一一・九%とそれぞれ高い割合を占めている。製造業では、輸送機械の製造額が最も高い。サマーラ州の最大の産業はトリヤッチ市を拠点にしたアフトヴァズ（ヴォルガ自動車工場）である。同社は乗用車の生産ではロシア最大のシェアを誇る大企業である。また、石油加工業も盛んであり、サマーラ、トリヤッチ、スィズラニにそれぞれ石油加工工場がある。

なお、サマーラ州は、体制転換直後の時期においては豊かな州として知られており、現在に至っても沿ヴォルガ地域の中では最大の経済規模を誇っているが、表16の一人当たりリージョン内総生産の推移に示されるように、全国平均との比較では少しずつ後れを取り始めている。

（4）こんにちのサマーラ――「先進性」とその限界

サマーラはソ連時代に工業が飛躍的に発展した先進的な地域として知られていた。しかし、経済統計からも明らかになるように、全国との比較ではその経済規模が縮小しており、一九九〇年代における経済成長の勢いは失われつつある。

このような「先進性」とその限界はサマーラの街並みにも見て取ることができる。特筆すべきはサマーラの玄関口とも言えるサマーラ駅である。二〇〇一年に完成したサマーラ駅の駅舎はガラス張りのビルとなっており、市場経済移行に成功したサマーラ州のシンボル的な存在である。

ところが、街に出てみると風景は一変する。古い建物が多い旧市街には空き家が目立ち、倒壊しかけた家も多い。同様に昔ながらの木造建築が数多く残されているウリヤノフスク市と比較すると、その保存状態の悪さは際立っている。行政機関が立ち並ぶ中心部にはソ連時代の建造物が多いが、そこもやはり空き家が多く、閑散としている。

これは、ひとつには、サマーラの街の中心部が次第に新市街に移動しつつあることによって説明できるかもしれない。また、一部の観察者が指摘するように、サマーラにおいて二〇〇六年に野党の市長が登場し、連邦からの資金配分が減ったことによる一時的な現象である可能性もある。いずれにしても、サマーラの現状は、「市場経済移行の優等生」としての一九九〇年代の繁栄が過去のものとなったことを示しているように思われる。

第二節　チトフ知事の州政運営——経済自由主義的アプローチ

本節では、一九九〇年代のサマーラ州における政治動向を検討する。まず、体制転換のプロセスに触れたのち、そこからカリスマ性のある指導者として登場したチトフ知事と共産党地方委員会、そして州都行政府との関係について取り上げ、一九九〇年代中頃までの時期に同州において形成されていたエリート配置を明らかにする。

（1）サマーラ州における体制転換

サマーラ州においては、ペレストロイカの早い時期から既にソ連共産党に対する不満が顕在化していた。(6) 一九八八年七月二四日にはエフゲニー・ムラヴィョフ州委第一書記を批判する最初の抗議集会が行われ、三万人が集まったとされる。その一週間後、ムラヴィョフは職を解かれ、スタヴロポリ辺区で第一書記を務めていたヴェニアミン・アフォーニンが州委第一書記となった。アフォーニンはゴルバチョフと縁のある人物であったことから、政治改革を進展させるのではないかとの期待もあったが、サマーラ州には時折やってくるだけであり、人々の期待に応えることはなかった。

そのような状況が大きく変わったのが、一九九〇年三月の地方ソヴェト選挙である。(7) サマーラ州では、この地方ソヴェト選挙を経て、コンスタンチン・チトフ（経歴番号13）とヴィクトル・タルホフ（経歴番号14）が政治の表舞台に登場し、それぞれ、サマーラ市ソヴェト議長、州ソヴェト議長に選出された。実務家出身の新顔がこのような要職に選出されたことは、この時期のサマーラ州における先進的な雰囲気をよく示している。

その後、事態が大きく変化するきっかけとなったのが一九九一年の「八月政変」である。この時、州ソヴェト議長のタルホフと市ソヴェト議長のチトフの運命は分かれることになった。タルホフがエリツィン支持をすぐには明確にしなかったのに対し、チトフはいち早くエリツィン支持の立場を表明したのである。(8) エリツィンの信頼を勝ち得たチトフは、政変直後の八月三〇日にサマーラ州の行政府長官に任命された。

このように、サマーラ州においては、比較的早い時期から政治的な運動が活発化し、一九九〇年の地方ソヴェト選挙を経て登場した民主派がそのまま行政府長官に任命されるというプロセスが観察された。サマーラ州における政治体制の移行は比較的スムーズに進展したと言える。

（2）一九九〇年代前半のサマーラ州

チトフの経済政策

サマーラ州は市場経済への移行を自ら率先して実践しようとする「優等生」として知られ、体制転換期からエリツィンと良好な関係を築いていた。この時のチトフの姿勢を象徴的に示すものとして、価格自由化の導入を挙げることができる。エリツィン大統領が一九九二年一月二日からの価格自由化を宣言すると、チトフ知事は、サマーラ州ではそれに先駆けて一九九一年一二月一日から価格を自由化するとの決定を出した(9)。それにとどまらず、チトフは、一般には不人気であったチュバイスやガイダールの経済自由主義政策への賛同を繰り返し表明した(10)。以下のチトフの発言には、彼の考え方がよく表れている(11)。

> 我々は移行期を短く圧縮した形で通り過ぎねばならない。人々の需要がある領域を支援する必要はない。パン、牛乳、肉は市場で必要とされる物資であるから、それらの生産は自然に成り立つ。これは既に大方の見方が一致しているところであるが、労働者・病人・年金生活者の社会保護、医師、教師の給与のための予算は足りていない。にもかかわらず、卵、牛乳や肉に補助金を出しているとはどういうことか。補助金を出す余裕は国家にはない。

さらに、チトフは下院選挙のために作られた与党ブロックにも積極的に参加した(12)。まず、一九九三年下院選挙時には政権ブロック「ロシアの選択」のメンバーとして活動し、エリツィンおよびガイダールの路線を支持する立場を明確にした。それに続き、一九九五年五月には下院選挙に向けて新たに結成された政権ブロック「我らが家ロシア」の組織委員会に入り、第一副代表に選出された。[13] 体制転換直後の時期において多くの地方エリートがなかなか政党には参加しようとしない中にあって、チトフの動きは目立っていた。

もっとも、チトフは連邦中央の政策にただ追随していたわけではない。このことは「我らが家ロシア」への参加をめぐる彼の対応に見て取ることができる。チトフは、一九九五年夏に行われた「我らが家ロシア」サマーラ州支部の第一回会議の場において、サマーラ州独自の経済綱領を策定した。[14] その上で、モスクワで開かれた「我らが家ロシア」の全体会議に地方の代表が呼ばれなかったことを鋭く批判した。[15] こうした動きの背景には、連邦レヴェルの与党形成の試みに積極的に参加することによって自らの発言力を増そうとする狙いがあったものと考えられる。

このように、体制転換直後の時期において、チトフは連邦中央に親和的な態度をとり、自らも政党に関与することを厭わなかった。この点は、その後のサマーラ州における政治のひとつの特色をなすものとなる。

共産党との関係——第一回行政府長官選挙

サマーラ州では、チトフ知事が、州レヴェルにおいては共産党地方委員会に対して相対的に優位に立っていたという特徴がある。これは、市場経済化に対する反発が全国的に広がっていた時期であったことを鑑みれば特筆すべき点であった。

最初に確認しておくべきは、サマーラ州での連邦レヴェルの選挙における共産党の支持率は全国平均並みか、平均よりやや高い水準であったという点である。一九九三年下院選挙では一六・四％（全国平均一二・四％）、一九九五年下院選挙では二二・三％（全国平均二二・三％）であった。一九九六年大統領選挙時の展開もまた同様の傾向を示した。この大統領選挙の第一回投票の際、サマーラ州ではエリツィンとジュガーノフがそれぞれ三六・一％、三五・二％（全国平均は三五・三％、三二・〇％）、そして、決選投票では、エリツィンとジュガーノフがそれぞれ五二・〇％、四二・

七％（全国平均は五三・八％、四〇・三％）と、全国平均と比較するとむしろジュガーノフの得票率がわずかに高い結果となった。

ところが、州レヴェルにおける政治状況はそれとは異なっていた。そのことを端的に物語る例として、一九九六年一二月一日に行われたサマーラ州行政府長官選挙が挙げられる。この選挙は、現職のチトフと共産党のヴァレンチン・ロマノフ（経歴番号15）との一騎打ちとなった。(16) 共産党は「社会公正のために」という選挙連合を結成し、現体制批判を軸に選挙キャンペーンを展開していた。これは、市場経済化がもたらした「痛み」に反発する一般市民の声を代弁するものであると捉えられ、連邦政府に対する批判の矢面に立たされる形となったチトフは苦戦することが予想された。しかし、この時期のチトフにとって、共産党の体制批判をかわすことは比較的容易であった。エリツィン任命知事が苦戦した大方の地方とは異なり、サマーラ州においては、チトフがロマノフの二倍以上、六三％の票を獲得して第一回行政府長官選挙を勝ち抜いた。(17) その際の切り札となったのは州における政治的・経済的安定であり、チトフは、年金が予定通りに支払われていること、学校教師、医師らの給料が州予算の負担で三〇％値上げされたことなどをアピールした。

このように、全国的にエリツィン批判が強まり、反政権の機運が盛り上がっていた時期であったにもかかわらず、行政府長官選挙において「白い知事」としての立場を明確にしていたチトフは共産党の候補に圧勝することができた。これ以降、サマーラ州では、州内における政治アクターとしての共産党地方委員会は次第に目立たなくなった。

州＝州都関係の複雑化

こうしてチトフはカリスマ的な指導者としての名声を獲得し、共産党地方委員会を周縁化することに成功したが、州内の都市との関係はより複雑であった。(18) チトフは、州内第二の都市であるトリヤッチ市については、自らに近い人物を市長に任命することにより、比較的早い時期にコントロール下に置くことに成功した。しかし、州都のサマーラ市の人事にチトフが介入することはできなかった。なぜなら、サマーラ市長は当初大統領によって任命されることとなり、州知事が影響力を行使する余地がなかったためである。

一九九二年一月、大統領代表の意見に基づき、初代サマーラ市長に任命されたのはオレグ・スィスーエフであった。スィスーエフは安定した権力基盤を築き、一九九六年に行われた市長選挙でも七三％を得票して再選された[19]。チトフとスィスーエフは公然といがみ合うことこそなかったが、チトフにとって、サマーラ市において選挙民の支持を受けたスィスーエフの存在は脅威でもあり、両者の関係は良好なものではなかった[20]。しかし、スィスーエフはロシア連邦副首相に任命され、再選後ほどなくしてサマーラ市長を辞職した。

スィスーエフの辞任を受けて行われた一九九七年のサマーラ市長選挙は、州行政府・州都行政府間関係の難しさを際立たせることになった。候補者が乱立する中、七月一三日に行われた決選投票で新市長に当選したのが州議会副議長のゲオルギー・リマンスキー（経歴番号16）である。このリマンスキーは当初から州行政府に対して批判的な立場を明確にしていた人物であった[21]。市長就任後、彼は公共料金の値上げ回避などをはじめとしたポピュリスト的な政策を次々と実行に移し、チトフ知事に対する批判を繰り返すようになった[22]。このようにして、一九九七年市長選挙以降、新市長によって率いられる州都行政府は独自性を強め、州行政府との対抗関係が明白なものとなったのである。

（3）小括・一九九〇年代のサマーラ州

体制転換直後は、急速な市場経済化を推進したエリツィン政権に対する批判が高まった時期であり、全体的には共産党の勢力が強まっていた。しかし、サマーラ州では、チトフ知事がエリツィン政権寄りの立場をとりながらも安定的な州政運営を展開していたことから、共産党地方委員会による批判をある程度までかわすことが可能であった。その一方で、一九九〇年代後半にはチトフ率いる州行政府と州都行政府との対立が顕著なものとなった。かくして、一九九〇年代中盤頃のサマーラ州においては、州行政府と州都行政府の対抗関係を軸とするエリート配置が生じた。

第三節　チトフ知事の政治的野心と州内政治

本節では、集権化の端緒が観察された時期のサマーラ州における政治プロセスを明らかにする。一連のできごとの中で重要なのが、チトフ知事が独自の地域発の選挙ブロック「ロシアの声」を形成した一九九九年下院選挙、そしてチトフ知事自身が出馬し、敗北した二〇〇〇年の大統領選挙である。以下においてはその経緯を振り返った上で、一連の政治活動が州レヴェルの政治にもたらした影響について述べる。

（1）一九九九年下院選挙に向けた動き

「ロシアの声」の結成と合従連衡の動き

一九九〇年代後半、チトフは州内で自らの勢力基盤を固め、当時連邦構成主体の行政府長官・立法府議長によって構成されていた上院を舞台として、連邦レヴェルの政治に進出しようとしていた。特に、一九九九年下院選挙とその後に続く大統領選挙をにらんで諸政治アクターがダイナミックに動く中、チトフは一九九九年一月後半から地方発の選挙ブロックを結成すべく、活発な動きを始めた(23)。

チトフを中心とした選挙ブロック「ロシアの声」の創設集会は、一九九九年四月二〇日に開かれた(24)。そこにおいて、チトフは、中央から地方に財源および権限を委譲する必要があると述べ、その上で、同ブロックの経済政策について、「我々の戦略的な目標は寄生的・ノメンクラトゥーラ的なオリガルヒ経済から、真の企業活動に適合的な、民主的かつ社会志向の市場システムへと移行することにある」とし、「我々の中流階級」を支援していくことを目指す、としている。「ロシアの声」には、サマーラ州の自治体組織、環境団体、女性団体などをはじめとし[25]、エリツィン大統領を支持してきた社会運動「ロシア＝大統領の共和国」なども合流することが決まった[26]。

チトフのこのような動きを受け、州内においても政治運動が盛んになった。特に、州都のサマーラ市は一九九七年の市長選挙後から政治的な存在感を強め、チトフ陣営に対抗する姿勢を見せるようになっていた。市長就任後、リマンスキー陣営が左派勢力に接近するようになったのはそのひとつの現れである[27]。リマンスキーは「サマーラ市の問題解決のため」として共産党、「人民愛国同盟[28]」、選挙ブロック「社会公正のために[29]」、自由民主党、労組などによって構成される委員会を結成し、自らそれを率いている[30]。これは、左派勢力からの支援を得ることによってチトフに対抗し、あわよくば自らに近い候補者を下院選に擁立することを目指すものであった。

しかし、チトフ率いる選挙ブロックの勢力拡大はうまくいかなかった。「ロシアの声」は、一時はサマーラ州以外の地方をも取り込む政治勢力になるかと見られ、実際にモスクワ支部が創設されたが[31]、結果的には地域的に限られた存在にとどまった。一九九九年夏、連邦レヴェルで合従連衡の動きが繰り広げられた結果、「ロシアの声」は「正義の事業」、「新勢力」とともに「右派勢力同盟」を結成することが決まった[32]。もっとも、右派陣営はそれ以前から人気が高かったとは言えず、この時点でチトフの形勢はやや不利なものとなっていた。

それに追い打ちをかける形となったのが、一九九九年八月の「統一」の結成である。チトフは、「統一」からは距離を置くことを明言し、右派から離脱する気はないとの姿勢を明らかにした[33]。しかし、下院選挙の直前になってクレムリンの支援を受けた「統一」が登場したことにより、全体の勢力図は大きく変容し、「ロシアの声」が合流した「右派勢力同盟」はさらに周縁化した。

一九九九年下院選挙に向けた選挙キャンペーン

このように、連邦レヴェルにおける合従連衡の動きが難航していたことから、チトフ率いる州行政府は地元での選挙民動員により一層力を入れるようになった。選挙を前にしたサマーラ州において重要な論点として浮上したのが、年金の算出基準をめぐる問題であった。

この年金問題は、一九九九年七月に、共産党市委員会によって疑問が提起されたことによって表面化した(34)。問題とされたのは、一九九八年二月一日に発効した連邦法「年金の支払いについて」において、平均給与や在職期間に基づいて年金額を算定する際の個人係数が〇・七とされていたにもかかわらず、その後すぐに出された労働省・年金基金の指令を根拠として係数が〇・五二五に引き下げられたという点であった(35)。労働省・年金基金の指令についてはその有効性が問題視されており、共産党は、個人係数が不当に低い水準に引き下げられたことにより、年金生活者が「毎月八〇から一五〇ルーブルを受け取り損ねている」と主張したのである。

共産党が提起した年金問題に対し、当初、州行政府は資金不足を理由に取り合おうとしなかった。ところが、形勢が悪化する中でも選挙キャンペーンを成功させたかったチトフ陣営は、この年金の問題を選挙キャンペーンに利用しようと、一九九九年選挙の直前になって方針を転換した。「サマーラ州では全ロシアで最初に係数を〇・五二五ではなく〇・七とした」、として華々しい宣伝が行われ(36)、州議会の議員らもこのチトフの姿勢を支持したのである。一九九九年下院選挙前の時期においては、年金を軸としたパフォーマンスがチトフ陣営の選挙キャンペーンの最大の目玉となった(37)。

この時期に州行政府を中心として熱心な選挙キャンペーンが推進されたことは、サマーラ州における「右派勢力同盟」の支持拡大を後押ししたと言える。一九九九年一二月の下院選挙の結果、知事であるチトフが関与した「右派勢力同盟」は二二・一％を得票した。同党の得票率が全国平均では八・五％であったことを踏まえれば、サマーラ州における「右派勢力同盟」の健闘ぶりは明白であった。

（2）チトフの弱体化と「統一」の登場

チトフの挑戦とその失敗

下院選挙における「統一」の躍進、そして一九九九年一二月三一日、エリツィン大統領の退陣に伴ってプーチンが大統領代行に指名されたことを受け、二〇〇〇年三月の大統領選挙においてプーチンが新たな大統領に選出されることはほぼ確実な情勢となっていた。チトフが「右派勢力同盟」の候補として大統領選挙に出馬する意思を表明した(38)のはまさにこのような時期であり、周囲の反応は冷ややかであった(39)。選挙の結果、チトフは、全国では一・五%、そして、サマーラ州では二〇・二%を得票した。その得票率が地元で高いのは当然のことではあったが、その順位は地元でもプーチン、共産党のジュガーノフに続く第三位にとどまっており、チトフの地元における集票力が陰りを見せ始めていたことが明るみに出る形となった(40)。

大統領選挙後、チトフは州行政府長官の任期満了を待たずに辞表を提出した(41)。チトフ自身は、辞職の理由について、大統領選挙に負けた責任を取るためであると説明し、今後は政治的野心を封じるとの決意を表明した。しかし、大方の見方によれば、辞職は敗北の痛手を最小限にとどめ、州行政府長官選挙での再選を確実にしようとする意図に基づくものであった。第二回行政府長官選挙は二〇〇〇年七月二日に行われることが決まった。なお、その場では注目されなかったものの、この時期に行われた行政府長官の任期延長が後に大きな問題として取り上げられることになる(42)。

この行政府長官選挙においてチトフの最大の脅威となったのが、ペレストロイカ末期にチトフと主導権争いを繰り広げたタルホフであった(43)。チトフ陣営はタルホフに対し、州議会議長のポストを与える代わりに選挙への出馬を取りやめるよう説得を試みたが、その工作には失敗した(44)。もっとも、強力な対抗馬の存在にもかかわらず、チトフは第一回投票で再選を確実にし、体面を保つことに成功した。[45]同選挙での両者の得票率は、チトフが五三％、そしてタルホフが二九％であった。

その後、チトフは、突如、「右派勢力同盟」と決別し、ロシア社会民主党[46]のリーダーに就任した。[47]そして、二〇〇一年一一月二四日、ゴルバチョフが率いる社会民主党とロシア社会民主党が連合して結成された新たな社会民主党の議長に選出された。[48]それまでは経済自由主義的な志向の強かったチトフが社会民主主義へと接近し始めたことは、周囲に驚きを持って受け止められた。この点について、チトフ自身は社会民主主義こそが今までの自分の考え方に親和的なイデオロギーであったと説明している。[49]この時のチトフの動きは大統領選挙の失敗を受けて政治的な野心を封じるとした自身の「誓い」を破るものであったが、「右派勢力同盟」との連合が失敗し、さらに中道右派の「統一」の動きにも乗り遅れたという厳しい現実が、チトフをして社会民主主義へと接近せしめたと解釈することが可能である。

「統一」と州都行政府の接近

二〇〇〇年初頭から活発化していたのが、プーチンを支持する「統一」の創設に向けた動きであった。「統一」は州行政府陣営に対抗しうるほぼ唯一の政治勢力であったことから、地元のエリートたちは「統一」のリーダーの座を虎視眈々とねらっていた。

最初に行動を起こしたのはサマーラのリマンスキー市長であった。リマンスキーは二〇〇〇年一月二二日の「統一」サマーラ州支部の創設集会で代表に選出される予定であったが、調整がつかずに失敗した。[50]その一週間後の一月二九日に開かれた創設集会において、リマンスキーが代表に選出されたということが明らかにされた[51]ものの、法務省への届け出の段階で問題が発生し、リマンスキーの選出は一度白紙に戻った。[52]その頃、トリヤッチ市でも「統一」の支部創設が目指されており、そのリーダーにアフトヴァズ（ヴォルガ自動車工場）のウラジーミル・カダンニコフ

（経歴番号17）を推挙しようとする動きが活発化していた。

ところが、「統一」の中央指導部の意向はなかなか固まらず[53]、「統一」州支部の代表を目指して相争っていたリマンスキーとカダンニコフが歩み寄るきっかけを見出すことも困難であった。しびれを切らしたリマンスキーは強硬手段に訴え、二月一七日の「極秘」の創設集会において自らが代表に選出されたとの一方的な宣言を行った[54]。ところが、カダンニコフも負けてはいなかった。カダンニコフはリマンスキーの創設集会の二日後に創設集会を開き、そこにおいて自分がリーダーに選出されたと主張したのである。「統一」の創設をめぐる紛争は泥沼化の様相を呈していた。

「統一」が州行政府に対抗しうる勢力となることは確実であった。しかし、「統一」は一野党としてサマーラ州への進出を目指すのか、それとも、市行政府と一体化して、いわば「第二の与党」となるのか、の狭間にあり、その行方ははっきりしなかった[55]。これが、「統一」をめぐる権力闘争になかなか決着がつかなかったことの一因となった。

「統一」の創設をめぐる主導権争いは一向に収束の気配を見せなかった。五月に開かれた「統一」の全国党大会でゲンナジー・ズヴャーギン[56]が同党の中央政治評議会のメンバーに選ばれると、サマーラ州でも、リマンスキー、カダンニコフよりもむしろズヴャーギンを中心として「統一」を結成しようとする動きが現れた[57]。しかし、トリヤッチにおいて開催されるはずだった創設集会の場においてズヴャーギンの支持者とそれに反対する人々が衝突し、ズヴャーギンの周辺に糾合しようとする動きもまた挫折した。最終的に「統一」サマーラ州支部のリーダーに選ばれたのは、リマンスキーでもカダンニコフでもなく、またズヴャーギンとも異なるユーリー・セヴァスチヤーノフという人物であった[58]。

その後も、サマーラ市支部を率いていたアレクサンドル・イリインが除名される[59]などのスキャンダルが続き、「統一」を取り巻く状況は安定しなかった。汚名返上の絶好の機会となるはずであった二〇〇一年一二月の州議会選挙の結果、サマーラ市では「統一」の候補が「祖国」やビジネス界の援助を受けた一名を除いて全員落選し、トリヤッチでも目立った成果を上げられなかった[60]。さらに、「統一」側からチトフ陣営へと鞍替えをする人物も現れた。当初は「統一」の熱心な活動家であったズヴャーギンも同党を離れ、二〇〇二年一月、社会民主党サマーラ州支部のリーダーに選出された[61]。

このように、「統一」は度重なる内紛を経て衰退し、知事に対抗する連合を形成しようとする試みはなかなかうまくいかなかった。プーチンを支持する全国与党として登場した「統一」は、サマーラ州においては与党となることができなかった。この状態は、二〇〇二年四月に「統一」が「統一ロシア」に改組された後も直ちには変わらなかった[62]。

（3）二〇〇三年下院選挙に向けた動き

二〇〇三年下院選挙は、州行政府と「統一ロシア」との拮抗関係に一定の変化をもたらすかに見えた。全国的に行政資源の動員に依拠する形で選挙キャンペーンを展開していた「統一ロシア」にとって、州行政府の協力を得られないサマーラ州での選挙戦は困難なものとなった。小選挙区の候補者擁立に際しては党内から複数の候補者が出るなどし[63]、「統一ロシア」による候補者の決定には時間がかかった[64]。

一方、チトフ側にとっても状況は危機的であった。下院選挙に先立ち、社会民主党の周辺では、共産党や後に「ロージナ」を結成するセルゲイ・グラジエフら、左派系の諸勢力との間で同盟を模索する動きがあったが、連携には至らなかった。サマーラ州内の有力者で社会民主党側についていたのはスィズラニ市長のヴァシリー・ヤーニンのみであった[65]。チトフは、「統一ロシア」の支援を受けるか、それとも自前の社会民主党で選挙を戦うか、難しい選択を迫られた。

結果的に、チトフ側は「統一ロシア」への接近を開始した。九月初めには社会民主党が「統一ロシア」と戦略的な同盟を結ぶ予定であると報道された[66]。その動きがより決定的なものとなったのは九月中旬のことであった。九月一九日にモスクワで開かれた社会民主党の総会において、「十分な資金源を欠いている」ことを理由として、同党の二〇〇三年下院選挙への参加中止が決定された。そして、チトフは、翌二〇日、同じくモスクワで開かれた「統一ロシア」の第三回大会に来賓の一人として登場した。(67)

(4)　小括・一九九〇年代末から二〇〇〇年代初頭にかけてのサマーラ州

一九九〇年代末から二〇〇〇年代初頭にかけ、中央地方関係の制度化および集権化の萌芽が見られた時期のサマーラ州においては、州行政府と州都行政府の対抗関係が政党の形成へとつながる様子が確認された。そうした動きは主に二つの段階に分けて捉えることが可能である。まず、一九九九年下院選挙前の時期には、州行政府が「ロシアの声」に、そして州都行政府が左派に接近した。続いて、チトフの辞職や知事再選などを経た後の二〇〇〇年代初頭には、州行政府が社会民主党に接近し、その一方で州都行政府が「統一ロシア」と連合を組むに至っている。サマーラ州における地方エリートと政党との連合関係は多分に流動的であり、移ろいやすい性質を持ってはいたものの、そのような中で全国与党の形成に呼応する動きが現れたという点は注目に値する。

第四節　「統一ロシア」体制の成立とその限界

本節では二〇〇三年下院選挙後の時期を対象とする。そのうち、重要な画期となったのが、知事の任命制導入とチトフの再任、サマーラ市における「政権交代」、二〇〇七年下院選挙を前にしたチトフの辞任と第二代行政府長官となるアルチャコフの就任、そして二〇一〇年頃から顕在化した「統一ロシア」に対する反発の高まり、である。

(1) 二〇〇三年下院選挙後の状況

二〇〇三年下院選挙の結果、サマーラ州においては「統一ロシア」が三二・六％を得票し、比例区第一党となった。[68]しかし、サマーラ州における「統一ロシア」の選挙対策を担ったセルゲイ・スィチョーフはこの結果に満足しなかった。彼は、「統一ロシア」は全体としてみれば健闘したと評価した上で、チトフ（サマーラ州知事）、ヤーニン（スィズラニ市長）、ニコライ・ウトキン（トリヤッチ市長）が「統一ロシア」に対して非友好的な態度に出たとして批判した。[69]これを受け、チトフは、下院選後、「統一ロシア」へとさらに接近するようになった。二〇〇三年一二月二三日、チトフはスィチョーフを副知事として州行政府に迎え入れている。[70]

二〇〇四年に入ると、第三回行政府長官選挙に向けた動きが活発化した。しかし、そもそも、チトフの任期がいつの時点で切れるのかという点が明らかではなかった。なぜなら、二〇〇〇年の州憲章改正によって州知事の任期が四年から五年に延長されたことの適法性について疑問の声が上がっていたためである。[71]二〇〇四年六月、州議会議員のナターリア・ボブロワがこの任期延長の適法性を問う訴訟を起こした結果、チトフの任期が切れるのは二〇〇五年夏ではなく二〇〇四年七月二日であるということになり、サマーラ州裁判所によって選挙が九月一九日に設定された。[72]ところが、中央選挙管理委員会がこの決定に異議を申し立てたことから、[73]最高裁判所は行政府長官選挙の実施を差し止めるに至った。[74]

そのような中で、行政府長官の選出方法が実質的任命制に移行することが明らかになった。サマーラ州においては依然としてチトフの任期をめぐる裁判が続いていたが、次第に選挙が実施されるかどうか自体不透明な情勢となり、議論は下火になった。[75]最終的に、ボブロワが起こしていた訴訟は中止され、第三回行政府長官選挙は行われないことになった。[76]知事は新たに導入される任命手続きに従って選ばれる運びとなったのである。

（2）知事の実質的任命制導入後

チトフの再任と「統一ロシア」への入党

二〇〇五年三月、沿ヴォルガ連邦管区大統領全権代表のキリエンコが知事の候補者名簿を作成したことが報じられた。[77] 名簿には四人の名前が挙げられており、そのうちの一人はチトフであることが明らかになった。四月二五日、プーチン大統領はチトフを行政府長官の候補として州議会に提案、[78] 翌二六日、サマーラ州議会は全会一致でチトフの再任を承認した。[79]

再任を受け、チトフは「統一ロシア」にさらに接近する動きを見せた。再任が決まって間もない二〇〇五年五月一六日、チトフは、すぐに「統一ロシア」に入党するわけではないとの留保をつけつつも、ロシア社会民主党の党員資格を停止することを発表した。[80] その後、チトフは同年一一月に「統一ロシア」の党員となった。[81] このことは、長い間「統一」、そして「統一ロシア」から距離を置いてきたチトフが、とうとう「統一ロシア」の内部に取り込まれたことを意味した。

「統一ロシア」入党後のチトフは、党内で独自性を発揮することを目指した。二〇〇六年三月には「統一ロシア」サマーラ州支部のリーダーをめぐる人事に介入して自らに近い立場をとる人物を推薦し、州行政府の影響力を増そうとした。[82] また、「統一ロシア」から政治評議会入りを打診された際には、一介の党員であり続けたい、今は「優先的国家プロジェクト」に取り組むべき時である、と述べて固辞した。[83] チトフは「統一ロシア」に取り込まれたように見えたが、同党との関係は依然として複雑なものであったと言える。

「公正ロシア」による州都の掌握

その頃、「統一ロシア」はサマーラ市長選挙に向けた準備を進めており、候補者選びが焦点となっていた。市長選の候補者としては現職市長のリマンスキーおよび州議会議長のヴィクトル・サゾーノフの名が挙がっていたが、リマンスキーは市長としての評判が悪かったことから、当初はサゾーノフが有利であると見られていた(84)。ところが、リマンスキーが積極的な働きかけを行ったことが功を奏し、当初はサゾーノフ支持に傾いていた「統一ロシア」中央がリマンスキー支持に回った(85)。こうした連邦中央の意向を受ける形で、反対意見が根強かったサマーラ州においてもリマンスキーの擁立が決定された(86)。かくして、リマンスキーは、多くの反対意見を跳ね返し、「統一ロシア」の公認候補に選ばれた。

もっとも、リマンスキーが地元で支持を集められなかったという事実に変わりはなく、「統一ロシア」の公認を受けたことは彼の勝利には直結しなかった。市長選挙は非常に厳しいものとなり、決選投票へもつれ込んだ(87)。決選投票の結果、リマンスキーは敗れ、ロシア生活者党（この時期に新党「公正ロシア」に参加）のタルホフが当選した(88)。「統一ロシア」敗北の理由は、適切な候補者を擁立できなかったことにあるとされた(89)。

このように、サマーラ州においては「公正ロシア」が州都行政府を足場として行政資源を手にし、「統一ロシア」にとっては不都合な状況が出現した。「統一ロシア」の苦境を如実に示したのが、二〇〇七年三月の州議会選挙であった。この州議会選挙に向けたキャンペーンでは、州行政府と州都行政府の間での行政資源をめぐる争いが激化し、さらに、それが「統一ロシア」と「公正ロシア」の政党間競争と重なり合っていたことに注目が集まった。例えば、そのひとつの焦点となったのが、行政府による動員が比較的容易な学校の取り込みであった。激しく対抗しあっていた両陣営は、同じ日に別々の会議を開き、各学校の校長や教務部長がどちらの会議に出席するのかによってその忠誠心を試そうとしたのである(90)。この一件からも、州行政府・州都行政府間の行政資源の取り合いがきわめて熾烈なものとなっていたことが了解されよう。

州都を「公正ロシア」が掌握したことは、政治空間が「統一ロシア」によって席巻されつつあったこの時期のロシアにおいては注目に値するできごとであった。「統一ロシア」州支部で働く職員は、タルホフ市長が選挙キャンペーンをたびたび妨害したため、サマーラ市における「統一ロシア」の政治活動には多大な困難が伴っていたと語っている。(91)

チトフと「統一ロシア」の関係悪化

チトフと「統一ロシア」の関係はその後もかみ合うことがなかった。州議会選挙と前後して二〇〇七年下院選挙に向けた動きが始まっていたが、そこでも「統一ロシア」の比例代表名簿の編成方法をめぐる意見の相違が表面化した。(92)州内では、州で単一の名簿を作成し、その第一位にチトフの名前を載せるという方針が固まりつつあった。それに対し、「統一ロシア」中央は、サマーラ市、トリヤッチ市、スィズラニ市を中心とした三つの比例代表名簿を作り、そのうちのサマーラ市の比例代表名簿のトップにチトフの名前を載せることを要請していた。

しかし、チトフは州全体でひとつの名簿を作るべきだとの立場を崩さず、サマーラ市の名簿に自らの名前を載せることには同意しなかった。(93)元来「統一ロシア」の支持基盤が弱く、得票率が伸びにくいサマーラ市の名簿のトップに名前を載せれば、選挙戦の責任を一人で負わされる可能性があったためである。さらに、「統一ロシア」の得票率は五〇％を目指すべきであるとの方針がクレムリンから示され、それにチトフが反発したことも報じられた。(94)諸々の意見の相違を踏まえ、チトフは、「来る下院選挙で非現実的な要求をするようであれば自分は知事を辞職する用意がある」と発言し、八月上旬にはチトフ辞任の噂が出るようになっていた。(95)

このような状況を受け、八月二七日、チトフは「自身の都合」により知事の職を辞することを明らかにした。ポストソ連期のサマーラを長らく率いてきたチトフが、ここにきてついに知事の職を退くことになったのである。その後任として任命されたのはウラジーミル・アルチャコフ（経歴番号18）であった[96]。アルチャコフが任命された理由としては、地元のボスであるチトフと「統一ロシア」中央との「抗争疲れ」が生じていた中、サマーラ州との関連が薄く、扱いやすい人物が求められていたという事情がある。それに加え、アルチャコフが副社長を務めていた国防関連企業「ロスオボロンエクスポルト」との関係構築への期待もあり、彼の知事就任はおおむね好意的に受け止められた[97]。

（3）二〇〇七年下院選挙とその後の展開

アルチャコフの任命と二〇〇七年下院選挙

二〇〇七年八月、州議会においてアルチャコフがチトフの後任の行政府長官として承認された[98]。アルチャコフの就任を受け、それまでチトフとの間で論争となり、宙に浮く形となっていた比例代表名簿は州全体で作成されることが決まった[99]。さらに、「統一ロシア」の政治評議会にアルチャコフ派の人々が入った[100]。サマーラ州と関係の深くないアルチャコフを迎えたことにより、「統一ロシア」陣営はチトフ時代の紛争を収拾し、組織的な基盤を固めつつあるかに見えた。

しかし、「統一ロシア」をめぐる状況が好転したわけではなかった[101]。二〇〇七年下院選挙の結果、サマーラ州では、「統一ロシア」は五六・〇％を得票した。この数字は当初心配されていたほど低くはなかったものの、他の地域と比較すると低い水準であることは確かであった。この不振の理由は、アルチャコフ知事ではなく、旧チトフ陣営に求められた。とりわけ、トリヤッチ市、「統一ロシア」州支部の指導部や州行政府などに旧来のエリートが残存していたことが「統一ロシア」の不振を招いたとされたのである[102]。

一方、タルホフ・サマーラ市長が拠り所としていた「公正ロシア」は振るわず、九・一％の得票にとどまっている。

このことは、サマーラ市で影響力を持つタルホフへの支持と政党としての「公正ロシア」への支持とが連動していないことを意味した(103)。

「統一ロシア」体制への反発と野党陣営

その後のサマーラ州においては、次第に「統一ロシア」への反発が強まっていく様子が観察された。二〇一〇年一〇月に行われたサマーラ市長・市議会選挙の際には「統一ロシア」と州行政府が連携し、行政資源が利用されたことが問題視された(104)。特に、無所属で出馬した候補者の立候補資格が認められないケースが相次いだことが批判を巻き起こした。選挙直前の九月二五日にはデモが行われた(105)。コメルサント紙によれば、そのデモには五〇〇〇人が集結し、数年間で最大の規模であったという。

しかし、これらの抗議運動は「統一ロシア」を根底から揺るがすには至らなかった。二〇一〇年一〇月に行われた市長選挙において勝利したのは「統一ロシア」に擁立されたドミトリー・アザーロフ候補であった(106)。ジャーナリスティックな文脈では、サマーラ市は、野党である「公正ロシア」の市長によって率いられていたがために、「統一ロシア」の差し金で意図的に「干された」のだとする見方がある(107)。しかし、地元では、タルホフ市長は行政を預かる人間として当然行うべき事柄にきちんと取り組まず、選挙の前から既にサマーラ州の政界において人気を失っていたという意見が根強い(108)。サマーラ市において登場した野党市長は、自ら姿を消すことになったとも言える。

下院選挙の年となった二〇一一年には、二〇一〇年市長・市議会選挙の頃から目立ち始めた「統一ロシア」批判の機運がさらに高まっていた。そのような状況で迎えた二〇一一年下院選挙においては、共産党が全国平均よりも四ポイント多い二三・一%を得票し、二〇〇七年下院選挙時よりも得票率が七ポイントほど増えている。「公正ロシア」は一四・二%と全国平均をやや上回る得票率であった。二〇一一年下院選挙は、それまでは他の政治勢力に押される傾向にあった共産党が反政権票の受け皿となったという点で特異なものとなった。この結果は、二〇一一年末時点における反政権的な機運の強さを示すと同時に、それを集約する政党として共産党が大きな役割を果したことを意味している。

（4）小括・二〇〇〇年代中盤以降のサマーラ州

政治的な中央集権化傾向が強化されるに伴い、それまでは「統一ロシア」から距離を置いてきたチトフ知事も同党に接近するようになった。しかし、「統一ロシア」との関係は依然として複雑であり、チトフ知事と同党との間には様々な軋轢が生じた。その一方で、州都では二〇〇六年に野党「公正ロシア」の支持を受けた市長が選出され、州行政府との対立が目立つようになった。サマーラ州における政治の展開は、州行政府と州都行政府の対抗関係が圧倒的一党優位状況の不安定化のきっかけとして作用しうることを示唆する。サマーラ州の「統一ロシア」は、二〇〇七年のチトフ知事の辞職を経て一定の安定を確保するに至ったものの、その優位性が揺らぐのも早かった。

第五節　サマーラ州におけるエリート配置と政党形成

本章では、州行政府と州都行政府の対抗関係に特徴付けられていたサマーラ州を事例として取り上げ、そこにおけるエリート配置と政党形成の関連を中心として分析を行ってきた。

一九九〇年代のサマーラ州においては、州行政府と州都行政府の対抗関係が顕著なものとなっていた。さらに、他の地方において地方エリートがエリツィン政権から距離を置いていたのとは対照的に、チトフ知事はエリツィン政権との連携に積極的であったという特徴もある。その点において、分権状況下のサマーラ州はそれ以外の地方とは一線を画していたと言える。

このような傾向は、一九九〇年代末からさらに強まるようになった。サマーラ州においては各勢力が政党との連携を繰り広げ、チトフ知事自らの選挙ブロック形成や、州都行政府の「統一」への接近など、政党形成の動きは大いに活発化した。かくして政党形成の試みが過熱したことは、「統一ロシア」の登場プロセスにも影響を及ぼした。サマーラ州では、「統一ロシア」の前身である「統一」の設立当初から内紛が絶えず、「統一ロシア」の浸透は難航したのである。

地方レヴェルのエリート間の競争性は政治的中央集権化が進んだ後も維持された。この時期に入ると当初「統一ロシア」から距離を置いていたチトフ知事も同党に接近するようになった。もっとも、チトフ知事が独自の立場を維持したため、「統一ロシア」への接近はかえって新たな軋轢を生むことになった。また、その間、二〇〇六年には州都のサマーラ市において野党の「公正ロシア」に擁立された市長が誕生し、州行政府と州都行政府の対抗関係が再び顕在化した。一連の経過からも明らかになるように、サマーラ州における「統一ロシア」の優位性は依然として危ういものであった。

以上述べてきたように、サマーラ州においては、州行政府・州都行政府間の対抗関係を背景として、連邦レヴェルの政党に連なろうとする、もしくは自前の政党を作ろうとする動きが見られた。その一方で、このような動きは政権与党の浸透を促進することはなく、むしろ圧倒的一党優位状況の不安定化要因となった。一連の経過は、序章において示した、州行政府と州都行政府の対抗関係が厳しい場合に生じるエリート間の相互作用がサマーラ州において実際に現れていたことを示すものである。

注

（1）元の名をスタヴロポリという（同名の都市がスタヴロポリ辺区にも存在するため、「ヴォルガのスタヴロポリ」と呼ばれることもあった）。トリヤッチ市という名称は、一九六四年、イタリアの共産主義者パルミーロ・トリアッティが死去した際に、その名にちなんで名づけられた。

（2）Регионы России : краткий статистический справочник.

（3）以下の記述は、主に Города России : Энциклопедия に依拠した。

（4）人類最初の宇宙飛行士となったガガーリンの乗ったロケットもサマーラにおいて製造された。ガガーリンはサラトフ州のエンゲルス市近くに着陸した後、サマーラで休息を取り、そこからフルシチョフに無事の帰還を報告したという。

（5）リージョン内総生産およびその内訳等については Регионы России. Официальное издание. 2011 を参照した。

（6）Виктор Кузнецов. Хроника политической жизни（1988–1995）// Регионы России : Хроника и руководители. Т. 3 : Самарская область, Ярославская область / Под ред. К. Мацузато, А. Б. Шатилов. Саппоро : Slavic Research Center, 1997. С. 16–17.

（7）Кузнецов. Хроника политической жизни. С. 18–20.

（8）М. Н. Матвеев. Советская власть Самары в 1991–1993 гг. Самара : Изд-во «Самарский университет». 2005. С. 13–39.

（9）チトフのこの決定に対し、州ソヴェトは異議を申し立てた（Волжская коммуна, 10 января 1992 г.）。

（10）Самарское обозрение, 10 июня 1996 г.

（11）Коммерсантъ, 13 апреля 1996 г.

（12）ペレストロイカ期から一九九五年に至るまでの間にチトフが関与した政党およびそこにおける役職の変遷については Кузнецов. Хроника политической жизни, С. 34–35 を参照。

（13）Волжская коммуна, 5 мая 1995 г.

（14）Волжская коммуна, 2 августа 1995 г.

（15）Волжская коммуна, 1 августа 1995 г.
（16）Коммерсантъ, 11 октября 1996 г.
（17）Коммерсантъ, 3 декабря 1996 г.
（18）Кузнецов. Хроника политической жизни. С. 25.
（19）Волжская коммуна, 3 сентября 1996 г.
（20）Кузнецов. Хроника политической жизни. С. 25.
（21）Коммерсантъ, 25 июня 1997 г.
（22）もっとも、改革の遅延が目指された結果として、サマーラ市における住宅・公共サーヴィス部門は後に崩壊の危機に直面することになった（Коммерсантъ, 1 февраля 2000 г.）。
（23）Волжская коммуна, 20 февраля 1999 г.
（24）Волжская коммуна, 23 апреля 1999 г.
（25）Волжская коммуна, 12 марта 1999 г.
（26）Волжская коммуна, 20 апреля 1999 г.
（27）Самарское обозрение, 15 декабря 1998 г.
（28）「人民愛国同盟」とは、大統領選挙において、ジュガーノフを支持した共産党を含む諸政治勢力が、各地方における行政府長官選挙に対応するために結成した政治運動である。その中核部分は共産党と重なるが、共産党よりも幅広い層を組織化することを目的としていた。
（29）選挙ブロック「社会公正のために」は、一九九六年行政府長官選挙の際に、チトフの対抗馬として出馬した共産党のロマノフを支持するために結成された。本章第二節（2）（212頁）を参照。
（30）Коммерсантъ, 23 декабря 1998 г.
（31）Волжская коммуна, 21 мая 1999 г.

（32）Коммерсантъ, 3 августа 1999 г.

（33）Волжская коммуна, 8 октября 1999 г.

（34）Самарское обозрение, 26 июля 1999 г.

（35）この時、年金は、i（個人係数）×Wt（直近の四半期の平均賃金）で算出されることになっていた。問題となっていたのはこの個人係数（i）である。個人係数は、y（勤労期間係数：男性二五年、女性二〇年で〇・五五、一年長くなるごとに〇・〇一ずつ増加、最大〇・七五）×r（賃金係数：個人の平均賃金÷平均賃金、上限は〇・七）という計算式に基づいて算出されることになっており、勤労期間係数・賃金係数の双方に上限が設定されていたことから、最大でも〇・七五×〇・七＝〇・五二五にしかならない。すなわち、どれほど長く働いたとしても、年金額は直近の四半期の平均賃金の半分程度にしかならなかった。さらに、額面の平均賃金も、実際に生活を営むには低すぎるものであった。それゆえ、特に、賃金係数の引き上げが問題になっており、実際に、この係数は段階的に引き上げられてもいた。一九九九年選挙に向けたキャンペーンの最中で問題になっていたのはこの引き上げのスピードをめぐる問題だった。ロシアにおける一九九〇年代の年金制度については、Shinichiro Tabata, "Pension System in Russia: The Russian Pension in the 1990s," Discussion Paper No. 72 / Setting Options for Fair Distribution of Well-being among Different Generations, PIE, Institute of Economic Research, Hitotsubashi University, 2002 を参照。

（36）Волжская коммуна, 15 октября 1999 г.

（37）この件をめぐっては年金基金との間で紛争が生じ、訴訟にまで発展した（Коммерсантъ, 19 ноября 1999 г.）。さらには連邦レヴェルで年金そのものの増額が決定されたため、州予算は連邦レヴェルとの差額分を負担できなくなった。それを受け、九月六日、サマーラの年金生活者らは未払い分の年金を求めて州行政府の入り口をふさいだ（Коммерсантъ, 7 сентября 2000 г.）。この一件は、地方レヴェルにおいて単独で年金の係数を変更するといった対応がもはや不可能になっていたことに加え、こうした場当たり的な対応が自らの首をも絞めかねないことを示すものであった。

（38）Самарское обозрение, 24 января 2000 г.

(39) この時期におけるチトフの連邦政界への進出の試みおよびそれに対する地元の反応については、А. А. Александров. Самарская область: политические процессы, 1997–2000 гг. // Феномен Владимира Путина и российские регионы. Победа неожиданная или закономерная? / Под ред. Мацузато Кимитака. Sapporo: Slavic Research Center. 2004 に詳しい。

(40) 地元でのチトフの集票力がどの程度のものであったのかを理解するためには、チトフと同様に知事として大統領選挙に出馬したアマン・トゥレーエフとの比較が有効である。ケメロヴォ州知事のトゥレーエフは、全国的にはチトフ以下の第四位にとどまったが、地元では五〇%以上を得票していた。

(41) Коммерсантъ, 5 апреля 2000 г.

(42) この問題がどのようにして取り沙汰されるようになったのかという点については本章第四節（1）（224頁）を参照。

(43) 本章第二節（1）（211頁）において触れたように、一九九一年夏にチトフに敗れた形となったタルホフは、ビジネス界に転身して政治からは距離を置いていたが、この時期になって政治の世界に舞い戻った。また、タルホフはその後、二〇〇六年にサマーラ市長となり、そこでもまたチトフに対抗することになる（本章第四節（2）（225頁）を参照）。

(44) Коммерсантъ, 4 мая 2000 г., Волжская коммуна, 5 мая 2000 г.

(45) Коммерсантъ, 4 июля 2000 г.

(46) ロシア社会民主党は、アレクサンドル・ヤコヴレフの下で一九九五年に結成された政党である。

(47) Волжская коммуна, 31 октября 2000 г.

(48) 実質的には「リーダー」のゴルバチョフと「議長」のチトフの二頭体制であった。

(49) Самарское обозрение, 2 июля 2001 г.

(50) Волжская коммуна, 19 января 2000 г.

(51) Коммерсантъ, 1 февраля 2000 г.

(52) この件について、リマンスキーと対立するチトフが手をまわしたのではないかとする説もある（Самарское обозрение, 14 февраля 2000 г.）。

(53) Волжская коммуна, 22 февраля 2000 г.
(54) Коммерсанть, 22 февраля 2000 г.
(55) Самарское обозрение, 26 марта 2001 г.
(56) このズヴァーギンは二〇〇〇年七月二日の第二回行政府長官選挙に「統一」から出馬し、チトフ、タルホフに続いて九%を獲得している。
(57) Самарское обозрение, 31 июля 2000 г.
(58) Волжская коммуна, 1 августа 2000 г.
(59) Самарское обозрение 27 августа 2001 г.
(60) Самарское обозрение, 24 декабря 2001 г.
(61) Волжская коммуна, 19 января 2002 г., Самарское обозрение, 21 января 2002 г.
(62) Волжская коммуна, 10 апреля 2002 г.
(63) Самарское обозрение, 4 августа 2003 г.
(64) Самарское обозрение, 25 августа 2003 г.
(65) Самарское обозрение, 25 августа 2003 г.
(66) もっとも、この時点では、「統一ロシア」の側はそういった情報については関知しないとしていた（Самарское обозрение, 1 сентября 2003 г.）。
(67) Самарское обозрение, 22 сентября 2003 г.
(68) なお、チトフが関与した「右派勢力同盟」は一九九九年下院選挙の際には二二・一%を獲得していたが、二〇〇三年下院選挙では三・八%にとどまり、全国平均の四・〇%をも下回る結果に終わっている。
(69) Самарское обозрение, 15 декабря 2003 г.
(70) Коммерсанть, 24 декабря 2003 г.

(71) Коммерсантъ, 23 июня 2004 г. この点については本章第三節（2）（219頁）を参照のこと。
(72) Коммерсантъ, 1 июля 2004 г.
(73) Коммерсантъ, 24 июля 2004 г.
(74) Коммерсантъ, 23 июля 2004 г.
(75) Самарское обозрение, 29 ноября 2004 г.
(76) Коммерсантъ, 19 января 2005 г.
(77) Коммерсантъ, 23 марта 2005 г.
(78) Коммерсантъ, 26 апреля 2005 г.
(79) Коммерсантъ, 26 апреля 2005 г., Волжская коммуна, 27 апреля 2005 г.
(80) Коммерсантъ, 17 мая 2005 г.
(81) Самарское обозрение, 24 ноября 2005 г.
(82) Коммерсантъ, 29 марта 2006 г.
(83) Коммерсантъ, 11 апреля 2006 г., Волжская коммуна, 11 апреля 2006 г., 18 апреля 2006 г.
(84) Коммерсантъ, 1 марта 2006 г. しかし、チトフはサゾーノフの擁立に反対した（Коммерсантъ, 6 марта 2006 г.）。
(85) Коммерсантъ, 10 августа 2006 г., Коммерсантъ, 14 августа 2006 г.
(86) リマンスキーの擁立を決める投票では九七人が賛成、七五人が反対票を投じた（Коммерсантъ, 18 августа 2006 г., Волжская коммуна, 19 августа 2006 г.）。
(87) Самарское обозрение, 12 октября 2006 г.
(88) Коммерсантъ, 23 октября 2006 г.
(89) この時の失敗を受け、二〇一〇年一〇月の市長選挙の際には実務家として優れた人物を候補者として擁立することが最優先された。

(90) Самарское обозрение, 22 января 2007 г.

(91) 筆者による「統一ロシア」サマーラ州支部での聞き取り（二〇一〇年一一月一〇日、サマーラ市）。

(92) Коммерсантъ（Волгоград）, 16 мая 2007 г.

(93) Самарское обозрение, 4 июня 2007 г.

(94) Коммерсантъ, 10 августа 2007 г.

(95) Коммерсантъ, 10 августа 2007 г.

(96) Коммерсантъ, 28 августа 2007 г.

(97) サマーラの社会学者ウラジーミル・ズヴォノフスキー氏の意見（Коммерсантъ, 28 августа 2007 г.）。

(98) Коммерсантъ, 30 августа 2007 г.

(99) Самарское обозрение, 6 сентября 2007 г.

(100) Самарское обозрение, 15 октября 2007 г.

(101) Самарское обозрение, 24 сентября 2007 г.

(102) Самарское обозрение, 3 декабря 2007 г.

(103) 「統一ロシア」サマーラ州支部の職員も、タルホフには、党派とは関係なく固有の支持者層が存在していると述べている（筆者による聞き取り。二〇一〇年一一月一〇日、サマーラ市）。

(104) Коммерсантъ（Саратов）, 9 сентября 2010 г.

(105) Коммерсантъ（Саратов）, 28 сентября 2010 г.

(106) Самарское обозрение, 14 октября 2012.

(107) 筆者は、こうした論評を、主にサラトフ州において耳にした（同様の指摘を行っている記事として、Коммерсантъ 23 июня 2010 г. を参照）。

(108) 筆者がこの選挙の直後にサマーラ市において行ったインタヴュー調査において、インタヴュー相手は異口同音にタルホフ市長への不満を口にした。

第六章　ヴォルゴグラード州

本章ではヴォルゴグラード州を取り上げる。ヴォルゴグラード州は、一九九六年の行政府長官選挙の結果、政権交代が生じて「赤い知事」が登場したことで知られている。また、同州では、州都のヴォルゴグラード市も重要な役割を果たしていた。本章においては、共産党と一体化した州行政府と州都行政府との対抗関係が政党形成の動きとどのように連動したのかという点を中心に分析を行う。

第一節　ヴォルゴグラード州の概要

(1)　地理的位置および人口

ヴォルゴグラード州は、これまでの三地方とは異なり、沿ヴォルガ連邦管区ではなく南部連邦管区に属する。地理的な位置としては北側をサラトフ州、ヴォロネジ州、南側をロストフ州、アストラハン州、カルムイク共和国、東側をカザフスタンと接している。ヴォルゴグラード州の最大都市は州都ヴォルゴグラード市であり、第二の規模を持つヴォルジュスキー市はヴォルゴグラード市のヴォルガ川をはさんだ対岸に位置している。二〇〇七年時点の人口は州全体でおよそ二六〇万人（州都ヴォルゴグラード市が人口九八万六四〇〇人、第二のヴォルジュスキー市が人口三〇万七三〇〇人）である。[1]

（2）前史[2]

ヴォルゴグラードはかつてツァリーツィンと呼ばれていた。この町が最初に記録に出てきたのは一五八九年のことである。一六〇六年、ツァリーツィンはヴォルガ・コサックの勢力圏に入った。

一六九一年には徴税所が設けられ、魚や塩の交易が盛んになった。一七〇七年にドン・コサックがツァリーツィンを手中におさめたものの、間もなく撃退された。一七三一年にヴォルガ・コサックが設立されると、ツァリーツィンはヴォルガ川からドン川に至るまでの軍事線の中心都市となった。一七七四年にはプガチョフらが同地に到達した。

一九世紀に入るとレンガ造りなどの零細工業が発展し始めた。一八六二年にはヴォルガ＝ドン鉄道の建設が始まり、一八七九年にはモスクワに続く鉄道網が整備された。また、ツァリーツィンには多くの河川交通の会社が拠点を置いた。一八八〇年には石油加工工場が建設されるなど、工業が発展するようになり、帝政末期のツァリーツィンは繁栄を謳歌した。

ソ連時代に入り、レーニンの死の翌年にあたる一九二五年、ツァリーツィンはスターリンにちなんでスターリングラードへとその名を変えた。この街の歴史において特に重要な局面となったのは、一九四二年七月一七日から一九四三年二月二日まで続いたスターリングラード攻防戦である。この攻防戦は激しい市街戦となり、街のほとんどは焼き尽くされたが、この戦いでソ連軍はドイツ軍を破り、独ソ戦のその後の展開に大きな影響を及ぼした。

スターリングラードはスターリン批判後の一九六一年にヴォルゴグラードへと改称され、[3]その際にスターリンの彫像なども撤去された。一九六三年から六七年にかけ、スターリングラードの攻防戦の中心地となったママエフ・クル

表17　ヴォルゴグラード州における人口一人当たりリージョン内総生産

（単位：1995年は1000ルーブル，それ以降はルーブル）

	1995年	2000年	2005年	2008年
ヴォルゴグラード州	6,471.2	23,340.8	76,824.5	165,811.7
対全国平均比（全国＝100）	74.0	59.0	61.0	68.6

出典）Регионы России: официальное издание. 2010.

ガン（ママイが丘）の整備および「祖国の母」像の建造が進められ、ヴォルゴグラードは大祖国戦争の勝利を象徴する都市となった。

（3）社会経済状況

ヴォルゴグラード州は農業州でもあり、同時に工業も盛んである。同州における二〇〇九年のリージョン内総生産は三七七三億六六三〇万ルーブルであり、四州の中では二番目に多い。(4)

リージョン内総生産のうち、農林業は一二・二％という高水準を占める。農業部門では、穀物生産と畜産業がほぼ同程度に発展している。

製造業の割合はリージョン内総生産の二三・一％である。そのうち、生産額が大きいのが金属加工業、石油化学工業等であり、それぞれ四〇・一％、二三・九％となっている。

ヴォルゴグラード州の主要企業としては、トラクター生産の「ヴォルゴグラードトラクター工場」、金属加工業の「赤い十月」、「ヴォルガパイプ工場」、そして石油化学工場の「カウスチク」などが有名である。

表17に示すように、ヴォルゴグラード州の一人当たりリージョン内総生産は全国平均よりも低い水準ではあるが、その成長率は比較的高い。

（4）こんにちのヴォルゴグラード――過去の遺産と発展の可能性

ヴォルゴグラードは、戦火に焼きつくされた後に大々的に再建された。巨大な建造物を中心とした重厚な街並みは、他のヴォルガ沿岸の都市が古い木造建築を残し、昔の雰囲気を今に伝えているのとは大きく異なっている。また、ヴォルゴグラードでは戦後復興の際に総合的な都市計画が策定されたことから、ヴォルガ沿岸や目抜き通りの植栽なども美しく整備されている。

それに加え、大祖国戦争関連の施設がヴォルゴグラード市の景観をさらに独特のものとしている。巨大な「祖国の母」像がそびえるママエフ・クルガンに加え、スターリングラード攻防戦の模様をジオラマで再現した「パノラマ博物館」も名所である。ヴォルゴグラードはロシア中から観光客や退役軍人らが訪れるひとつの「聖地」であるとも言える。

このように、ヴォルゴグラードの街は大祖国戦争と切っても切れない関係にあり、その意味で全ロシア的に有名であるが、ヴォルゴグラードは決して「過去に生きる街」ではない。少し裏に入れば、多少雑然とした印象はあるものの、活気にあふれた様子が観察できる。ヴォルゴグラードは、数字上はモスクワなどには遠く及ばないが、工業・農業ともに発展しつつある地方である。(5)

第二節　「赤い」マクシュータ知事の登場

本節では、一九九〇年代前半のヴォルゴグラード州における政治プロセスを明らかにするため、体制転換、初代行政府長官シャブーニンによる州政運営、そして、シャブーニンに代わって「赤い知事」が選出された一九九六年行政府長官選挙を取り上げ、ヴォルゴグラード州において一九九〇年代中頃までに形成された勢力配置を示す。

(1)　ヴォルゴグラード州における体制転換

ペレストロイカ期のヴォルゴグラード州では、都市部における政治的な覚醒が比較的早い時期に観察された。一九九〇年の地方ソヴェト選挙の直前には、住民の抗議集会をきっかけとして、共産党州委第一書記であったウラジーミル・カラシニコフに代わり、州委員会内でより柔軟な立場をとっていたアレクサンドル・アニプキンが第一書記に就任するという権力交替劇が生じた(6)。これは、既に第一章第二節（1）（44頁）においても触れた通り、ペレストロイカ期の政治的な雰囲気を示す事例として「二月革命」とも呼ばれている。

一九九〇年三月の地方ソヴェト選挙の結果、民主派として知られていたヴァレリー・マハラッゼが州ソヴェト議長に、そしてイワン・シャブーニン（経歴番号19）が州執行委員会議長に選出された(7)。そのうち、マハラッゼは一九九一年九月にモスクワへと引き抜かれ、州執行委員会議長のシャブーニンがヴォルゴグラード州行政府長官に任命されることとなった。シャブーニンは農業セクターの出身であり、農村部との密接な関係を保つ一方、自身はエリツィン大統領に対して忠誠を誓っていた。

また、ヴォルゴグラード州においては、州都のヴォルゴグラード市が当初から独自の存在感を示していた。ヴォルゴグラード市執行委員会議長のユーリー・チェーホフ（経歴番号20）はマハラッゼに同調し、旧共産党州委員会勢力に対抗する立場を明確にしていた。その後、チェーホフは、民主派として決然たる態度をとったことをエリツィン大統領に評価され、一九九一年一一月にヴォルゴグラード市長に任命されている(8)。

このように、ヴォルゴグラード州ではペレストロイカ後期から民主派の勢力が強まるようになり、民主派寄りの政治家たちが要職についた。これは共産党系が勢力を保つ傾向が強かった農業リージョンとしては比較的珍しい事例であったと言える。

（2）一九九〇年代前半の政治状況

シャブーニン州政と州内政治勢力

シャブーニンは農業分野の出身ではあったが、一九九一年の「八月政変」以前から私営農場の創設を訴えるなど、ソ連イデオロギーの正統派とは立場を異にしていた(9)。シャブーニンが行政府長官に就任すると、ヴォルゴグラード州では大企業の私有化が精力的に推進されるようになった。シャブーニンはそのプロセスにおいて構築された企業との緊密な関係を背景とし、体制転換直後の危機的な状況を乗り切ることにある程度まで成功したが、その権力基盤は盤石とは言えなかった(10)。

他面、ヴォルゴグラード州においてはシャブーニンに従おうとしない政治勢力がいくつも存在していた。特に目立つ存在であったのが州都行政府であった。シャブーニンとヴォルゴグラード市長のチェーホフは当初は良好な関係を築いており、一九九三年の上院選挙の際にはシャブーニンとチェーホフの二名が上院議員に選出されている(11)。しかし、シャブーニンの不人気ぶりが明るみに出るようになると、チェーホフは自らが従属的な立場に置かれていることに不満を持つようになり、独自路線を追求し始めた。そのための重要な一歩となったのが、一九九五年一〇月のヴォルゴグラード市長選挙であった(12)。チェーホフはそれに先立って共産党と取引を行い、共産党がヴォルゴグラード市長選挙への候補擁立を見送る代わりに、市議会選挙では州都行政府が共産党と協力するという内容の協定を結んだとされる。チェーホフは六二％の票を獲得して市長に選出され、次第に自立性を強めていった。

それに加え、ヴォルゴグラード州は「赤いベルト」に属するとされ、共産党支持が根強かった。復興後のロシア連邦共産党はシャブーニン率いる州行政府を批判する野党として勢力を拡大し、その支持基盤は狭義の共産党支持層に限定されなかった(13)。また、党員のアレフチーナ・アパーリナ（経歴番号21）が良心的な政治家として知られており、共産党人気に一役買っていたという点も指摘できる。下院選挙の二か月前の一九九五年一〇月一日、市長選挙と同時に行われたヴォルゴグラード市議会選挙では、二四議席中二二議席を共産党が獲得した[14][15]。この快挙は共産党の予想をも超えるものであり、党内から「野党なしでやっていくのは難しい」との声が出るほどであった[16]。

このように、ヴォルゴグラード州においては、チェーホフ市長率いるヴォルゴグラード市行政府および共産党がシャブーニン知事に対抗しうる有力な政治勢力として台頭しつつあった。

一九九五年下院選挙・一九九六年大統領選挙に向けた動き

シャブーニン知事を取り巻く状況が厳しくなる中で、一九九五年下院選挙に向けた選挙キャンペーンが始まった。この時期は全国的に反エリツィンの機運が高まっており、知事らは政権によって作られた「我らが家ロシア」ブロックに参加表明こそしたものの、積極的な関与には及び腰であった。しかし、シャブーニン知事は同ブロックに全面的にコミットし始めた。ヴォルゴグラード州において、「我らが家ロシア」の支部が作られたのは一九九五年四月二八日であったが、これは同党の支部形成の中では早い時期に属する。そして、シャブーニン自らがその議長に選出された[17]。

しかし、エリツィン政権の不人気ぶりがさらに顕著なものとなる中、ヴォルゴグラード州における「我らが家ロシア」の支持は伸びるはずもなかった。一九九五年一〇月二〇日に行われた「我らが家ロシア」創立集会での演説において、シャブーニンは、「全てが政府の意図によるものではないということを市民に理解してもらう必要がある。多くの問題は、それを実行する役人が引き起こしたものである」と述べるなど、人々の政権批判に対する苛立ちをあらわにしている[18]。その上で、厳しい現実を目の前にしたシャブーニンは、下院選挙に向けた「我らが家ロシア」の目標得票率を一〇％と設定するなど、弱気な態度を見せた[19]。

一九九五年下院選挙は、シャブーニンにとって厳しいものとなった。比例区では共産党が二八・一％を獲得して第一党となり、第二党はロシア自由民主党の一四・七％、「我らが家ロシア」の得票率は九・一％で第三党に甘んじることになった。これは、シャブーニンが示したつつましい目標得票率をも割り込むこととなり、「我らが家ロシア」およびエリツィン政権の不人気ぶりを改めて確認する結果になっただけでなく、州行政府の集票力の欠如も露呈し、シャブーニンの人気はさらに下がったのである。

下院選挙の翌年に行われた大統領選挙の結果は、沿ヴォルガ地域の水準としては平均的なものであった。ヴォルゴグラード州では第一回投票時にエリツィンが二八・六％、ジュガーノフが四〇・〇％を獲得しており、エリツィン大統領の得票率は低い水準であった。決選投票時にはシャブーニンがエリツィン支持の選挙キャンペーンを展開した効果もあり、エリツィン大統領の得票率は四四・二％にまで上がった。その一方で、ジュガーノフ候補の得票率も一〇ポイント近く増えた五〇・五％となり、共産党に対する支持が根強いことが明らかになった。

(3)「政権交代」

第一回行政府長官選挙

ヴォルゴグラード州の行政府長官選挙は一九九六年一二月に行われることが決まった。ところが、一九九五年下院選挙、そして一九九六年大統領選挙において期待された結果を残すことのできなかったシャブーニンは再選が危ぶまれた。行政府長官選挙の数か月前には、大統領府がシャブーニンを見限り、来る行政府長官選挙ではチェーホフ・ヴォルゴグラード市長を支持するのではないか、との憶測が出る事態となった[20]。

注目を集めたのは州内の一大勢力をなす左派勢力[21]の動向であったが、農業党が現職知事のシャブーニン支持を決定するなど、意見の集約は容易ではなかった。しかし、共産党のアパーリナは「現在の権力党の候補者であるチェーホフとシャブーニンによって行われている破滅的な改革」を止めるために統一候補を擁立するべきであると述べ、最終的に、共産党員のニコライ・マクシュータ州ソヴェト議長（経歴番号22）を左派の候補者とすることを決定した。(22)

この行政府長官選挙は当初行方が見定めがたかった。第一回投票の結果、シャブーニンが三七％、マクシュータが二八％、チェーホフが二六％を得票し、いわゆる民主派の票がシャブーニンとチェーホフの間で割れた。(23) マクシュータとシャブーニンの間で争われた決選投票の結果、マクシュータが農村部において票差をつけて五一％の票を獲得し、四四％を得票したシャブーニンをおさえて当選した。(24) かくして、ヴォルゴグラード州においては、左派陣営に擁立されたマクシュータが行政府長官に就任することが決まった。この「赤い知事」の登場は、ヴォルゴグラード州におけるエリート競争の構図を大きく変容させることになる。

マクシュータと共産党

第一回行政府長官選挙の結果、「赤い知事」となったマクシュータは、共産党との良好な関係を維持しながら州政の運営にあたった。もっとも、知事を務めることと、連邦レヴェルでは野党である共産党の党員であるということは時に対立する。そのため、マクシュータは自らの位置取りについてはきわめて慎重であった。「赤い知事」と呼ばれることについてどう思うか、という記者の質問に対し、マクシュータは、「穏やかに受け止めている。なぜなら私は『人民愛国同盟』の候補者として出馬し、今も共産党州委員会が私を積極的に支持しているからである。しかし、四〇万の住民が私に票を投じている——それゆえ、知事の色は虹色だと言える」と述べた上で、「最も好きな色は真紅である——希望と喜びのシンボルだから」と付け加えた。(25)

共産党地方委員会は、州行政府との協力関係を得たことに後押しされ、さらに勢力を拡大するようになった。一九九八年一二月に行われた州議会選挙では全一六選挙区中一一の選挙区において共産党の擁立した候補が当選し、一九九七年三月に選出された議席と合わせると、同党は三二議席中二三議席を占めることになった[26]。アパーリナは一九九八年の州議会選挙を振り返った演説の中で、結果に満足しているとした一方で、共産党はその栄誉の上に胡坐をかくべきではなく、二〇〇〇年の大統領選挙に向けた準備を進めていく必要があると述べた[27]。

（4）小括・一九九〇年代のヴォルゴグラード州

ヴォルゴグラード州においては、当初、エリツィンに近い立場をとったシャブーニンが行政府長官に任命されたが、彼は州内で十分な権力基盤を確保することができず、共産党地方委員会や州都行政府が州行政府に対抗しうる有力なアクターとして存在感を増した。第一回行政府長官選挙の結果、現職のシャブーニンが敗北し、「赤い知事」が誕生した。このことにより、ヴォルゴグラード州では共産党が与党になるという、連邦レヴェルとは逆向きの勢力配置が生じるに至った。

第三節　「二大政党制」の時代

本節では、一九九九年下院選挙から二〇〇三年下院選挙前に至るまでの時期を取り上げ、「赤い知事」であるマクシュータが全国与党の形成に際してとった立場、そして、連邦レヴェルの与党として二〇〇一年に結成された「統一ロシア」の浸透プロセスを中心に議論を進める。

（1）一九九九年下院選挙

一九九九年下院選挙に向けた時期は、全国的には「祖国＝全ロシア」や「ロシアの声」などの様々な知事ブロック結成の動きが活発化していたが、マクシュータ知事はそういった動きに積極的に参加することはなかった。それは、九月に「統一」が結成され、「統一」ブロックへの参加を表明する知事らによって「三九知事の声明」[28]が出された時も同様であった。ヴォルゴグラード州においては、マクシュータ知事と共産党の関係は良好かつ安定的なものであり、マクシュータにとって、共産党以外の政党に接近する選択肢は現実的なものではなかったのである。

このような状況の中で、州行政府および共産党地方委員会の双方から距離を置いていた州都行政府は、自らの拠り所を求めて連邦レヴェルの政党との連携を模索していた。こうした動きは一九九九年下院選挙よりも前から試みられていた。例えば、一九九七年の時点で焦点となったのは「我らが家ロシア」との関係であった。ヴォルゴグラード州における「我らが家ロシア」は共産党に対する敵対姿勢が強く、「我らが家ロシア」の本部に対しても、共産党に対する態度が曖昧であるという理由で不満を表明していた[29]。このような「我らが家ロシア」の立場は州都行政府の思惑とも一致しており、両者は次第に連携を模索するようになったのである[30]。

一九九九年下院選挙キャンペーンの際にも同様の構図が現れ、チェーホフ市長はマクシュータ率いる州行政府を飛び越えて連邦与党の形成プロセスに加わろうとした。この時期になると州都行政府がかつて連携を試みた「我らが家ロシア」は勢力を縮小していたが、新たな選挙ブロックが各地で形成されつつあったことから、連携相手には事欠かなかった。そのような中で、チェーホフは、モスクワのルシコフ市長を中心として結成された選挙ブロック「祖国」に積極的に関与し、一九九九年八月には、市長の職にある人物としては唯一、「祖国＝全ロシア」の合同政治評議会のメンバーに選ばれた[31]。

しかし、その後の州都行政府の立ち位置は、連邦レヴェルにおいて選挙ブロック間の合従連衡が進む中で次第に曖昧なものとなっていった。特に、一九九九年下院選挙の直前の時期にクレムリンの肝煎りで「統一」が結成されたことは州都行政府にとって痛手となった。有力な潜在的与党である「統一」が登場した結果、「祖国＝全ロシア」との連携がそれ以前ほどには魅力的なものでなくなったためである。その一方で、選挙までに残された時間は限られており、「統一」にアプローチすることもまた困難であった。

一九九九年下院選挙の結果は州内における過渡的な政治情勢を反映したものとなり、ヴォルゴグラード州では、共産党が二九・七%、「統一」が二八・九%、そして「祖国＝全ロシア」は六・〇%を得票した。この選挙結果は、まず、ヴォルゴグラード州においては依然として共産党の支持率が高かったことを示している。そして、チェーホフが当初連携を試みていた「祖国＝全ロシア」は予想されたほど振るわなかった一方で、潜在的な与党と目された「統一」が共産党に匹敵する票数を獲得した点も注目に値する。[32]これは、ヴォルゴグラード州において、「統一」などの潜在的な与党が共産党に対抗しうる存在となったことを示唆するものであった。

（2）二〇〇三年下院選挙までの動き

第二回行政府長官選挙――「赤い知事」の再選

二〇〇〇年一二月には第二回州行政府長官選挙が予定されていた。同選挙には、現職知事のマクシュータ、ビジネスマンのオレグ・サフチェンコ、そしてヴォルゴグラード市長のチェーホフが出馬の意思を表明した。「祖国＝全ロシア」はチェーホフ市長の支援を行う可能性を示唆したが、チェーホフ市長の支持率は低調であり、有力候補には数えられなかった。[33]

この選挙において、マクシュータは自らの立場を変えることこそなかったものの、プーチン大統領との良好な関係を強調するようになっていた。これに対し、サフチェンコは「赤い知事」であるマクシュータがプーチン大統領の名前を自らの選挙キャンペーンに持ち出すのは筋違いであるとの批判を展開した。[34]

この選挙では、サフチェンコとマクシュータがほぼ拮抗しており、マクシュータにとって再選を確実にすることは容易ではなかった。しかし、二〇〇〇年九月に行政府長官選挙の方法が変更され、二回投票制が廃止されたことが追い風となった。[35]マクシュータの得票率は三七％と比較的低い水準であったが、決選投票に持ち込まれることなく再選を決めることができたのである。[36]このようにして、ヴォルゴグラード州行政府は、再び「赤い知事」――もっとも、その立場は既に曖昧なものとなっていた――によって率いられることとなった。

マクシュータの再選は共産党を改めて勢いづかせることになった。二〇〇三年には、共産党員のロマン・グレベンニコフ（経歴番号23）が州議会議長に選出された。[37]このことにより、共産党は着実に勢力を拡大し、州レヴェルの執行権力と立法権力の双方が共産党員によって占められるようになった。以上述べてきたように、ヴォルゴグラード州において一九九六年の「政権交代」以降作り上げられてきた政治構造は二〇〇〇年代に入ってからも維持され、かえって強化される傾向にあった。

「統一ロシア」と州都

その頃、全国的に確固たる与党としての地位を築きつつあった「統一ロシア」も、ヴォルゴグラード州への浸透を図ろうとしていた。二〇〇〇年の州行政府長官選挙においてマクシュータに敗北したサフチェンコは、この時期には既に「統一ロシア」ヴォルゴグラード州支部の中心的な人物となっていた。[38]しかし、州レヴェルにおいては、行政府も、そして立法府も共産党の影響下に入っており、「統一ロシア」の浸透は困難であった。

それまで再三にわたってマクシュータと対立してきたチェーホフ・ヴォルゴグラード市長は「統一ロシア」と良好な関係を築くようになっていた。ところが、チェーホフ市長は二〇〇三年六月、任期が切れる三か月半前に突如として辞任する意向を表明した。その理由は「選挙戦と冬を迎える準備が重ならないようにするため」と発表された。[39]この点について、市議会の共産党会派長は、市長選挙を前倒しすることで「統一ロシア」に有利な形で選挙戦を進めよ

うとする意図があるのではないかとの見方を示している。(40)

チェーホフの辞任を受けて市長選挙が繰り上がり、二〇〇三年九月に実施されることが決まった。その中で、「統一ロシア」も選挙戦に乗り出すことになったが、その候補者選びは決め手を欠くものであった。チェーホフの後継者と目されたのが、下院議員のエフゲニー・イシチェンコ（経歴番号24）であった。しかし、「統一ロシア」の側からは、イシチェンコは元来自由民主党との関係が深かった人物であり、さらに、候補者としての資質にも問題があるとして、その擁立を歓迎しない声が出ていた。(41)「統一ロシア」はこうした反対意見を受けて別の候補者の擁立を目指したが、その試みはうまくいかず、最終的に、イシチェンコを候補者として擁立することを決定した。(42)

この市長選をめぐっては様々な波乱が生じ、有力候補者の一人が脱税の疑いで登録を抹消されるなど、選挙戦は「汚い」展開をたどった。(43)結果的に、市長選挙は「統一ロシア」が支持するイシチェンコと州行政府・共産党の支持を受けたウラジーミル・ゴリューノフの一騎打ちとなり、(44)イシチェンコがゴリューノフに一〇ポイントの差をつけて勝利した。(45)この選挙の結果、二〇〇〇年の行政府長官選挙でマクシュータに敗れた「統一ロシア」リーダーのサフチェンコ、そして、「統一ロシア」の支持を受け、ヴォルゴグラード市長となったイシチェンコの両者が反マクシュータ勢力として州都行政府を中心に結集することになった。

（3）　小括・一九九〇年代末から二〇〇〇年代初頭までのヴォルゴグラード州

ヴォルゴグラード州では、他の多くの地方とは異なり、一九九九年下院選挙前の政党形成の動きは限定的であった。同州においてはかねてから州内における与党として機能してきた共産党地方委員会が影響力を保持していたのである。そして、この傾向は、二〇〇〇年行政府長官選挙でマクシュータが再選されたことによりさらに強まった。これに対し、「統一ロシア」は州行政府を飛び越えて州都行政府へと接近し、さらに、行政府長官選挙でマクシュータに敗れたサフチェンコを取り込むことで、ヴォルゴグラード州への浸透を図ろうとした。その結果として、共産党と「統一ロシア」がそれぞれ州行政府、州都行政府と連携して対抗しあう「二大政党制」に似た状況が生じるようになった。

第四節　「統一ロシア」浸透の帰結――州内政治の不安定化

本節においては、全国的に政治的中央集権化の傾向が強まった時期のヴォルゴグラード州における政治状況を明らかにする。そのうち、「統一ロシア」と共産党の関係を考える上で重要な転機となったのが二〇〇七年のヴォルゴグラード市長選挙である。その後、それまで長きにわたって君臨してきたマクシュータが二〇〇九年末に任期切れを迎え、ヴォルゴグラード州の政治は新たな局面に入ることになった。

(1)　二〇〇三年下院選挙――「統一ロシア」の浸透の始まり

二〇〇三年下院選挙に向けた動きは、「統一ロシア」と共産党の対抗関係の中で進展していった。ヴォルゴグラード州の下院選比例代表名簿は、「統一ロシア」の第一位がサフチェンコ、そして共産党の第一位がアパーリナとなっている。[46]また、下院選挙と同日に行われる州議会選挙の準備も本格化していた。最も多くの候補者を擁立したのは共産党、そしてそれに続いたのが「統一ロシア」であった。[47]

ヴォルゴグラード州における二〇〇三年下院選挙（比例区）の結果は、「統一ロシア」が二八・九％、共産党が一九・三％であった。全国平均では両党の得票率がそれぞれ三七・六％、一二・六％であったことを踏まえると、ヴォルゴグラード州の「統一ロシア」の得票率が比較的低い水準にあり、共産党のそれは相対的に高かったことが明らかになる。また、州議会選挙における比例選挙の結果は「統一ロシア」が三七％、そして共産党が二六％であった。[48]

なお、二〇〇三年下院選挙に向けたキャンペーンにおいて、マクシュータは「統一ロシア」に歩み寄る動きも見せていた[49]。安定的な政権与党が登場したことにより、知事の職にあるマクシュータは、「統一ロシア」に一定の配慮をする必要があったのである。下院選挙の結果を受け、マクシュータは以下のように述べている[50]。

私は自覚的な選択を行った人々に感謝したい。大統領と大統領が投票の前に語った党に投票した人々にも、そして共産主義の理想への確信を失わず、ロシア連邦共産党に投票した人々にも。

もっとも、この発言は、同時に、マクシュータがこの時期に至ってもなお「赤い知事」としての自覚を失っていなかったことを示すものでもある。この二〇〇三年下院選挙の結果からは、「統一ロシア」がヴォルゴグラード州に浸透し始めはしたものの、それが容易ではなかったことが明らかになる。

(2)「統一ロシア」による権力奪取の試み

最後の行政府長官選挙

その後のマクシュータは「統一ロシア」に敵対こそしなかったが、かといって接近することもなかった。「統一ロシア」は、実質的任命制導入前の最後の行政府長官選挙に打って出ることにより、選挙を通じて州行政府を掌握しようとした。

「統一ロシア」陣営のうち、早い時期に行政府長官選挙出馬の意欲を見せたのは同党ヴォルゴグラード州支部政治評議会書記のサフチェンコであった。また、ヴォルゴグラード市長のイシチェンコも出馬の意思を表明した。ところが、「統一ロシア」中央は彼らには興味を示さず、二〇〇三年のヴォルゴグラード市長選挙に出馬していたゴリューノフを行政府長官選挙の候補者として推薦した(51)。ヴォルゴグラード州支部はその方針に不満を持ち、党中央に対して再検討を行うよう求める声明を採択するなどして抵抗を試みたが、最終的には、党中央の意向が優先されることになった(52)。その結果、ゴリューノフが「統一ロシア」ヴォルゴグラード州政治評議会の書記に就任し(53)、行政府長官選挙の正式な候補者として擁立される運びとなったのである(54)。

しかし、行政府長官選挙に名乗りを上げていたサフチェンコ、イシチェンコらは党中央の決定に従おうとせず、「統一ロシア」陣営から三人の候補者が乱立する可能性が濃厚になった(55)。そこからスキャンダルが相次ぐようになった。候補者の中で最有力と見られたイシチェンコの周辺では、彼の取り巻きが党を除名され、さらには「統一ロシア」ヴォルゴグラード市支部が廃止されるという事態が生じた(56)。この動きはさらなる波乱を招き、結果的に、イシチェンコは候補者としての登録を抹消された。「統一ロシア」陣営は、候補者の乱立による深刻な内部紛争をコントロールできない状況に陥っていたのである。

一連の内紛は対するマクシュータ陣営からの批判を浴びることにもなり(57)、「統一ロシア」の選挙戦は厳しいものとなった。選挙の結果、マクシュータが五一%の票を獲得して当選し、改めて知事に就任した(58)。「統一ロシア」の公認候補として行政府長官選挙に臨んだゴリューノフはわずか七%の得票に終わった。

行政府長官選挙の敗北と「統一ロシア」の動揺

「統一ロシア」では、行政府長官選挙における惨敗を受け、ゴリューノフが政治評議会書記を辞任するのではないかとの噂が出ていた(59)。ところが、党中央は依然としてゴリューノフの続投を支持していた。そのため、州レヴェルでは党中央に対する反対の声が相次ぎ、ゴリューノフの留任は否決された(60)。その後、二か月近くたってからようやく、党中央が推薦したアレクセーエフスキー地区行政府長官のオレグ・ケルサノフが新たな政治評議会書記に選出されることが決まった。[61]「統一ロシア」は選挙での敗北を経ても意思統一を行うことができず、その内部に多くの問題を抱えたままであった。

一方、ヴォルゴグラード市長のイシチェンコと「統一ロシア」の亀裂も深刻化していた。二〇〇六年五月二日には、「統一ロシア」の提示した危機脱出プログラムを拒否したことを理由としてイシチェンコが党から除名された。[62]このことによってイシチェンコは後ろ盾を失うに至り、州内において孤立無援状態に置かれるようになった。さらに州都行政府周辺では汚職疑惑が浮上し、最終的にはイシチェンコ市長の逮捕という事態にまで行きついた。[63]彼は裁判中、辞表を提出した。[64]

イシチェンコ市長の辞任に伴う市長選挙は、その実施時期を決める段階から波乱に満ちたものとなった。まず、選挙時期をなるべく遅らせたい「統一ロシア」と、州議会議員のグレベンニコフを擁立し、[65]少しでも早く選挙を行いたい共産党とが食い違い、選挙時期の確定にかなりの時間を要した。[66]さらに、「統一ロシア」陣営からは三人の候補者が乱立し、正式な候補者を決定することも容易ではなかった。[67]「統一ロシア」は度重なるスキャンダルと内紛により、機能不全に陥っていたのである。

（3）「統一ロシア」の巻き返し――二〇〇七年下院選挙に向けて

市長選挙とグレベンニコフの「転向」

市長選挙は二〇〇七年五月二〇日に実施されることが決まった。「統一ロシア」陣営は候補者の選定をめぐって紛糾していたが、三月半ばに入ってからようやく、ヴァシリー・ガルーシュキンを市長選挙の候補者として擁立することを決定した。[68]しかし、この「統一ロシア」の対応は遅きに失するものであり、またガルーシュキンとの関係も一筋縄ではいかなかった。ガルーシュキンは選挙の直前になって出馬の取り止めを宣言するなど反抗的な態度を取り始め、

「統一ロシア」も彼から距離を置くようになったのである。[69]選挙の結果、ガルーシュキンは敗北し、共産党に擁立されたグレベンニコフが当選した。

ところが、選挙の頃から、「統一ロシア」がグレベンニコフと取引をしているとの噂が出るようになっていた。[70]間もなく、この噂が事実であることが明らかになった。市長選挙の直後に行われた「統一ロシア」と新市長の共同記者会見において、グレベンニコフは「今後も共産党に籍を置くが、『統一ロシア』とも建設的な関係を築いていくつもりである」と述べた。[71]これは、共産党の中心的な人物であったグレベンニコフが、事実上、「統一ロシア」に鞍替えすることを意味したのである。

グレベンニコフはその翌年、共産党を離党し、「統一ロシア」に正式に入党した。[72]入党の際、グレベンニコフは「私は、『統一ロシア』が大統領の党であるからこそ入党することを決めた」と決意を語り、「入党についてはマクシュータ知事にも相談し、了解をもらった」と述べたものの、具体的にいつ相談したのかについては明かそうとしなかった。[73]

このように、「統一ロシア」は、共産党の主要なメンバーであったグレベンニコフ市長を自らの陣営に引き込むことでヴォルゴグラード州における権力基盤の安定化を図った。長らく共産党の牙城であったヴォルゴグラード州は、ここにきて大きな変化を遂げることになった。

マクシュータと「統一ロシア」

さらに、「統一ロシア」はマクシュータ知事への攻勢も強めていた。二〇〇六年秋には州予算、とりわけ社会政策分野の支出をめぐって知事と「統一ロシア」の対立が表面化した。特に注目を集めたのは労働者英雄に対する補助金の給付問題であった。社会的イニシアチヴに割く予算がないと主張する知事側に対し、「統一ロシア」の議員らは真っ向から反対し、知事の決定を覆すことに成功したのである。(74) このことは、「統一ロシア」によるマクシュータ批判を容易にした。「統一ロシア」ヴォルゴグラード州支部政治評議会副書記のアレクサンドル・シチェルバニは「議員が社会政策の拡充を目指した立法活動に取り組んでいるのに、マクシュータはそれを拒否するか、そうでなくても嫌々追認するだけだ」と述べ、マクシュータを厳しく非難している。(75)

社会的なテーマをめぐる応酬はその後も続いた。翌二〇〇七年に旱魃の影響でパンの値段が四〇％値上がりした際、「ピャチョーロチカ」というスーパーマーケットでパンが値下げされた。すると、この値下げは誰のイニシアチヴによるものかをめぐって手柄の取り合いが起こった。ある新聞はそれを「統一ロシア」の主導によるものであると報じた。(76) 一方、州行政府の側は、その値下げは州行政府の働きかけによって行われたと主張した上で、この問題を政争の具にすべきではないとして「統一ロシア」を暗に批判した。(77)

このように、「統一ロシア」陣営とマクシュータとの応酬は厳しさを増すようになった。こうした経緯からも明らかになるように、それまでは比較的安定した権力基盤を築いていた知事の自立の余地は次第に狭められていったのである。

二〇〇七年下院選挙

下院選挙の年である二〇〇七年に入り、ヴォルゴグラード州も政治の季節を迎えることになったが、(78) 下院選に向けた動きは低調であった。「統一ロシア」の党内では、八月になっても下院選の候補者を選ぶ予備選挙の手続きが進展しておらず、話し合いの場に候補者の大部分が現れない状況が続いていた。(79) このような事態に危機感を抱いた「統一ロシア」およびマクシュータはそれぞれに対処を試みた。

まず、この頃のマクシュータは「統一ロシア」にさらに接近するようになり、「統一ロシア」を支持する立場を以前にもまして明確にするようになっていた。一一月、マクシュータは「超党派的」なものであるとはしながらも、投票率の底上げなどを目的とした選挙本部を作ることを発表した。これは、知事が「統一ロシア」の活動に満足せず、選挙キャンペーンに自ら取り組もうとする意欲を示したものであると捉えられた(80)。

その一方で、ヴォルゴグラード州における選挙戦の準備が低調であることの一因は、マクシュータ知事のコミットメントが不足しているためであるとの論調も根強かった(81)。そうした見方を受け、「統一ロシア」の側は、マクシュータが設置を表明した選挙本部と「統一ロシア」とは無関係であるとし、逆に、共産党に協力的な地区行政府長官の存在が「統一ロシア」の選挙キャンペーンを邪魔していると主張した(82)。

選挙の戦い方をめぐる対立はそれ以前の党派対立を彷彿とさせるものであったが、マクシュータも、そして「統一ロシア」も、それぞれ選挙キャンペーンに熱心に取り組む様子を見せた。こうして迎えた二〇〇七年下院選挙では「統一ロシア」と共産党がそれぞれ五七・七%、一五・七%を得票し、共産党の勢力が大幅に弱まったことが明らかになった。ヴォルゴグラード州における「統一ロシア」の得票率は全国平均と比較すると低い数字ではあったが、これまでの投票行動から考えれば、「統一ロシア」は一応躍進したと言える。この結果を受け、マクシュータは、「プーチン大統領と『統一ロシア』を大部分の有権者が支持したことをうれしく思う」との声明を発表した(83)。

（4）二〇〇七年下院選挙後の展開

その後の展開——グレベンニコフの動向をめぐるスキャンダル

二〇〇七年下院選挙の時点においては、「統一ロシア」が既にある程度まで支持基盤を確立し、それに加えてマクシュータが非公式ながらも「統一ロシア」に接近したことにより、「統一ロシア」を軸とした安定的な政治体制が形成されつつあるとの見方が広まっていた。ところが、「統一ロシア」が強引な形でヴォルゴグラード州への浸透を図ったことは、その後、深刻な混乱を引き起こした。

特に問題となったのが、二〇〇七年に突然の「統一ロシア」入りを発表したヴォルゴグラード市長のグレベンニコフであった。(84) ヴォルゴグラードにおいては、二〇〇八年後半からグレベンニコフ市長に対する抗議運動が次々と組織されるようになった。(85) その際に主要なアクターとなったのが、「ビジネス・ロシア」のヴォルゴグラード支部であった。この「ビジネス・ロシア」は、「統一ロシア」に親和的な立場をとる社会団体であり、直接的に政治活動を行うことは稀である。ところが、ヴォルゴグラード州においては、同団体が抗議集会などを多数組織し、市政運営の監査を行うよう検察に求めるなど、グレベンニコフを再三にわたって攻撃した。

「ビジネス・ロシア」の一連の行動については、マクシュータが手をまわし、共産党員でありながら「統一ロシア」側についた「裏切り者」のグレベンニコフを攻撃しようとしているという見方もあれば、(86)「統一ロシア」内部において、グレベンニコフの「統一ロシア」への接近を快く思わないグループが彼の追い落としを図ろうとしているとの見方もある。(87) いずれにしても、これは、グレベンニコフの突然の宗旨替えに反対する動きであり、彼は、共産党からも、そして「統一ロシア」からも疎まれる存在になったのである。

ヴォルジュスキー市長・市議会選挙

ヴォルゴグラード州における「統一ロシア」の浸透プロセスの中興味深い局面となったのが、二〇〇九年一〇月、州内第二の都市であるヴォルジュスキー市において行われた市長・市議会選挙である。同市長選挙には八人の候補者が出馬しており、「公正ロシア」のマリーナ・アファナーシエワが当選した。また、市議会選挙では、全三〇議席中「統一ロシア」が一一議席、「公正ロシア」が一〇議席、共産党が六議席、自由民主党が三議席を獲得した。(88)

この選挙結果については、「統一ロシア」の選挙キャンペーンが失敗したことによる偶発的な現象であるとの見方が一般的であった。その一方で、この時期には同党の勢力拡大に対する反発が他の地方でも観察されていたことから、ヴォルジュスキー市における野党の勝利は「統一ロシア」に対する反感が根強いことを反映したものであるとの指摘もある。(89) いずれにしても、ヴォルジュスキー市長・市議会選挙の結果は、ヴォルゴグラード州における「統一ロシア」の組織化が順調ではなかったことを明るみに出した。

もっとも、ヴォルジュスキー市議会における「野党の大勝利」はその後、予想外の展開を見せた。「統一ロシア」が審議をボイコットし、審議が開けない状況が二か月にわたって続いたため、市議会の多数派を占めた「公正ロシア」、共産党、自由民主党は、「統一ロシア」の議員を市議会議長に選出することに同意したのである。(90) 筆者のインタヴューに答えたヴォルジュスキー市議会議員（共産党）は、「選挙の時は盛大にやり合うが普段は仲の良いものだ」と述べている。(91)

（5）ブロフコ知事の任命

二〇一〇年・ブロフコ知事の任命と既存エリートの反発

一九九六年以降長年にわたって知事を務めたマクシュータに代わり、二〇一〇年一月一二日にヴォルゴグラード州最初の任命知事となったのがアナトーリー・ブロフコ（経歴番号25）である。共産党とのつながりが強いマクシュータにかえて新たな知事を任命すべきであるとの声は以前から上がっていたものの、候補者探しが難航する中、ようやく任命に至ったのがブロフコであった。しかし、その評判は芳しくなく、また、彼がヴォルゴグラード州の土着のエリートではなかったことから、彼の知事就任は様々な反発を呼び起こすことになった。(92)

ブロフコが就任早々取りかかったのが州行政府の人事であった。彼はマクシュータ時代から要職にあった人物を次々と解任し、自らに近い人物を中心として州行政府を構成し直したのである。このことはヴォルゴグラード州の政治家たちの反発を招いた。共産党のアパーリナは、ブロフコの人事は「統一ロシア」出身者のみを登用する偏ったものであると批判した(93)。

さらに、ブロフコ就任の余波は、マクシュータ知事の在任中に曲がりなりにも形成されていた「統一ロシア」と州行政府の「棲み分け」を瓦解させ、政治状況を不安定化させた。例えば、ブロフコと副知事のゲンナジー・チュリコフが二〇一〇年五月末に「統一ロシア」州支部の幹部会に選出された際には、マクシュータ時代からの党員二人がブロフコらに反発して「統一ロシア」を離れた(94)。このようにして生じた不和は、最終的に、州議会議長のウラジーミル・カバーノフの辞任という事態にまで行き着いた(95)。カバーノフはマクシュータ知事の側近として二〇〇九年から「統一ロシア」ヴォルゴグラード州支部政治評議会書記を務めており、マクシュータ知事と「統一ロシア」との緩やかな連携関係を象徴する人物であった。

グレベンニコフ市長をめぐるスキャンダルも終息の気配を見せなかった。市長の解任を求めるデモは激しさを増すようになり、ブロフコは事態を穏便に済ませようとデモの終息を画策した(96)。しかし、その結果、ブロフコはグレベンニコフの解任問題をも自らが解決すべき政治課題として抱え込むことになった。事態の収束を目指したブロフコは、二〇一一年二月、ついにグレベンニコフを解任した(97)。ところが、その後も混乱は収拾されず、解任に不服を訴えるグレベンニコフ本人が裁判を起こすなど、事態は泥沼化の様相を呈した(98)。

このように、ブロフコ知事の就任は地方エリートの勢力配置をさらに不安定化させることになり、政治状況の収拾はよりいっそう困難になったのである。

「統一ロシア」の浸透の難しさ

ヴォルゴグラード州は、政治状況が不安定化したまま二〇一一年の下院選挙を迎えた。ブロフコが権力を掌握できずにいる様子を見かねた連邦中央は、ヴォルゴグラード州の「統一ロシア」比例代表名簿第一位に載せるべく、ロシア連邦政府第一副首相（当時）のミハイル・ズプコーフを送り込んだ。[99] 選挙前にヴォルゴグラード州を訪れたズプコーフは、五〇億ルーブルの追加的な補助金の交付を約束するなど、選挙に向けたパフォーマンスに余念がなかった。[100]

ところが、このような努力にもかかわらず、ヴォルゴグラード州における選挙結果は「統一ロシア」にとって厳しいものとなり、同党の得票率は全国平均よりも低い水準の三六・六％にとどまった。この下院選の直後、ブロフコは「統一ロシア」の選挙結果が期待外れに終わったことの責任を取る形で辞職した。[101] その代わりとして任命されたのがアストラハン市長を務めていたセルゲイ・ボジェーノフ（経歴番号26）である。[102] このように、ヴォルゴグラード州においては、グレベンニコフ市長の動向をめぐって「統一ロシア」の内部で深刻な対立が生じるに至り、新たに任命されたブロフコ知事は自らの基盤を固めることができないまま、その対立に巻き込まれる形となった。

（6）小括・二〇〇〇年代中盤以降のヴォルゴグラード州

政治的中央集権化の傾向が強まって以降のヴォルゴグラード州においては、圧倒的一党優位状況の中で複雑な政治プロセスが観察された。まず、「統一ロシア」の浸透は困難をきわめ、マクシュータ知事の権力基盤を掘り崩すことは容易ではなかった。「統一ロシア」は、共産党から擁立されてヴォルゴグラード市長に選出されたグレベンニコフを自らの側に引き込むというアクロバティックな戦略を採用し、強引に勢力を拡大した。ところが、グレベンニコフの「寝返り」はヴォルゴグラード州における政治状況を不安定化させた。二〇一〇年にマクシュータ知事が退任した後も、新たに任命された知事が次々と交替するなど、その状況が収拾される気配はなかった。

第五節　ヴォルゴグラード州におけるエリート配置と政党形成

本章では、一九九〇年代半ばの時期に州行政府、州都行政府、そして共産党地方委員会が主要なアクターとして浮上したヴォルゴグラード州を取り上げ、そこにおける与党形成のプロセスと、地方レヴェルのエリート配置との関連を明らかにしてきた。

体制転換直後のヴォルゴグラード州では、州行政府と州都行政府、そして共産党地方委員会がそれぞれに対抗しあう関係が生じていた。ひとつの転機となったのが一九九六年の行政府長官選挙である。この選挙において共産党の支持を受けたマクシュータが行政府長官に選出されたことにより、ヴォルゴグラード州においては州行政府と共産党地方委員会が連携し、それに対して州都行政府が対抗するという二大政党制にも近いエリート配置が現れた。

ヴォルゴグラード州のエリート配置は比較的安定しており、マクシュータ知事の下、州行政府と共産党地方委員会は良好な関係を築いていた。そのため、一九九〇年代末から政党形成の動きが活発化する中で、州行政府は新たな与党への参加に関心を示そうとはしなかった。このことは「統一ロシア」の形成プロセスにも影響を及ぼした。ヴォルゴグラード州における「統一ロシア」の形成はもっぱら州都行政府を足場として進展したが、州行政府の取り込みが困難であったことから、州内への浸透には限界があったのである。

こうした傾向は、二〇〇〇年代中盤以降の政治的中央集権化の時期に入ってからも大きくは変容しなかった。この頃になるとマクシュータ知事は「統一ロシア」への歩み寄りを見せるようになり、地方エリートも同党に取り込まれたかに思われた。しかし、潜在的なエリートの競争関係には変化がなかったことから、「統一ロシア」の浸透は、既存のエリート配置を不安定化させる要因として作用したのである。共産党が「二大政党制」の一角として独自の権力基盤を有していたことは、ヴォルゴグラード州における「統一ロシア」の伸張をきわめて困難なプロセスとしただけでなく、その拡大に伴って均衡状態が瓦解し、政治的な混乱を招く危険性をもはらむものであったと言える。

このように、ヴォルゴグラード州においては、共産党地方委員会と州行政府の安定的な関係が比較的遅い時期まで維持され、それに対して州都行政府やその他勢力が対抗するというエリート配置が現れた。序章で示した通り、ヴォルゴグラード州では、一九九〇年代においては与党の浸透が比較的低調であり、二〇〇〇年代に入ってから与党が浸透するようになった後も、その定着には様々な困難が付きまとった。

注

（1）Регионы России : краткий статистический справочник.

（2）以下の記述は、主に Города России : Энциклопедия に依拠した。

（3）「スターリングラード」という地名が「大祖国戦争」におけるソ連の勝利との関連で持つ独特の意味合いは未だに薄れておらず、現代のヴォルゴグラードにおいても、スターリングラードへの改称を求める声はたびたび上がっている。

（4）リージョン内総生産およびその内訳については Регионы России. Официальное издание. 2011 を参照した。

（5）なお、ヴォルゴグラードは北カフカース地方へと至る交通の要衝でもあり、いくつかのテロ事件を経験していることを指摘しておく必要がある。二〇一三年一〇月二一日にはバスが、同年一二月二九日にはヴォルゴグラード駅、そして翌三〇日にはトロリーバスが自爆テロの標的となった。これらのテロはソチオリンピックに向けた厳戒態勢の中で起こった。

（6）Gel'man, Ryzhenkov and Brie, *Making and Breaking Democratic Institutions*, 138-139.

（7）Gel'man, Ryzhenkov and Brie, *Making and Breaking Democratic Institutions*, 142.

（8）Moses, "Saratov and Volgograd," 128-129.

（9）　Moses, "Saratov and Volgograd, 128.

（10）　その一環として、州行政府の側は企業に資金を貸し付けるなどの便宜を図り、その代わりに企業の方が労働者の抗議活動をコントロールすることを約束するといった内容の協定が結ばれることもあったという（Gel'man, Ryzhenkov and Brie, *Making and Breaking Democratic Institutions*, 143）。

（11）　一九九三年の上院選挙では、行政府長官等、州内の有力政治家が選出されることが多く、任命知事の民主的正統性を確保するための重要な場であった。

（12）　Gel'man, Ryzhenkov and Brie, *Making and Breaking Democratic Institutions*, 148–149.

（13）　Волгоградская правда, 15 апреля 1993 г.

（14）　なお、その中にロシア共産主義労働者党の議席が含まれていたとの報道もある（Коммерсантъ, 3 октября 1995 г.）。ロシア共産主義労働者党は、左派陣営の中でも急進的なスターリン主義的立場をとる政党である。左派急進派の中には、ナショナリズムと結び付く陣営と、ナショナリスティックな色彩を持たない急進左派陣営の双方が存在しており、ロシア共産主義労働者党は後者に入る。ロシア共産主義労働者党はヴィクトル・アンピーロフの「労働者のロシア」にも近い立場である。なお、この党は二〇〇七年以降、政党としての地位を認められていない。

（15）　Волгоградская правда, 3 октября 1995 г. なお、この時に市議会議長に選出されたのが、第二代ヴォルゴグラード州行政府長官となるマクシュータである。

（16）　アパーリナの発言（Коммерсантъ, 3 октября 1995 г.）。

（17）　Волгоградская правда, 4 мая 1995 г.

（18）　Волгоградская правда, 24 октября 1995 г.

（19）　Волгоградская правда, 24 октября 1995 г.

（20）　Коммерсантъ, 12 сентября 1996 г.

（21）　この当時のヴォルゴグラード州では、左派系の党や社会運動が寄り集まる形で「人民愛国同盟」が結成されていた。共産党はその主要なメンバーであった。「人民愛国同盟」については第五章の注（28）（233頁）を参照のこと。

（22）Коммерсантъ, 2 октября 1996 г.

（23）Коммерсантъ, 24 декабря 1996 г.

（24）Экономическая энциклопедия регионов России: Южный редеральный округ. Волгоградская область / Подред. Шахмалова, Р. И. М.: Издательство «Экономика», 2005. С. 370–371.

（25）Волгоградская правда, 24 марта 1999 г.

（26）Волгоградская правда, 16 декабря 1998 г.

（27）Волгоградская правда, 16 января 1999 г.

（28）「三九知事の声明」をはじめとし、この時期の知事と支持政党の関係について実証的に論じたものとして、Lussier, "The Role of Russia's Governors" を参照。

（29）ヴォルゴグラード州の「我らが家ロシア」勢力は、最終的には同党を離脱するという行動に出ていた（Волгоградская правда, 10 октября 1997 г.）。

（30）Волгоградская правда, 21 октября 1997 г.

（31）「祖国＝全ロシア」合同政治評議会のメンバー数は全部で二〇人であった（Волгоградская правда, 27 августа 1999 г.）。

（32）これはヴォルゴグラード州の主要エリートにとっては意外な結果であった。マクシュータ自身、「統一」がこれほどまでに躍進するとは予想していなかったことを認めている（Волгоградская правда, 21 декабря 1999 г.）。

（33）Коммерсантъ, 7 сентября 1999 г.

（34）Коммерсантъ Власть, 19 декабря 2000 г. С. 26.

（35）Волгоградская правда, 6 сентября 2000 г.

（36）Волгоградская правда, 26 декабря 2000 г., Коммерсантъ, 26 декабря 2000 г.

（37）Волгоградская правда, 19 декабря 2003 г. グレベンニコフは二〇〇七年にヴォルゴグラード市長に選出される。詳しくは本章第四節（3）（258頁）を参照。

（38）「統一ロシア」州支部の政治評議会書記は頻繁に代わっており、サフチェンコが正確にいつからいつまで書記を務めていたのかは定かではないが、サフチェンコが二〇〇三年のヴォルゴグラード市長選挙の際にイシチェンコ擁立の立役者として紙面をにぎわせていた（Коммерсантъ（Волгоград）, 2 июля 2003 г., Волгоградская правда, 3 июля 2003 г.）ことなどから、それ以前から「統一ロシア」の中で重要な役割を果たしていたものと考えられる。

（39）Волгоградская правда, 28 июня 2003 г.

（40）Коммерсантъ（Волгоград）, 18 июня 2003 г.

（41）Волгоградская правда, 19 июля 2003 г.

（42）Коммерсантъ（Волгоград）, 2 июля 2003 г., Волгоградская правда, 3 июля 2003 г. その後、イシチェンコは「右派勢力同盟」の支持を取り付けることにも成功した（Коммерсантъ（Волгоград）, 4 июля 2003 г.）。

（43）Коммерсантъ（Волгоград）, 3 сентября 2003 г.

（44）Коммерсантъ, 15 сентября 2003 г.

（45）Коммерсантъ, 16 сентября 2003 г.

（46）Волгоградская правда, 8 октября 2003 г.

（47）Коммерсантъ（Волгоград）, 8 октября 2003 г.

（48）Волгоградская правда, 9 декабря 2003 г.

（49）二〇〇三年下院選挙、その後の知事選挙においては、「統一ロシア」の存在感が増し、それは「赤い知事」にとっても例外ではなかったことが指摘されている（Оксана Гаман-Голутвина. Партии и власти: эволюция системы партийно-политического представительства в России // Свободная мысль. № 9, 2004. С. 77–86）。

（50）Волгоградская правда, 9 декабря 2003 г.

（51）Коммерсантъ（Волгоград）, 20 апреля 2004 г.

(52) Коммерсантъ (Волгоград), 29 апреля 2004 г.
(53) Коммерсантъ (Волгоград), 24 мая 2004 г.
(54) Коммерсантъ (Волгоград), 31 июля 2004 г.
(55) Коммерсантъ (Волгоград), 10 сентября 2004 г.
(56) Коммерсантъ, 20 сентября 2004 г.
(57) Волгоградская правда, 22 сентября 2004 г.
(58) Волгоградская правда, 12 января 2005 г.
(59) Коммерсантъ (Волгоград), 9 апреля 2005 г.
(60) Коммерсантъ, 18 апреля 2005 г.
(61) Коммерсантъ (Волгоград), 1 июля 2005 г.
(62) Коммерсантъ, 3 мая 2006 г., Волгоградская правда, 3 мая 2006 г.
(63) Коммерсантъ, 31 мая 2006 г.
(64) Коммерсантъ, 24 октября 2006 г.
(65) グレベンニコフは二〇〇三年から二〇〇五年までヴォルゴグラード州議会議長を務めていた人物である。本章第三節(2)(253頁)を参照。
(66) Коммерсантъ (Волгоград), 1 февраля 2007 г.
(67) Коммерсантъ (Волгоград), 3 марта 2007 г.
(68) Коммерсантъ (Волгоград), 17 марта 2007 г.
(69) Коммерсантъ, 16 мая 2007 г.
(70) Коммерсантъ, 21 мая 2007 г.
(71) Коммерсантъ (Волгоград), 23 мая 2007 г., Волгоградская правда, 24 мая 2007 г.

(72) Коммерсантъ, 11 апреля 2008 г.

(73) Коммерсантъ（Волгоград）, 12 апреля 2008 г. なお、同様のできごとはオリョール州の州都オリョール市においても観察された。同市では、二〇〇六年三月、共産党から出馬して当選した市長が選挙後間もなく「統一ロシア」に入党した。

(74) Коммерсантъ（Волгоград）, 29 сентября 2006 г.

(75) 「統一ロシア」ヴォルゴグラード支部、二〇〇六年一〇月二日付プレスリリース（「統一ロシア」旧サイトに掲載）。

(76) Волгоградская правда, 10 августа 2007 г.

(77) Волгоградская правда, 14 августа 2007 г. もっとも、その後、検察がパンの四〇％の値上げは違法であったとの結論を出すに至り、パンの値段をめぐる応酬は終息に向かった（Волгоградская правда, 23 августа 2007 г.）。

(78) 「予備選挙」の説明については第三章の注（92）（173頁）を参照。

(79) Коммерсантъ（Волгоград）, 14 августа 2007 г.

(80) Коммерсантъ（Волгоград）, 7 ноября 2007 г.

(81) Коммерсантъ（Волгоград）, 22 августа 2007 г.

(82) Коммерсантъ（Волгоград）, 7 ноября 2007 г.

(83) Волгоградская правда, 4 декабря 2007 г.

(84) グレベンニコフは二〇〇七年秋に共産党の党員資格停止を表明していたが、二〇〇八年春になって共産党から正式に除名されることになった（Коммерсантъ, 11 апреля 2008 г.）。

(85) 「ビジネス・ロシア」による、グレベンニコフのネガティヴ・キャンペーンは長期的に展開された（Коммерсантъ, 11 ноября 2008 г., Коммерсантъ（Волгоград）, 15 июля 2009 г., Коммерсантъ（Волгоград）, 8 сентября 2009 г., Коммерсантъ（Волгоград）, 23 апреля 2010 г.）。

(86) グレベンニコフに対する共産党の反発には根強いものがあった。二〇一〇年には、共産党から擁立されたにもかかわらず「統一ロシア」に移動したことは不適切であったとして改めてグレベンニコフの解任を求める訴えが出されている（К

оммерсантъ（Саратов), 26 января 2010 г.)。

(87)　Коммерсантъ, 11 ноября 2008 г.

(88)　Коммерсантъ（Саратов), 13 октября 2009 г.

(89)　Коммерсантъ（Саратов), 13 октября 2009 г.

(90)　Коммерсантъ（Саратов), 8 декабря 2009 г. これは、ヴォルジュスキー市で市議会議長のポストを獲得する代わりにヴォルゴグラード州議会における副議長や委員長ポストを融通することを約束したものであった。その後、「統一ロシア」が取引の際の約束を守らなかったとして問題になった（Коммерсантъ（Саратов), 22 мая 2010 г.)。

(91)　アンドレイ・ミシュースチン議員からの聞き取り（二〇一〇年六月二九日、ヴォルジュスキー市）。

(92)　Коммерсантъ (Волгоград), 12 января 2010 г.

(93)　Коммерсантъ（Саратов), 6 марта 2010 г.

(94)　Коммерсантъ（Волгоград), 1 июня 2010 г.

(95)　Коммерсантъ（Волгоград), 1 сентября 2010 г.

(96)　ブロフコは、プーチン首相のヴォルゴグラード訪問時にデモが起こるのを避けるため、グレベンニコフ解任を求める意見をプーチン首相に伝えることを約束した（Коммерсантъ（Саратов), 8 июля 2010 г.)。

(97)　Коммерсантъ, 24 февраля 2011 г.

(98)　Коммерсантъ, 25 февраля 2011 г., Коммерсантъ（Волгоград) 5 марта 2011 г. しかし、ヴォルゴグラード市中央地区裁判所は市長の解任は適法であったとの判決を出した（Коммерсантъ, 30 марта 2011 г.)。

(99)　Коммерсантъ, 13 июля 2011 г.

(100)　Коммерсантъ, 13 октября 2011 г. 補助金の交付に加え、ヴォルゴグラード州産の農産物をモスクワで販売する協定を結ぶなどの支援策も打ち出された。

(101)　この下院選後にはヴォルゴグラード州以外でも知事が辞職に追い込まれた。ブロフコは、この時期に辞職した知事として三人目であった（Коммерсантъ, 18 января 2011 г.）。

(102)　ヴォルゴグラード州の混乱は新たな知事の任命によっても解決しなかった。ボジェーノフ時代には汚職疑惑がたびたび取り沙汰されるようになり、州政は波乱に満ちたものとなった。ボジェーノフは任期満了前の二〇一四年四月に辞職した（Коммерсантъ, 2 апреля 2014 г.）。

終章　政治変容の多様性と多層性

終章では、本書から得られた知見をまとめた上で、それをより大きな文脈に位置づけることを目指す。以下、第一節で各地方において観察された経過を振り返った後、第二節で比較研究から導き出されるメカニズムについて触れ、第三節において残された課題および今後の展望を示す。

第一節　圧倒的一党優位の形成過程——地方ごとの差異

本書においては、ロシアにおける長期的な政治変容を描き出すため、既存の研究では十分に掘り下げられてこなかった地方レヴェルの政治状況に光を当て、地方エリート、とりわけ、州行政府、州都行政府、共産党地方委員会といった地方レヴェルの主要勢力間の勢力配置と、連邦レヴェルの与党形成の動きとの関連に注目して議論を進めてきた。第二部において展開したサラトフ州、ウリヤノフスク州、サマーラ州、ヴォルゴグラード州の事例研究より、それぞれの地方において以下のような変容プロセスが観察された。

サラトフ州では、「白い知事」であるアヤツコフの率いる強い州行政府が自立性を保ち、他の勢力を圧倒する構図が一九九〇年代に現れた。全国与党の形成期においては、州行政府が与党形成の動きに消極的だったため、与党形成の動きは限定的なものにとどまっていた。その後、「統一ロシア」が結成されると、当初は州行政府との間で様々な軋轢が生じたものの、最終的には「統一ロシア」が比較的スムーズに浸透する様子が観察された。このプロセスにおいて重要な役割を果たしたのは、「統一ロシア」支部による州行政府勢力の巻き込みとその成功であった。サラトフ州では、州内の他の勢力がアヤツコフ時代に周縁化されており、政治的競争の顕在化が抑え込まれる構図そのものは圧倒的一党優位状況の成立後も維持された。

ウリヤノフスク州では、一九九〇年代においてはエリツィン政権に敵対的なガリャーチェフ知事が独特のカリスマ性を発揮して自らの支持基盤を築いていた。また、共産党地方委員会も独自の役割を果たしており、両者はイデオロギー的には近い立場にありながら、主導権争いを繰り広げていた。ウリヤノフスク州における与党形成の動きは低調であった。ガリャーチェフは自前の選挙ブロックを結成したものの、それが全国政党と連動することはなかったのである。この状況はサラトフ州においてアヤツコフ知事の下で観察された経緯と類似している。しかし、州行政府によるガヴァナンスの崩壊が明るみに出た二〇〇〇年代以降は、それ以前とは打って変わって「統一ロシア」のスムーズな浸透が観察された。もっとも、同州においては「統一ロシア」の浸透後に共産党地方委員会が息を吹き返し、「統一ロシア」に対抗するひとつの核としての役割を果たしたという点も重要である。

サマーラ州では、体制転換直後の時期においてはチトフ知事が優位に立つ政治状況が現れたが、その後、州行政府と州都行政府の競争が顕在化した。こうした状況の中で、一九九〇年代末のサマーラ州では政党形成の動きが活発化し、州行政府と州都行政府はそれぞれに新たな政党との連携を模索するようになった。二〇〇〇年代に入って以降、「統一ロシア」は州行政府・州都行政府間の対抗関係に巻き込まれる形となり、サマーラ州への浸透は困難をきわめた。チトフ知事は最終的には「統一ロシア」に歩み寄る姿勢を見せたものの、「統一ロシア」の内部でも独自性を発揮しようと試み、同党は様々な紛争を内包するようになった。また、二〇〇六年には野党である「公正ロシア」の支持を受けた州都市長が誕生し、州行政府との対抗関係が再燃するという事態も観察された。サマーラ州における政治プロセスは、州行政府と州都行政府の間で繰り広げられた対抗関係を中心に展開したと言える。

そしてヴォルゴグラード州では、一九九〇年代における「赤い知事」の登場を経て共産党地方委員会が与党化し、州行政府＝共産党地方委員会と州都行政府との間で対抗関係が生じた。このような勢力配置が存在していたため、一九九〇年代の与党形成の試みは州都を中心に展開し、州行政府はそれには積極的に参加しなかった。このような対抗関係は「統一ロシア」の結成後も維持され、同党の浸透は十分には進まなかった。その後、「統一ロシア」が既存の政治アクターを取り込んでいくにつれ、それまで維持されてきた「統一ロシア」と共産党との棲み分けが崩れ、ヴォルゴグラード州の政治は混乱に特徴付けられるようになった。州行政府と州都行政府の対抗関係を基調とした政治プロセスが展開したという点において、ヴォルゴグラード州とサマーラ州の間には共通点が見られたが、ヴォルゴグラード州においては州行政府＝共産党と州都行政府の対抗関係が固定化していたという違いがあった。

以上概観してきたように、本書において取り上げた四州は、本書の出発点である一九九〇年代の時点において既に多様であった。そのうち、ウリヤノフスク州とヴォルゴグラード州はエリツィン政権に敵対する「赤い地方」として有名であり、サラトフ州とサマーラ州の政治指導者はエリツィン政権に対して親和的な立場をとっていた。各地方において主要な政治アクターとして浮上したのは、州行政府（サラトフ州）、州行政府・共産党地方委員会（ウリヤノフスク州）、州行政府・州都行政府（サマーラ州）、州行政府・州都行政府・共産党地方委員会（ヴォルゴグラード州）、となっており、初期のエリート配置が地方によって大きく異なっていたことが明らかになる。

その後、各地方ではこれらの主要なアクターが全国レヴェルの与党形成の動きに呼応する形で様々な合従連衡を繰り広げることになるが、その様子もまた地方によって異なっていた。一九九〇年代末から二〇〇〇年代初頭にかけての与党形成が試みられた際には、サラトフ州およびウリヤノフスク州では与党の浸透がスムーズには進まなかった一方で、サマーラ州とヴォルゴグラード州においては、与党は州都行政府を足場として浸透を試みた。

二〇〇〇年代に圧倒的一党優位状況が成立した後の経過を見ると、サラトフ州およびウリヤノフスク州では当初こそ州行政府との間で軋轢が生じたものの、いったん浸透が進みだすと、その後はあまり抵抗なしに進んだ。これに対し、サマーラ州とヴォルゴグラード州では「統一ロシア」は浸透に困難を抱えたのみならず、一応優位状況を獲得した後も、一方では与党内での内紛、他方では野党陣営の反攻などを抱え、なかなか安定した状況をつくることができなかった。

「与党の不在」状況から圧倒的一党優位への移行は、外観的にはどの地方でもほぼ同様に進んだかのようであるが、一歩立ち入ってみると、その具体的なプロセスやスピードには大きな差異があり、また、優位に立つようになった「統一ロシア」には種々の内紛がつきまとっていた。これは各地のエリートが中央集権化の中で選択の余地を狭められながらも、単純に政権党の駒と化したのではなく、それぞれの思惑を秘めながら自己利害実現のために「統一ロシア」に接近したことの現れである。

本書で一貫して重視してきた各地のエリート集団は、それぞれの地方において形成されていたエリート配置が生み出す力学の中で、ある時は政権与党から距離を置こうとし、ある時は生まれつつある新しい与党形成の動きに便乗しようとし、さらにまたある時は強大化した与党に加入しながら、その中で主導権争いを展開した。その具体的様相には地方ごとの差異があるが、そうした差異を規定するひとつの重要な要因は、それぞれの地方における主要アクターの力関係の型だった。この力関係はそれ自体、時間的経過の中で変容したが、圧倒的一党優位状況の下でも完全に斉一化することはなく、それぞれの地方ごとの内部闘争を規定し続けた。

第二節　地方レヴェルの勢力配置と政権与党の浸透

本書では、州行政府・州都行政府・共産党地方委員会の相対的な力関係をもとにして、一九九〇年代の力関係が、①州都行政府も共産党も弱く、州行政府が優位に立つ州行政府優位型、②州都行政府が弱く州行政府と共産党が並び立つ州行政府・共産党並立型、③州行政府と州都行政府が強い州行政府・州都行政府並立型、④州行政府、州都行政府、共産党がそれぞれに影響力を持つ三者並列型、に分類される四地方を取り上げて比較を行うという方法を採用した。その比較から、分権状況、制度化・集権化の端緒、政治的中央集権化、のそれぞれの時期について、以下の点を確認することができる。

まず、遠心化が強まった時期において、各地方における諸アクターは、基本的には連邦レヴェルの政治からは独立した存在であった。自らが全国政党の一支部である共産党を別にすれば、州行政府も、州都行政府も、全国政党とは連動していなかった。サラトフ州ではアヤツコフ知事率いる州行政府が他の勢力を圧倒していた。ウリヤノフスク州では、ガリャーチェフ知事を中心とした州行政府勢力と共産党地方委員会とが並び立ち、政党としては共産党が強かったが、州レヴェルにおいては州行政府が主導権を握るという構図が現れた。サマーラ州では州行政府と州都行政府が対抗関係にあり、一時的には連邦レヴェルの政党と連携することもあったが、その関係はアドホックなものであった。ヴォルグラード州においては「赤い知事」の登場により、共産党と州行政府が連携する状況が出現した。

このような状況は、分権状況が収拾され始める一九九〇年代後半にかけて次第に変容していった。そのうち、州行政府と州都行政府の対抗関係が顕著なものとなっていたサマーラ州およびヴォルゴグラード州においては、州都行政府を中心として地方エリートの与党への積極的な参与が見られた。これとは対照的に、州行政府が他の勢力に対して優位に立っていたサラトフ州とウリヤノフスク州においては連邦与党への参与が低調であった。これらの比較から、この時期、政党の浸透に際しては州都行政府と州行政府の対抗関係の有無が重要な意味を持っていたと言える。共産党も依然として一定の役割を果たしており、特に、州行政府と結びつく形になったヴォルゴグラード州では安定的な位置を占めていたが、ウリヤノフスク州においては共産党の役割が低下しつつあった。

政治的中央集権化が進んだ二〇〇〇年代中盤以降も、州行政府と州都行政府の対抗関係は大きな役割を果たした。両者の対抗関係に特徴付けられていたサマーラ州とヴォルゴグラード州、そうした対抗関係が比較的目立たなかったサラトフ州とウリヤノフスク州とを対比するなら、次のような差異を見て取ることができる。すなわち、前二州では「統一ロシア」の浸透が難航し、浸透達成後も内紛が絶えなかったのに対し、後二州では「統一ロシア」の浸透は比較的容易に進んだ。この違いは、州内におけるエリート間の競合が前二州においてより厳しい状態にあることから説明される。こうして、州都行政府の重みというファクターはこの時期においても重要な位置を占めていた。これに比して、共産党地方委員会の役割は相対的に低下する傾向にあるが、それでも、伝統的に同党が強かったヴォルゴグラード州とウリヤノフスク州では一定の復調傾向が観察され、二〇一一年下院選挙ではサマーラ州でも同党が「統一ロシア」への批判票を吸収する受け皿の役割を果たした。

以上の検討から明らかになるように、地方エリートは、一九九〇年代の分権状況、一九九〇年代末からの制度化・中央集権化の端緒、そして二〇〇〇年代中盤以降の政治的中央集権化というくつかの段階を経る中で、次第に自立性を失っていった。このことが、圧倒的一党優位状況の成立に至る主要な要因になったことは確かである。しかし、地方レヴェルにおいてエリート間競争が消滅したわけではない。地方レヴェルにおける主要な選挙マシーンであった州行政府、州都行政府、そして共産党地方委員会の間で生じていた様々な対抗関係は、中央集権化の進展に伴ってその現れ方を変えながらも維持され、「統一ロシア」の浸透プロセスにも大きな影響を与えた。

ここまで述べてきた全国レヴェルの政治と地方エリートの双方の動きによって形作られるダイナミズムは、ロシアにおける、「与党の不在」状況から圧倒的一党優位へと至るまでの多様かつ多層的なプロセスの理解に際しても示唆的である。地方レヴェルにおけるエリート配置は、分権化状況においては地方エリートが単一の全国与党に結集するのを妨げ、安定与党がなかなか形成されないことの一要因をなしたが、いったん全国与党が結成されると、一斉に勝ち馬に乗る風潮を生み、一挙に圧倒的一党優位状況をもたらす要因となった。しかし、その後も、各地におけるエリート配置がそれぞれに異なっているという状況そのものが消滅したわけではない。地方エリートはそれぞれの地域における力関係に基づいて競争を繰り広げ、その競争関係がそのまま全国与党の内部に持ち込まれることもあった。このことは、地方エリートの自主性が中央集権化の中で狭められながらもなお一定程度残存していることを物語る。そして、地方レヴェルのエリート間亀裂が「統一ロシア」内に持ち込まれたことは、場合によってはそれが圧倒的一党優位状況を下から浸食する可能性があることを示唆している。

第三節　ロシア政治の比較可能性――今後の展望

ここまで、本書においては、沿ヴォルガ地域を取り上げ、地方レヴェルの諸アクターと連邦レヴェルの政党形成の関係をめぐる詳細な分析を行い、一九九〇年代から二〇〇〇年代にかけての政党システムの変化のダイナミズムを描き出すと同時に、その背後にあったメカニズムを究明するという課題に取り組んできた。こういう内容を持つ本書は直接には現代ロシア政治研究への貢献を目指すものであるが、序章第四節でも示唆したように、その射程はロシア政治の枠を超える可能性を秘めている。

第一に、本書のテーマは政治体制の変動をめぐる一連の議論に関連している。従来のロシア政治研究は一九九〇年代については「民主化」論の一環、二〇〇〇年代については「権威主義」論の一環として論じられることが多く、両時期をつなげて捉える議論は乏しかった。本書は政治体制の特徴付けに関する論争そのものに直接参与するものではないが、地方エリートの動向に目配りすることで、様相を異にする両局面を包括的に理解するよう努め、ロシア政治への新しい観点を拓くことを目指した。全国政党と地方エリートの関係という視点は他の諸国にも通じるものであり、本書の成果を他国における政治変動研究との比較へと開いていくひとつの回路をなしている。

第二に、本書では地方レヴェルにおける政治と行政の結びつき方を実態に即して明らかにすることを試みたが、この主題は広く他国とも共通するところがある。地方行政府が住民への種々の便宜供与の担い手としての役割を果たし選挙時には「マシーン」として機能するという事象も多くの国で見受けられるところであり、それらとの比較も今後の有望な課題となる。

第三に、本書は「統一ロシア」という巨大政党がいかにして地方レヴェルに浸透していったかを跡付けると同時に、そこにどのような困難が内包されているかも明らかにした。圧倒的一党優位状況は一見すると変化を受け付けない盤石な体制であるかのようだが、微視的に見ると、そこには数多くの小さな亀裂がはらまれており、それは条件次第で新たな流動を引き起こす可能性も秘めている。この洞察は、同様に巨大な政権党をかかえる他国の政治について考える上でも一定の示唆を与える可能性がある。

以上、本書の含意およびさらなる発展可能性について触れてきたが、もともと実証面で大きな困難を抱えるテーマであるという事情もあって、残された課題も多い。まず、沿ヴォルガ地域において観察されたメカニズムがどの程度まで他の地方に当てはまりうるのかという点についてのさらなる究明を試みる必要がある。そのためには、本書の取り上げた沿ヴォルガ地域とは異なる諸条件を持ち合わせる他の地方においていかなる政治プロセスが生じたのかを明らかにすることが必要不可欠である(1)。また、本書においては予め研究の対象から除外したが、民族共和国における集票・動員メカニズムがロシア政治において果たす役割は大きく、この点の解明も今後の重要な課題である。

次に、理論的な問題に関連する限界について触れておきたい。本書では、地方レヴェルにおける動向の解明を目指し、地方エリートたちが政権与党の形成に対して示した反応を中心とした分析を行ってきた。このような視角を採用したことにより、これまでは明らかにならなかったミクロな諸アクターに注目した検討が可能になった一方で、連邦中央から地方にどのような働きかけがあったのかという点についての着目が薄くなった。このことは、一面では、既存の研究において連邦中央のイニシアチヴが過大な注目を集めてきたことに対する反論としての意味を持っているが、政権与党が連邦中央からの働きかけとそれに対する地方エリートの反応の双方によって形作られてきたことを思い起こすなら、これは一定の限界であることを認めざるを得ない。連邦中央から地方に対して行われた直接的な働きかけや取引がどのようなものであったのかという点を含めた検討を行う必要がある。

また、地方エリートと一般市民の関係も重要である。本書では、基本的に、一般住民と地方エリートが近しい関係にあるとの前提に基づいて議論を進めてきた。この点については、既に、住民による陳情、社会運動[2]、社会団体等[3]、それぞれの局面ごとに議論が積み重ねられつつあるが、一般市民の動きが地方エリートを飛び越えて直接連邦レヴェルの政治へと影響を与え、よりダイナミックな相互作用が繰り広げられていた可能性もある。こうした「草の根」の政治の実態を明らかにすることも将来的な課題のひとつとして位置づけられる。

本書では、ロシアがソ連体制からの移行という大きな変化を経験してからおよそ二〇年間にわたる時期を対象とし、その間の政治の流れを地方レヴェルから振り返ろうと試みてきた。そこで主要な論点となったのは、このような激動の時代において、一般市民に最も近い場所にいた地方の政治家たちがどのように事態を把握し、行動したのか、そしてそれがロシアにおける政治のありようにいかなる影響を与えたのか、という点であった。この視角は、ソ連解体後の時期を観察する際にのみ有効なのではなく、政治という営みを理解する上で本質的かつ普遍的な側面に光を当てることを可能にする。本書において提示したメカニズムは、これからも不断に変化し続けていくであろうロシア政治の基層をなすものと考えられる。

注

（1）なお、各地方における政治変容の仕方について、四地方の事例を手がかりとして一種の類型論を展開する余地があるという点は指摘しておく必要がある。まず、サラトフにおいて観察された変化のプロセスは、民族地域における政治の展開と共通点が多い。民族地域では連邦構成主体行政府の動員力が強い傾向にあり、二〇〇〇年代に入ると地方指導者が次々と「統一ロシア」へと加入し、「統一ロシア」の票田へと変貌していった。次に、ウリヤノフスク州の事例も、当初は「赤い地方」とされた地方における政治を理解する上で示唆的である。類似の経過を辿った地方として、例えば、「赤い知事」であったアマン・トゥレーエフによって率いられたケメロヴォ州においては、ウリヤノフスク州と同様、二〇〇〇年代に入ってから「統一ロシア」のスムーズな浸透が観察された。サマーラ州やヴォルゴグラード州は、競争の激しい地方における政治のありようを示す事例として捉えることが可能である。類似の展開をたどった地方として、やはり州都が大きな役割を果たしたスヴェルドロフスク州を挙げることができる（Gel'man and Golosov, "Regional Party System Formation in Russia"）。こうした類型化およびそれぞれの動向の把握についてはさらなる実証研究が必要とされるが、本書の分析は全国的な動向を把握するための重要な一歩となる。

（2）地方レヴェルにおける草の根の政治参加について取り扱ったものとして、Елена Белокурова. Дмитрий Воробьев. Общественное участие на локальном уровне в современной России // Неприкосновенный запас. № 2, 2010. С. 83–91; Elena Chebankova, "Public and Private Cycles of Socio-Political Life in Putin's Russia," *Post-Soviet Affairs* 26, no. 2 (2010): 121–148 などがある。

（3）どの地方においても多くの構成員を有し、かつ、行政府と連携してきた伝統的な社会団体として、退役軍人団体、障害者団体、労組が重要である。また、昨今では、非営利団体と呼ばれる社会団体の登場にも注目が集まっており、今後も、社会団体をめぐる状況は大きく変化していくものと思われる。

あとがき

本書は二〇一三年三月に東京大学大学院法学政治学研究科に提出した博士論文「現代ロシアの政治変容と地方――沿ヴォルガ地域における圧倒的一党優位の成立過程、一九九一―二〇一一」を大幅に加筆修正したものである。現代政治研究の宿命であるが、現実は論文を執筆している間にも容赦なく変化していく。とりわけ二〇一四年はウクライナ情勢の緊迫化、クリミアの併合など大きな変化が相次いだ年であった。本書において示した枠組みは「草の根」の政治のありように注目したものであり、その構造は簡単に変わるようなものではないと考えるが、言うまでもなく不変ではありえない。今まさに生じつつある変化が本書で示した枠組みにいかなる影響を与えるのかという点については今後の研究課題とするほかない。

本書の出発点はおよそ一〇年前、サハリンの旧共産党アルヒーフを訪れた時にさかのぼる。その建物は、一九九一年の「八月政変」後、表舞台から追われたソ連共産党州委第一書記が執務室を与えられた場所であった。そのことを偶然知った当時の私は、遥か遠いモスクワで起こった変化が極東のサハリンにまで瞬時に波及した様子にいたく感銘を受けた。思い返せば、これが、ロシアの広大さと、各地方の「顔が見える」政治とが織りなす独特な世界へと入り込むきっかけになったように思う。

大学院に進学して研究を進めていくうちに、極東からは離れ、沿ヴォルガ地域に行き着いた。ヴォルゴグラードでは灼熱の夏、サラトフでは「黄金の秋」を満喫した。サマーラを経てウリヤノフスクにたどり着いた頃には本格的な冬が到来し、雪に埋まりながら街を歩き回った。本書は、こうした日々の中で、多くの出会いを通じて明らかになった知見と、全国的な政治の展開の双方を視野に入れることを目指したものである。これがロシア政治、より広くは政治という営みを理解する上でどのような意味を持つのかについては読者のご判断を仰ぎたい。

本研究は多くの方々の導きによって初めて可能になった。何よりもまず、指導教授の塩川伸明先生に御礼を申し上げたい。塩川先生には、ともすれば説明不足に陥りやすい筆者に対し、丁寧にロジックを積み重ねていくことの重要性を教えていただいた。塩川先生のご指導なくしては博士論文を完成させることは到底不可能であっただけでなく、それを出版することも叶わなかったのではないかと思う。なかなか筆が進まなかった筆者をあたたかく、そして辛抱強く見守って下さったことに深く感謝する。

博士論文の審査では、主査を大串和雄先生にお引き受けいただき、副査には高原明生先生、中山洋平先生、金井利之先生、松原健太郎先生に加わっていただいた。先生方には荒削りであった論文の内容を隅々まで検討していただいた。その後の改稿作業では審査の際にいただいた貴重なコメントを可能な限り反映させるように努めたつもりである。

本研究の直接の研究対象である、ロシアにおける地方レヴェルの政治の実態に迫るという点については松里公孝先生から多くの示唆を受けた。ロシアに留学した際にはロシア国立人文大学のセルゲイ・ルイジェンコフ先生に大変お世話になり、本書の骨格ともなった四地方の選択や現地調査の方法等について様々な助言をいただいた。論文の形にまとめるまでに予想していた以上の年数がかかってしまったが、改めて感謝の気持ちを伝えたい。

現代ロシア政治研究の文脈からは、地方レヴェルの動向がロシア政治の全容を把握する上でいかなる意味を持っているのか、そして今現在のロシア政治のありようを理解するに際してどのように役立つのか、といった点に自覚的であることが求められる。特に、上野俊彦先生、大串敦氏、溝口修平氏には、これまでの様々な段階において報告ペーパーや論文の草稿に目を通し、貴重な助言をいただいたことに御礼申し上げたい。

地域研究と比較政治学を架橋することも筆者にとって大きな課題であり続けている。研究の世界に足を踏み入れて間もない頃から、林忠行先生、仙石学先生には多くのことを教えていただいた。早稲田大学のGCOE-GLOPEⅡ研究会、論文集『民主化と選挙の比較政治学』の執筆者に加えていただいたことも有意義な経験となった。特に、伊東孝之先生、また論文集の出版に際しては編者の河野勝先生、久保慶一先生にお世話になった。

本研究に取り組む過程では、対象とする時代や地域を超えた対話から気づきを得る機会も多かった。ロシア史研究会・ソビエト史研究会はそうした意味でとても貴重な場であった。また、院生時代を過ごした東京大学大学院法学政治学研究科では多くの素晴らしい先輩方、同僚に恵まれた。気軽な話題から研究の話まで、専門を超えて議論ができる環境が身近にあったことは筆者にとって大きな励みとなり、刺激の源泉でもあった。

そして、フィールドワーク先で時間を割いて下さった多くの研究者、ジャーナリスト、政治家たちの協力がなければこの研究は成り立たなかった。調査の際にはヴォルゴグラード州行政府、サマーラ州議会・市行政府、ウリヤノフスク州議会の協力を得ることができた。特に、ヴォルゴグラード州行政府経済委員会においてデスクを与えられ、州行政府の日常業務を垣間見る機会を得たことはその後の研究の糧となった。この場を借りて感謝の意を表したい。

本研究は、日本学術振興会の特別研究員として、平成二〇―二二年度、平成二四―二六年度の二度にわたり科学研究費補助金（特別研究員奨励費）を受けた成果でもある。現在は東京大学大学院総合文化研究科の鹿毛利枝子先生に受け入れ教員となっていただき、折に触れて親身な助言をいただいている。

本書は平成二六年度東京大学学術成果刊行助成により刊行が可能になった。東京大学出版会の後藤健介氏と山本徹氏には本書の編集を快く引き受けていただいたことに御礼申し上げる。

最後に、パートナーの馬路智仁に、そして、母・昭子、亡き父・博に。これまで筆者を応援し、支えてくれてどうもありがとう。

二〇一五年一月

油本真理

著者略歴

1983年生まれ．2006年，東京大学教養学部総合社会科学科（国際関係論コース）卒業．2013年，東京大学大学院法学政治学研究科博士課程修了．博士（法学）．現在，日本学術振興会特別研究員PD（東京大学）．主要論文に「ポスト共産主義ロシアにおける『与党』の起源――『権力党』概念を手がかりとして」（『国家学会雑誌』第121巻第11・12号，2008年），"Who Takes Care of the Residents? United Russia and the Regions Facing the Monetization of *L'goty*"（*Acta Slavica Iaponica* 28, 2010）など．

現代ロシアの政治変容と地方
「与党の不在」から圧倒的一党優位へ

2015年2月25日　初　版

［検印廃止］

著　者　油本《あぶらもと》 真理《まり》

発行所　一般財団法人　東京大学出版会
代表者　古田元夫
153-0041 東京都目黒区駒場4-5-29
http://www.utp.or.jp/
電話 03-6407-1069　FAX 03-6407-1991
振替 00160-6-59964

印刷所　株式会社精興社
製本所　誠製本株式会社

ISBN 978-4-13-036254-2　Printed in Japan

人名索引

＊印は巻末資料（A「主要登場人物の経歴一覧」）に掲載の人物を示す

ア　行

カ　行

サ　行

タ 行

ナ 行

ハ 行

マ 行

ヤ 行

ラ 行

事項索引

あ 行

か 行

さ 行

巻末資料

資料 A　主要登場人物の経歴一覧

表 18 に主要登場人物の経歴一覧を示す．本文中で登場した順に番号を付した．種別について，「共産党」とあるのは共産党第一書記である．彼らは多くの場合同時に下院議員であるが，州内政治における位置づけを明確にする意味で「共産党」と記載した．なお，州行政府長官については，本書が対象とする時期の全員の経歴を掲載した．一方，州都の市長は本書が対象とした限りにおいて主要な役割を果たした人物に限定した．

表 18　主要登場人物の経歴一覧

番号	名前	種別	経歴
サラトフ州			
1	ベルィフ，ユーリー・ヴァシーリエヴィッチ	州行政府長官（1992-1996 年）	1941 年，サラトフ州生まれ．サラトフ農業大学卒業（通信）．1961 年よりコルホーズ勤務，1967 年からソフホーズ・コルホーズ・行政機構の役職を歴任．1990 年から 93 年，ロシア連邦人民代議員，1992 年 2 月サラトフ州行政府長官代理，同年 5 月から 96 年 2 月までサラトフ州行政府長官．
2	アヤツコフ，ドミトリー・フョードロヴィッチ	州行政府長官（1996-2005 年）	1950 年，サラトフ州生まれ．サラトフ州農業大学，モスクワ組合大学（通信）卒業．1977 年よりコルホーズで働き始め，1986 年から 92 年まで生産連合「サラトフスコエ」第一総副支配人．1992 年，生産連合の支配人だったキトフのサラトフ市長就任に伴い，第一副市長へと転身．1993 年，補欠選挙で選出され，州人民代議員．1993 年から 95 年まで上院議員．1996 年 4 月，サラトフ州行政府長官に任命．同年 9 月，選挙により選出，2000 年，再選．2005 年 4 月，退任．2006 年，ロシア連邦大

			統領府長官補佐役に任命．2011年，ストルイピン名称沿ヴォルガ大学の学長に就任．
3	アクショーネンコ，ユーリー・ニコラエーヴィッチ	州都市長（1996-2005年）	1950年，サラトフ州生まれ．サラトフ農業大学，サラトフ法科大学（通信）卒業．経済学博士候補．ソフホーズを経て，1989年，サラトフ地区農工合同支配人．1990年から92年，サラトフ地区執行委員会議長．1992年から96年，同地区行政府長官．1994年，サラトフ州議会議員．1996年，サラトフ市長に任命．
4	ラシュキン，ヴァレリー・フョードロヴィッチ	共産党	1955年，サラトフ州生まれ．サラトフ工科大学卒業．1977年より生産技術技師．1990年，サラトフ市人民代議員．1993年より，共産党サラトフ州委員会第一書記．1994年，サラトフ州議会議員．1994年から96年，同州議会副議長，共産党州委員会書記．1999年，下院議員に選出（小選挙区），2003年（比例代表），2007年，2011年再選．
5	ヴォローヂン，ヴャチェスラフ・ヴィクトロヴィッチ	下院議員	1964年，サラトフ州生まれ．サラトフ農業機械化大学卒業，ロシア連邦大統領府付属公務アカデミー修了．法学博士．1990年，サラトフ市人民代議員に選出．1992年から93年，サラトフ市副市長．1993年から96年，沿ヴォルガ幹部センター国家地方行政学部学部長．1994年から96年，サラトフ州議会議員．1996年，サラトフ州第一副知事．1999年，「祖国＝全ロシア」ブロックより下院議員に選出．2003年，小選挙区で下院議員に選出．2007年，下院議員に選出，「統一ロシア」総評議会幹部会書記（2011年まで）．2010年，ソビャーニンのモスクワ市長就任に伴い，ロシア連邦政府副首相に就任．2011年12月，ロシア連邦大統領府第一副長官に就任．
6	イパートフ，パーヴェル・レオニードヴィッチ	州行政府長官（2005-2012年）	1950年，スヴェルドロフスク州生まれ．ウラル工科大学卒業．ソ連閣僚会議付属経済アカデミー修了．経済学博士候補．1969年から熱併給発電所の技師，1980年から89年まで南ウラル原子力発電所，1989年からサラトフ州バラコヴォ原子力発電所にて勤務．バラコヴォ原子力発電所がロスエネルゴアトムの支社となった

			ため，2002年よりロスエネルゴアトムの副社長も兼務．2005年4月から12年3月まで，サラトフ州行政府長官．
7	グリーシェンコ，オレグ・ヴァシーリエヴィッチ	市議会議長（2006年- ）	1966年，サラトフ市生まれ．1985年，機械組立専門学校卒業．1998年，モスクワ大学サラトフ商業大学卒業．2007年，サラトフ国立法律アカデミー修了．サンクトペテルブルグ経済財政大学大学院修了．経済学博士候補．1993年からサラトフベアリング工場で勤務．2003年より，同工場長．2004年からサラトフ州議会議員．2005年8月からサラトフ市長代行．2006年3月，サラトフ市議会議員，市議会議長に選出．2011年3月22日，再選．

ウリヤノフスク州

8	ガリャーチェフ，ユーリー・フローロヴィッチ	州行政府長官（1992-2000年）	1938年，クイブィシェフ州（現サマーラ州）生まれ．ウリヤノフスク農業大学，高等党学校修了．その後，コムソモールを経て，クゾヴァトフスキー地区党委員会第二書記，コムソモールウリヤノフスク州委員会第一書記．1973年から87年までソ連共産党ウリヤノフスク地区委員会第一書記，1987年，州執行委員会議長．1990年，ソ連共産党州党委員会第一書記，1990年，州人民代議員ソヴェト議長．1992年，ウリヤノフスク州行政府長官に任命．1996年，再選．2000年，行政府長官選挙で敗北．2004年の行政府長官選挙でも敗北．2010年，死去．
9	エルマコフ，セルゲイ・ニコラエーヴィッチ	州都市長（1991-1996年，2004-2010年）	1937年，バシキール自治共和国（現バシコルトスタン共和国）生まれ．全ソ連鉄道技師大学（通信制）卒業．1955年以降，南ウラル鉄道，クイブィシェフ鉄道などで勤務．1990年，ウリヤノフスク州人民代議員，ウリヤノフスク市共産党鉄道地区委員会ビューローメンバーに選出．1990年4月より市ソヴェト議長．1991年12月からウリヤノフスク市長．1996年の市長選挙でマルーシンに敗れる．1997年よりウリヤノフスク州議会議員，副議長に選出．2000年からビジネス界へ．2004年，ウリヤノフスク州議会議員

			に選出．同年12月，ウリヤノフスク市長に選出．2010年3月，任期満了に伴い市長を辞職．
10	クルーグリコフ，アレクサンドル・レオニードヴィッチ	共産党	1951年，ウリヤノフスク州生まれ．ウリヤノフスク国立教育大学卒業，クイブィシェフ国立教育大学大学院修了，ソ連共産党中央委員会付属社会科学アカデミー博士課程修了．歴史学博士．ウリヤノフスク国立教育大学，ウリヤノフスク国立大学助教授（のちに教授）．ロシア連邦共産党ウリヤノフスク州委員会第一書記．1995年12月，下院議員に選出．1999年12月，再選．2004年より，ウリヤノフスク州議会議員．
11	シャマーノフ，ウラジーミル・アナトーリエヴィッチ	州行政府長官（2000-2004年）	1957年，アルタイ辺区生まれ．リヤザン高等空挺指揮学校，フルンゼ名称軍事アカデミー，ロシア連邦軍参謀本部軍事アカデミー修了，社会学博士候補．中将．ロシア連邦英雄．1978年より，空挺部隊．1995年より，チェチェンにおける軍事行動に参加．1999年8月，北カフカース軍管区第58軍司令官としてテロ掃討作戦を指揮．2000年12月から2004年11月まで，ウリヤノフスク州行政府長官．2004年11月，ロシア連邦首相補佐役．2006年，ロシア国防大臣顧問，2009年，ロシア空挺軍司令官．
12	モロゾフ，セルゲイ・イワノヴィッチ	州行政府長官（2004年- ）	1959年，ウリヤノフスク州生まれ．全ソ連法科大学（通信制）卒業．経済学博士候補．1981年より内務省．1995年，ウリヤノフスク州ディミトロフグラード市内務総局長官に任命．2000年，ディミトロフグラード市長に選出．2004年12月，ウリヤノフスク州行政府長官に選出．2006年3月，2011年3月，再任．

サマーラ州

13	チトフ，コンスタンチン・アレクセーヴィッチ	州行政府長官（1991-2007年）	1944年，モスクワ生まれ（幼少時にサマーラへ移住）．クイブィシェフ航空大学卒業．1968年より航空工場勤務．1969年，クイブィシェフ航空工場コムソモール副書記に選出．1975年，クイブィシェフ企画研究所大学院に入学，1978年以降，同研究所において研究に携わり，沿ヴォルガ

			地域におけるゴスプランの下部組織となる研究室を率いる．1988年から90年まで，学術生産センター「インフォルマチカ」副支配人．1990年，市ソヴェト人民代議員，同議長に選出．1991年8月，エリツィン大統領によってサマーラ州行政府長官に任命．1996年，再選．2000年，大統領選挙に出馬した後辞職，同年に再選．2005年4月，再任．2007年8月，州行政府長官を辞職．2007年から14年までサマーラ州代表の上院議員．
14	タルホフ，ヴィクトル・アレクサンドロヴィッチ	州都市長（2006-2010年）	1948年，クイブィシェフ（現サマーラ）州生まれ．クイブィシェフ工科大学卒業．工場で勤務．1990年，クイブィシェフ州ソヴェト人民代議員，同議長．1991年，クイブィシェフ州執行委員会議長．1992年からビジネス界へ．1994年，石油会社「ユーコス」副社長．2000年，サマーラ州行政府長官選挙に出馬するも敗北．2002年，サマーラ州議会議員に選出．2006年10月，サマーラ市長に選出．2010年10月，同市長選挙に敗北．
15	ロマノフ，ヴァレンチン・ステパーノヴィッチ	共産党	1937年，ノヴゴロド州生まれ．レニングラード工科大学卒業，高等党学校（通信制）修了，歴史学博士候補．1961年よりノヴォクイブィシェフスクにおいて工場で勤務する傍ら党活動に従事．ノヴォクイブィシェフスク市党委員会第一書記，ノヴォクイブィシェフスク市ソヴェト議員，クイブィシェフ（現サマーラ）州人民代議員を歴任．1982年，クイブィシェフ州執行委員会副議長に選出．1992年8月，ロシア連邦共産党サマーラ州党委員会書記，1993年1月，同第一書記に選出．1995年の下院選挙において議員に選出（小選挙区）．1999年（小選挙区），2003年（比例代表），2007年，2011年にも再選．
16	リマンスキー，ゲオルギー・セルゲーヴィッチ	州都市長（1997-2006年）	1950年，アゼルバイジャン共和国生まれ（幼少時にサマーラへ移住）．クイブィシェフ電気技術通信大学，クイブィシェフ国立大学卒業．1994年，「スヴャズィインフォルム」社長．1994年，サマーラ州議会議員，州議会副議長に選出．1997年，サマーラ市長に選出，2001

			年にも再選．2006年の市長選で敗北．その後刑事事件が持ち上がり，公の舞台から姿を消した．
17	カダンニコフ，ウラジーミル・ヴァシリエヴィッチ	ビジネス界	1941年，ゴーリキー（現ニジニ・ノヴゴロド）州生まれ．1965年，ゴーリキー工科大学卒業．1959年，中学卒業後からゴーリキー自動車工場で勤務．1967年からヴォルガ自動車工場（アフトヴァズ）で勤務．うち4年間トリノにおいてソ連の技術代表団を率いる．1986年，アフトヴァズ第一副社長，1993年，アフトヴァズ代表取締役・理事長，1994年同代表取締役社長．1973年からトリヤッチ地区ソヴェト議員，1986年から90年までクイブィシェフ（現サマーラ）州ソヴェト議員．1989年，ソ連人民代議員．1992年から大統領諮問機関等において要職を歴任．
18	アルチャコフ，ウラジーミル・ウラジーミロヴィッチ	州行政府長官（2007-2012年）	1959年，モスクワ生まれ．労働赤旗勲章受章国立モスクワ工科大学卒業，ロシア連邦大統領付属公務アカデミー，ロシア連邦軍参謀アカデミー上級コース終了．経済学博士．軍産コンプレクスにて長期間勤務．1997年よりロシア連邦大統領府総務部，1999年，「プロムエクスポルト」副社長，2000年，「ロスオボロンエクスポルト」副社長，2006年より「アフトヴァズ」グループ社長．2007年8月から12年5月まで，サマーラ州行政府長官．

ヴォルゴグラード州

19	シャブーニン，イワン・ペトローヴィッチ	州行政府長官（1991-1996年）	1935年，スターリングラード（現ヴォルゴグラード）州生まれ．ヴォルゴグラード農業大学卒業，大学院修了，経済学博士候補．ソフホーズ，コルホーズ，ウリュピンスク地区農業総局を経て1963年からヴォルゴグラード州党委員会農業部門長．1975年よりヴォルゴグラード州執行委員会副議長．1985年から87年まで州計画委員会委員長．1987年から89年まで州農業委員会情報センター支配人．1989年よりヴォルゴグラード州農業合同支配人．1990年，ヴォルゴグラード州執行委員会議長に選出．1991年9月，ヴォルゴグラード州行政府

			長官に任命．1996年州行政府長官選挙に敗北．
20	チェーホフ，ユーリー・ヴィクトロヴィッチ	州都市長（1991-2003年）	1946年，スターリングラード（現ヴォルゴグラード）州生まれ．ヴォルゴグラード工科大学卒業．1964年より工場「バリケード」，1981年からヴォルゴグラード州自動車交通企業に勤務．1988年よりヴォルゴグラード市執行委員会議長．1991年，ヴォルゴグラード市長に任命される．1995年，市長選挙で選出．1999年に再選．2003年，辞職．
21	アパーリナ，アレフチーナ・ヴィクトロヴナ	共産党	1941年，スターリングラード（現ヴォルゴグラード）州生まれ．ロストフ国立大学，サラトフ上級党学校卒業（通信制）．1959年よりソフホーズ勤務．1965年からロシア語教師．1968年，ヴォルゴグラード市中央地区コムソモール委員会書記．1983年，ソ連共産党ヴォルゴグラード市中央地区党委員会第一書記．1991年，ソ連共産党ヴォルゴグラード州党委員会第一書記．1993年より，ロシア連邦共産党ヴォルゴグラード州党委員会第一書記．1993年，下院議員に選出（比例代表）．1995年，再選挙において下院議員に選出．1999年（比例代表），2003年（比例代表），2007年，2011年，下院議員に再選．2013年，死去．
22	マクシュータ，ニコライ・キリーロヴィッチ	州行政府長官（1996-2010年）	1947年，ウクライナ・キロヴォグラード生まれ．ニコラエフスク造船大学卒業．1971年よりヴォルゴグラード造船工場に勤務，1980年代に支配人となる．1995年，ヴォルゴグラード市ソヴェト議員，同議長に選出．1996年，ヴォルゴグラード州行政府長官に選出．2000年，2004年に再選．2010年1月，任期満了に伴い行政府長官を辞任．2010年から14年まで，ヴォルゴグラード州代表の上院議員．
23	グレベンニコフ，ロマン・ゲオルギエヴィッチ	州都市長（2007-2011年）	1975年，ヴォルゴグラード州生まれ．ヴォルゴグラード国立大学法学部卒業．法律事務所「スパルターク」勤務．1998年，共産党の支援でヴォルゴグラード州議会議員に選出．2001年，同議長．2003年，州議会議員に再選，再び議長に選出（議長職は2005年まで）．2007

			年，ヴォルゴグラード市長に選出，共産党から離脱．2008年，「統一ロシア」に入党．2011年2月，ヴォルゴグラード市長を辞職．
24	イシチェンコ，エフゲニー・ペトローヴィッチ	州都市長（2003-2006年）	1972年，ヴォルゴグラード州生まれ．モスクワ大学付属物理数学寄宿学校卒業，オルジョニキッゼ名称行政アカデミー修了．1993年より，MDMバンクの創業者の一人としてビジネス界で活動．1995年，自由民主党に擁立され，下院議員に選出．1999年，自由民主党ヴォルゴグラード州代表，同年10月のヴォルゴグラード市長選挙で敗北，同年12月，下院議員に再選（小選挙区，無所属候補）．2003年7月，ヴォルゴグラード市長に選出．2006年10月，市長を辞職．
25	ブロフコ，アナトーリー・グリゴリエヴィッチ	州行政府長官（2010-2012年）	1966年，ウクライナ・ドニエプロペトロフスク生まれ．ドネツク工科大学卒業，国立公務員アカデミー修了．マケーエフスキー宇宙化学研究所勤務．1993年より，ビジネス界で活動（拠点：モスクワ市，ヴォルゴグラード州，ロストフ州，ウラジーミル州）．2006年より，ヴォルゴグラード州副知事（投資・ビジネス分野）．2009年12月，ヴォルゴグラード州行政府長官の候補．2010年1月から12年1月までヴォルゴグラード州行政府長官．
26	ボジェーノフ，セルゲイ・アナトーリエヴィッチ	州行政府長官（2012-2014年）	1965年，クラスノダール辺区生まれ．アストラハン河川学校卒業，アストラハン国立大学法学部卒業，ロシア連邦大統領府付属公務員アカデミー修了．2002年，国立サラトフ社会経済大学卒業．1997年，アストラハン州議会議員に選出．2001年10月，同州より下院議員に選出．2004年9月，アストラハン市長に選出．2009年10月，再選．2011年12月，下院議員に選出（「統一ロシア」）．2012年1月から14年4月までヴォルゴグラード州行政府長官．

出典）サラトフ州，ウリヤノフスク州，サマーラ州については，スラブ研究センターによって刊行された資料集（Регионы России: Хроника и руководители）を参照した．その他，人名録，新聞，地方議会や行政府の公式サイト等からの情報を集積して作成した．

資料B　下院選挙結果一覧

ここでは，第二部で取り上げた4州における下院選挙の結果を，比例区，小選挙区の順に示す．

(1)　下院選挙・比例区の結果

表19に，下院選挙の比例区選出分の結果について，全国平均と各地方の得票率の一覧を示す．2003年選挙までは議席の半数である225議席，2007年選挙以降は全議席の450議席が比例代表選挙によって選出されている．表20では，各選挙において，全国平均で阻止条項を上回り，議席を獲得した政党に限ってデータを掲載した．

表19　4州における下院選挙・比例区の結果一覧（1993-2011）

	全国	サラトフ	ウリヤノフスク	サマーラ	ヴォルゴグラード
1993年下院選挙・比例区選挙結果					
ロシア自由民主党	22.9%	26.6%	24.6%	19.7%	27.7%
ロシアの選択	15.5%	12.3%	12.2%	16.3%	11.9%
ロシア連邦共産党	12.4%	15.3%	17.5%	16.4%	14.4%
ロシア農業党	8.0%	7.6%	14.0%	6.3%	10.9%
ロシアの女性	8.1%	9.9%	8.0%	10.1%	7.6%
ヤブロコ	7.9%	8.6%	4.8%	8.8%	9.5%
ロシアの統一と調和	6.7%	5.7%	6.2%	5.7%	5.8%
ロシア民主党	5.5%	6.5%	5.5%	6.7%	5.2%
1995年下院選挙・比例区選挙結果					
ロシア連邦共産党	22.3%	28.3%	37.2%	22.3%	28.1%
ロシア自由民主党	11.2%	15.5%	13.3%	12.3%	14.7%
我らが家ロシア	10.1%	8.0%	4.7%	11.9%	9.1%
ヤブロコ	6.9%	4.0%	2.9%	5.1%	6.7%

1999年下院選挙・比例区選挙結果

ロシア連邦共産党	24.3%	30.4%	33.0%	26.1%	29.7%
統一	23.3%	22.7%	23.9%	20.0%	28.9%
祖国＝全ロシア	13.3%	8.4%	9.2%	4.9%	6.0%
右派勢力同盟	8.5%	7.0%	7.1%	22.1%	8.5%
ロシア自由民主党	6.0%	5.5%	6.2%	5.4%	6.2%
ヤブロコ	5.9%	2.9%	2.9%	2.7%	2.0%

2003年下院選挙・比例区選挙結果

統一ロシア	37.6%	44.3%	34.0%	32.6%	28.9%
ロシア連邦共産党	12.6%	16.8%	14.1%	17.4%	19.3%
ロシア自由民主党	11.5%	9.3%	12.5%	13.5%	14.8%
ロージナ	9.0%	6.6%	9.9%	8.1%	9.9%

2007年下院選挙・選挙結果

統一ロシア	64.3%	64.8%	66.2%	56.0%	57.7%
ロシア連邦共産党	11.6%	12.3%	11.4%	16.9%	15.7%
ロシア自由民主党	8.1%	6.2%	8.0%	9.4%	9.0%
公正ロシア	7.7%	9.2%	8.3%	9.1%	8.7%

2011年下院選挙・選挙結果

統一ロシア	49.3%	64.9%	43.6%	39.4%	36.6%
ロシア連邦共産党	19.2%	13.8%	23.1%	23.1%	23.3%
公正ロシア	13.2%	10.1%	15.6%	14.2%	21.6%
ロシア自由民主党	11.7%	7.2%	12.6%	15.7%	13.5%

出典）中央選挙管理委員会公式統計.

(2)　小選挙区選挙の結果一覧（1995-2003年：全3回）

続いて，小選挙区選挙の結果を示す．1993年選挙時は，出馬した候補者を擁立した政党が不明瞭なケースが多いため，1995年下院選挙以降，小選挙区選挙が行われていた2003年選挙までを検討の対象としている．その際，

泡沫候補が多数存在しているため，以下の表に記載したのは得票率が10%以上の候補者を原則とし，10%以上を得票した候補者が1名しか存在しない場合には次点の候補者も含めた．

表20　4州における小選挙区選挙結果一覧（1995-2003）

(1)　サラトフ州

選挙区	候補者	政党	得票率
1995年下院選挙・小選挙区			
156選挙区（バラコヴォ）	マクサコフ A.I. マトヴェーエフ D.V. アンピーロフ V.I. 全ての候補者に反対	共産党 自由民主党 ソ連の共産主義者	26.1% 21.8% 10.5% 7.6%
157選挙区（バラショフ）	オイキナ Z.N. ダヴィドフ V.N. ドロフスキフ A.M. 全ての候補者に反対	共産党 ブロック「89」 自由民主党	33.7% 16.7% 10.4% 8.0%
158選挙区（サラトフ）	グロモフ B.V. ゴルデーエフ A.N. 全ての候補者に反対	わが祖国 共産党	29.7% 27.1% 7.0%
159選挙区（エンゲルス）	ミロノフ O.O. マリツェフ V.I. 全ての候補者に反対	共産党 労働者自治党	34.9% 16.8% 9.0%
1999年下院選挙・小選挙区			
156選挙区（バラコヴォ）	スホイ N.A. ガマユノフ G.V. 全ての候補者に反対	祖国＝全ロシア 共産党	39.0% 21.1% 12.9%
157選挙区（バラショフ）	コルグノフ O.N. ミハイロフ V.F. 全ての候補者に反対	我らが家ロシア 共産党	42.9% 31.5% 9.6%
158選挙区（サラトフ）	ラシュキン V.F. マリツェフ V.V. エフスタフィエフ A.V. 全ての候補者に反対	共産党 祖国＝全ロシア 有権者	31.7% 14.8% 11.1% 13.8%

159 選挙区（エンゲルス）	アファナーシエフ S.N. グーセフ V.K. チュフチン V.I. アリョーシナ M.V. 全ての候補者に反対	共産党 有権者 ヤブロコ 祖国＝全ロシア	25.3% 19.9% 12.9% 11.9% 12.3%

2003 年下院選挙・小選挙区

156 選挙区（バラコヴォ）	ヴォローヂン V.V. アリーモワ O.N. 全ての候補者に反対	統一ロシア 共産党	81.8% 9.4% 3.9%
157 選挙区（バラショフ）	カムシーロフ P.P. ヴォルコフ V.P. コルグノフ O.N. 全ての候補者に反対	統一ロシア 共産党 ロシア連邦人民党	42.2% 18.5% 14.4% 9.6%
158 選挙区（サラトフ）	トレチャーク V.A. ラシュキン V.F. ポレシチコフ A.E. マリツェフ V.V. 全ての候補者に反対	自薦 共産党 自薦 自薦	25.0% 20.8% 17.8% 13.1% 9.8%
159 選挙区（エンゲルス）	スホイ N.A. アファナーシエフ S.N. 全ての候補者に反対	統一ロシア 共産党	47.0% 20.1% 13.1%

(2)　ウリヤノフスク州

選挙区	候補者	政党	得票率
1995 年下院選挙・小選挙区			
180 選挙区（センギレーエフスキー）	ラーホヴァ E.F. コジェンダエフ L.A. ガリャーチェフ Iu.A. 全ての候補者に反対	ロシアの女性 ロシア社会運動 わが祖国	35.3% 19.3% 17.1% 7.2%
181 選挙区（ウリヤノフスク）	カザーロフ O.V. マフロヴァ V.A. スヴェトゥニコフ S.G. 全ての候補者に反対	有権者 我らが家ロシア 社会民主主義者	26.8% 14.9% 11.4% 9.6%

1999 年下院選挙・小選挙区

180 選挙区（センギレーエフスキー）	ゴルブコフ A.I. クルーグリコフ A.L. 全ての候補者に反対	祖国＝全ロシア 共産党	47.1% 24.0% 8.1%
181 選挙区（ウリヤノフスク）	オルローフ V.I. カザーロフ O.V. ポリャンスコフ Iu.V. 全ての候補者に反対	有権者 共産党 祖国＝全ロシア	21.8% 15.9% 13.8% 15.5%

2003 年選挙・小選挙区

180 選挙区（メレケスキー）	イワノフ V.B. ガリャーチェフ Iu.F. 全ての候補者に反対	統一ロシア ローヂナ	34.1% 23.2% 12.8%
181 選挙区（ウリヤノフスク） 〈選挙不成立〉	フョードロヴァ G.I. 全ての候補者に反対	自薦	9.7% 19.8%

(3)　サマーラ州

選挙区	候補者	政党	得票率

1995年下院選挙・小選挙区

151 選挙区（ノヴォクイブィシェフスク）	ロマノフ V.S. レカレヴァ V.A. サリニコフ S.P. 全ての候補者に反対	共産党 我らが家ロシア 有権者	50.8% 20.4% 10.6% 9.1%
152 選挙区（プロムィシュレンヌィ）	マカショフ A.M. シャツキー G.Iu. 全ての候補者に反対	共産党 無所属ブロック	33.4% 12.2% 10.7%
153 選挙区（サマーラ）	タラチョフ V.A. ロシュコヴァ L.P. サハルノフ Iu.V. モロゾヴァ N.F. 全ての候補者に反対	我らが家ロシア 有権者 労働同盟 共産主義者同盟	13.1% 12.1% 11.4% 10.0% 9.3%
154 選挙区（スィズラニ）	サヴィツキー O.V. セテジョフ V.P. ベリョスネフ I.L. 全ての候補者に反対	農業党 有権者 我らが家ロシア	38.1% 15.1% 13.1% 6.6%

155 選挙区（トリヤッチ）	モロゾフ A.T. ブルラコフ M.P. ダニシナ Iu.S. スダコフ N.A. 全ての候補者に反対	我らが家ロシア 自由民主党 ゴヴォルーヒンブロック 農業党	23.7% 15.8% 11.9% 10.6% 8.7%

1999年下院選挙・小選挙区

151 選挙区（ノヴォクイブィシェフスク）	ロマノフ V.S. ディヤチェンコ O.B. 全ての候補者に反対	共産党 有権者	45.1% 38.3% 8.9%
152 選挙区（プロムィシュレンヌィ）	レカレヴァ V.A. チェリョームシュキン V.P. 全ての候補者に反対	右派勢力同盟 統一	28.2% 16.9% 26.4%
153 選挙区（サマーラ）	ベロウーソフ A.N. ムサトキン N.F. タラチョフ V.A. 全ての候補者に反対	有権者 共産党 統一	34.9% 20.9% 12.1% 8.1%
154 選挙区（スィズラニ）	モークルィ V.S. サヴィツキー O.V. 全ての候補者に反対	有権者 有権者	58.0% 28.0% 6.2%
155 選挙区（トリヤッチ）	イワノフ A.S. ズィコフ V.A. チュングーロフ V.I. ヴォルコフ V.E. 全ての候補者に反対	有権者 有権者 共産党 有権者	30.1% 12.4% 11.3% 10.2% 6.9%

2003年下院選挙・小選挙区

151 選挙区（ノヴォクイブィシェフスク）	カザコフ V.A. ロマノフ V.S. 全ての候補者に反対	統一ロシア 共産党	61.4% 23.8% 7.6%
152 選挙区（プロムィシュレンヌィ）	マカショフ A.M. レカレヴァ V.A. フョードロフ M.V. 全ての候補者に反対	共産党 自薦 統一ロシア	33.1% 18.5% 16.9% 14.3%

153 選挙区（サマーラ）	ベロウーソフ A.N. オルローフ S.A. スクポヴァ I.A. 全ての候補者に反対	ロシア連邦人民党 共産党 ヤブロコ	32.4% 13.6% 10.5% 16.4%
154 選挙区（スィズラニ）	モークルィ V.S. クージミナ S.I. 全ての候補者に反対	統一ロシア 共産党	52.6% 30.4% 8.6%
155 選挙区（トリヤッチ）	イワノフ A.S. タラントゥイノフ A.M. ペウーノヴァ S.M. 全ての候補者に反対	ロシア連邦人民党 統一ロシア 自薦	29.3% 20.9% 10.8% 11.9%

(4)　ヴォルゴグラード州

選挙区	候補者	政党	得票率
1995年下院選挙・小選挙区			
68 選挙区（ヴォルジュスキー）	クリコフ A.D. シャロノフ A.S. 全ての候補者に反対	共産党 有権者	31.6% 8.6% 6.0%
69 選挙区（クラスノアルメイスク）	タランツォフ M.A. カルペンコ A.A. 全ての候補者に反対	共産党 自由民主党	24.7% 9.6% 8.2%
70 選挙区（ミハイロフスキー）	プロトニコフ V.N. ラニシン V.G. サフォーノフ V.I. 全ての候補者に反対	農業党 人民に権力を 有権者	50.9% 18.1% 14.4% 8.1%
71 選挙区（中央）	アパーリナ A.V. ルカショフ I.L. ポリシチュク A.A. 全ての候補者に反対	共産党 ヤブロコ 我らが家ロシア	29.5% 15.7% 14.5% 9.1%
1999 年下院選挙・小選挙区			
68 選挙区（ヴォルジュスキー）	クリコフ A.D. キリチェンコ L.M. ブドチェンコ L.I. 全ての候補者に反対	共産党 有権者 ロシアの女性	41.0% 23.4% 10.3% 14.5%

69 選挙区（クラスノアルメイスク）	ガルーシュキン V.I. タランツォフ M.A. セルジューコフ N.N. 全ての候補者に反対	有権者 共産党 有権者	40.0% 25.6% 17.9% 11.8%
70 選挙区（ミハイロフスキー）	プロトニコフ V.N. クラシチェンコ A.N. 全ての候補者に反対	有権者 有権者	42.4% 24.9% 9.2%
71 選挙区（中央）	イシチェンコ E.P. アパーリナ A.V. ゴリューノフ V.D. サヴェンコ V.V. 全ての候補者に反対	有権者 共産党 我らが家ロシア 有権者	29.7% 22.9% 15.3% 12.9% 7.7%

2003 年下院選挙・小選挙区

70 選挙区（ヴォルジュスキー）	アゲーエフ A.A. クリコフ A.D. 全ての候補者に反対	統一ロシア 共産党	34.2% 32.8% 16.7%
71 選挙区（クラスノアルメイスク）	ガルーシュキン V.I. タランツォフ M.A. 全ての候補者に反対	統一ロシア 共産党	39.5% 26.4% 21.5%
72 選挙区（ミハイロフスキー）	プロトニコフ V.N. ヴォルコフ N.V. 全ての候補者に反対	農業党 右派勢力同盟	54.4% 23.3% 12.6%
73 選挙区（中央）	ゴリューノフ V.D. イシチェンコ E.P. ゴロヴァンチコフ A.B. 全ての候補者に反対	自薦 自薦 自薦	37.3% 28.5% 12.8% 15.7%

出典）中央選挙管理委員会公式統計．

参照文献一覧

〈一次資料〉

• 選挙統計（中央選挙管理委員会公式統計）

Выборы депутатов Государственной Думы 1995: электоральная статистика. М.: Изд-во «Весь Мир», 1996.（1995年下院選挙）

Выборы Президента Российской Федерации 1996: электоральная статистика. М.: Весь Мир, 1996.（1996年大統領選挙）

Выборы депутатов Государственной Думы 1999: электоральная статистика. М.: Изд-во «Весь Мир». 2000.（1999年下院選挙）

Выборы в органы государственной власти субъектов Российской Федерации 1997-2000: электоральная статистика: В 2 т. М.: Весь Мир, 2001.（1997-2000年・連邦構成主体選挙）

Выборы депутатов Государственной Думы 2003: электоральная статистика. М.: Изд-во «Весь Мир», 2004.（2003年下院選挙）

Выборы в Российской Федерации 2007: электоральная статистика. М.: СитиПрессСервис, 2008.（2007年下院選挙）

• 法令集

Ведомости Съезда Народных Депутатов СССР и Верховного Совета СССР

Ведомости Съезда Народных Депутатов РСФСР и Верховного Совета РСФСР

Ведомости Съезда Народных Депутатов РФ и Верховного Совета РФ

Вестник Мэра и Правительства Москвы

Собрание Законодательства Российской Федерации

• 新聞

Взгляд（サラトフ）

Волгоградская правда（ヴォルゴグラード）

Волжская коммуна（サマーラ）

Городские вести（ヴォルゴグラード）

Деловое Поволжье（ヴォルゴグラード）

Коммерсантъ（全国版および地方版）

Народная газета（ウリヤノフスク）
Независимая газета（全国版）
Российская газета（全国版）
Самарское обозрение（サマーラ）
Саратовская областная газета（サラトフ）
Саратовские вести（サラトフ）
Симбирский курьер（ウリヤノフスク）
Ульяновская правда（ウリヤノフスク）

• 統計集

Регионы России: официальное издание. М.: Государственный комитет РФ по статистике
Российский статистический ежегодник. М.: Государственный комитет РФ по статистике.
Регионы России: краткий статистический справочник / Сост. Г. Б. Ерусалимский. СПб.: Изд-во С-Петербур. ун-та. 2008.
World Economic Outlook Database

• 事典・人名録

Города России: энциклопедия / Под ред. Г. М. Лаппо. М.: Научное издательство «Большая Российская Энциклопедия», 1994.
География России: энциклопедия / Под ред. А. П. Горкин. М.: Научное изд-во «Большая Российская Энциклопедия», 1998.
Официальный справочник «Самарская область 2000». Самара: «Самарский информационный концерн», 2001.
Экономическая энциклопедия регионов России. Южный федеральный округ. Волгоградская область / Под ред. Шахмалова, Ф. И. М.: Издательство «Экономика», 2005.
Федеральная и региональная элита России: кто есть кто в политике и экономике. Ежегодный биографический справочник. / Гл. ред.-сост. А. А. Мухин. Изд. 2-е доп., перераб. М.: Издательство ГНОМ и Д, 2001.

• インターネットソース

ロシア連邦中央選挙管理委員会公式サイト：http://www.cikrf.ru/
ロシア連邦法務省公式サイト：http://www.minjust.ru/
ロシア連邦財務省公式サイト：http://www.minfin. ru/

「統一ロシア」公式サイト：http://er.ru/
ロシア連邦共産党公式サイト：http://kprf.ru/
「公正ロシア」公式サイト：http://www.spravedlivo.ru/
ロシア自由民主党公式サイト：http://ldpr.ru/
フリーダムハウス：http://www.freedomhouse.org/
独立社会政策研究所：http://atlas.socpol.ru/indexes/index_democr.shtml
法令データベース「コンサルタント・プラス」：http://www.consultant.ru

〈参考文献〉

• ロシア語文献

Аллакулыев. М. Б. Регионы России в период конституционного кризиса 1993 г. // Ярославский педагогический вестник. № 3, 2011. Том 1 (Гуманитарные науки). С. 63–67.

Афанасьев, М. Н. Изменения в механизме функционирования правящих региональных элит // Полис № 6, 1994. С. 59–66.

Афанасьев, М. Н. Клиентелизм и российская государственность. Издание второе, дополненное. М.: Московский общественный научный фонд. 2000.

Бадовский, Д. В. Трансформация политической элиты в России - от «организации профессиональных революционеров» к «партии власти» // Полис № 6, 1994. С. 42–58.

Белокурова, Елена, Дмитрий Воробьев. Общественное участие на локальном уровне в современной России // Неприкосновенный запас. № 2, 2010. С. 83–91.

Бодров, Анатолий Викторович. Стратегии губернаторского корпуса в региональных избирательных кампаниях (на материале областей Поволжья. Диссертация на соискание ученой степени кандидата политических наук. «Поволжская академия государственной службы имени П. А. Столыпина» Саратов, 2007.

Бузин, А. Ю., А. Е. Любарев. Преступление без наказания: административные технологии федеральных выборов 2007–2008 годов. М.: Никколо М., 2008.

Бусыгина, И. Региональное измерение политического кризиса в России (политологический анализ) // Мировая экономика и международные отношения. № 5, 1994. С. 5–17.

Власть, бизнес, общество в регионах: неправильный треугольник / Под ред. Н. Петрова и А. Титкова. Моск. Центр Карнеги., М.: Российская политическая энциклопедия (РОССПЭН). 2010.

Воронцова, А. Б., В. Б. Звоновский. Административный ресурс как феномен российского избирательного процесса // Полис. № 6, 2003. С. 114–124.

Воротников, А. А., В. А. Денис. Первый год из жизни саратовского губернатора

Дмитрия Федоровича Аяцкова. Саратов: Издательский центр Саратовской государственной экономической академии: Издательская фирма "КАДР", 1997.

Гаман-Голутвина, Оксана. Партии и власти: эволюция системы партийно-политического представительства в России // Свободная мысль. № 9, 2004. С. 77–86.

Гельман, В. Я., Т. В. Ланкина. Политические диффузии в условиях пространственно гибридного режима: институциональное строительство и выборы мэров в городах России // Полис. № 6, 2007. С. 86–109.

Гельман В., С. Рыженков, Е. Белокурова, Н. Борисова. Реформа местной власти в городах России, 1991–2006. СПб.: Норма, 2008. С. 142–184.

Голосов, Г. В., Ю. Д. Шевченко. Независимые кандидаты и зависимые избиратели: влияние социальных сетей на электоральную политику в России // Полис. № 4, 1999. С. 108–121.

Касимов, Александр, Ольга Сенатова. Московское поражение российского федерализма // Октябрь 1993. Хроника переворота (электоральная версия специального выпуска журнала "Век XX и мир"). 1994. (http://old.russ/ru/antolog/1993/kasimov.htm)

Климов, И. Деньги вместо льгот: история и значение протеста // Социальная реальность. № 4, 2006. С. 25–45.

Колесников, Н. И., Время и власть (руководители Сахалинской области советского периода, 1925–1991), Южно-Сахалинск: Издательство Сахалинского Государственного Университета, 2001.

Коргунюк, Ю. Г., С. Е. Заславский. Российская многопартийность: становление, функционирование, развитие. М.: Фонд ИНДЕМ, 1996.

Коргунюк, Ю. Г. Становление партийной системы в современной России. М.: Фонд ИНДЕМ. 2007.

Кузнецов, Виктор. Хроника политической жизни (1988–1995) // Регионы России: Хроника и руководители. Т. 3: Самарская область, Ярославская область / Под ред. К. Мацузато, А. Б. Шатилов. Саппоро: Slavic Research Center, 1997. С. 15–37.

Кучанов, И. С. Псковский выбор: возрождение демократических традиций. М.: Российская политическая энциклопедия, 2008.

Кынев, Александр. Выборы парламентов российских регионов 2003–2009: Первый цикл внедрения пропорциональной избирательной системы. М.: Центр «Панорама», 2009.

Лапина, Н. Уроки социальных реформ в России: региональный аспект. РАН. ИНИОН. Центр науч.-информ. исслед. глобал. и регион. проблем. Отдел глоб. пробл. М., 2007.

Лапина, Н., А. Чирикова. Региональные экономические элиты: менталитет, поведение, взаимодействие с властью // Общество и Экономика. № 6, 1999. С. 230–278.

Лебедев П. Н., Л. В. Панова, Н. Л. Русинова. Социальная политика в условиях кризиса. СПб.: Институт социологии российской академии наук, 1996.

Магомедов, А. Политические элиты российской провинции // Мировая экономика и международные отношения. № 4, 1994. С. 72–79.

Магомедов, Арбахан. Политический ритуал и мифы региональных элит // Свободная мысль. 11 июля 1994. С. 108–114.

Магомедов, А. К. Хроника политических событий（1990–1998）// Регионы России: хроника и руководители. Т. 6: Нижегородская область, Ульяновская область / Под ред. К. Мацузато, А. Б. Шатилова. Саппоро: Slavic Research Center, 1998. С. 167–196.

Магомедов, Арбахан. Особенности партийной системы в контексте российского традиционализма（авторитарный вождизм и его основы в краснодарском крае）// ロシア東欧研究（Russian and East European Studies）№ 29, 2000. С. 72–77.

Магомедов А. К. Три возраста новейшей Ульяновской политической истории: политический патронат взамен партийной традиции // Российский парламентаризм: история и современность. Материалы научно-практической конференции, посвященной 10-летию Законодательного Собрания Ульяновской области. Ульяновск, 2005. С. 259–269.

Макаренко, Б. И. Губернаторские «партии власти» как новый общественный феномен // Полития. № 1（7）, 1998. С. 50–58.

Макаренко, Б. И. Постсоветская партия власти: «Единая Россия» в сравнительном контексте // Полис. № 1, 2011. С. 42–65.

Матвеев, М. Н. Советская власть Самары в 1991–1993 гг. Самара: Изд-во «Самарский университет». 2005.

Пивоваров, Ю. С., А. И. Фурсов. «Русская система» как попытка понимания русской истории // Полис. № 4, 2001. С. 37–48.

Рассадина Т. А. Отчет о социологическом исследовании «оценка населением г. Ульяновска проведения отопительного сезона 2002–2003 гг. и некоторых проблем жилищно-коммунального хозяйства» // Основные аспекты регионального политического процесса: Ульяновская область. 2002–2003 гг. Ульяновск, 2003. С. 74–99.

Регионы России: хроника и руководители. Т. 2. Ростовская область, Саратовская область / Под ред. К. Мацузато, А. Б. Шатилова. Sapporo: Slavic Research Center, 1997.

Регионы России: Хроника и руководители. Т. 3: Самарская область, Ярославская область / Под ред. К. Мацузато, А. Б. Шатилова. Саппоро: Slavic Research Center, 1997.

Регионы России: хроника и руководители. Т. 6: Нижегородская область, Ульяновская

область / Под ред. К. Мацузато, А. Б. Шатилова. Саппоро: Slavic Research Center, 1998.

Российская политическая наука: в 5 т. / Под общ. ред. А. И. Соловьева. М.: Российская политическая энциклопедия (РОССПЭН), 2008.

Рыженков, Сергей. Саратовская область (1986-1996) // Регионы России: хроника и руководители. Т. 2. Ростовская область, Саратовская область / Под ред. К. Мацузато, А. Б. Шатилова. Sapporo: Slavic Research Center, 1997. С. 85-331.

Сизов, Илья. Граждане и власть в современной России: ценностный аспект политического участия // Свободная мысль. № 6, 2010. С. 97-106.

Скороходов, В. Регионы и центр в реформируемой России // Мировая экономика и международные отношения. № 10, 1994. С. 16-32.

Туровский, Р. Ф. Электоральная база «партии власти» в регионах (анализ всероссийских выборов 1995-96 гг.) // Политические процессы в регионах России. М.: Центр политических технологий, 1998. С. 264-296.

Туровский Р. Ф. Политическая регионалистика. М.: Издательство ГУ-ВШЭ, 2006.

Холодковский, К. Г. Идейно-политическая дифференциация российского общества: история и современность // Полития № 2 (8), 1998. С. 5-40.

Феномен Владимира Путина и российские регионы. Победа неожиданная или закономерная? / под ред. Мацузато Кимитака. Sapporo: Slavic Research Center, 2004.

Шереметьева, Л. Н. Общественные объединения Волгоградской области: история создания, деятельности и взаимодействия с органами власти. Волгоград: Издатель. 2007.

Якупов, Р. А. Антикризисная политика России в социальной сфере в начале 1990-х годов (по материалам среднего поволжья // Вестник Самарского государственного университета. Гуманитарная серия. № 1 (75), 2010. С. 120-124.

Яргомская, Н. Б. Избирательная система и уровень партийной фрагментации в России // Полис. № 4, 1999. С. 122-129.

• 英語文献

Aburamoto, Mari. "Who Takes Care of the Residents? United Russia and the Regions Facing the Monetization of *L'goty*." *Acta Slavica Iaponica* 28 (2010): 101-115.

Allina-Pisano, Jessica. "Social Contracts and Authoritarian Projects in Post-Soviet Space: The Use of Administrative Resource." *Communist and Post-Communist Studies* 43, no. 4 (2010): 373-382.

Blakkisrud, Helge. "Medvedev's New Governors." *Europe-Asia Studies* 63, no. 3 (2011): 367-395.

Breslauer, George W. "On the Adaptability of Soviet Welfare-State Authoritarianism." In *Soviet Society and the Communist Party*, edited by Karl W. Ryavec, 3-25. Amherst: University of Massachusetts Press, 1978.

Brie, Michael. "The Moscow Political Regime: The Emergence of a New Urban Political Machine." In *The Politics of Local Government in Russia*, edited by Alfred B. Evans Jr. and Vladimir Gel'man, 203-234. Lanham, MD: Rowman and Littlefield publisher's Inc., 2004.

Brudny, Yitzhak M. "In Pursuit of the Russian Presidency: Why and How Yeltsin Won the 1996 Presidential Election." *Communist and Post-Communist Studies* 30, no. 3 (1997): 255-275.

Caldwell, Melissa. *Not by Bread Alone: Social Support in the New Russia*. Berkeley and Los Angeles: University of California Press, 2004.

Campbell, Adrian. "Vertical or Triangle? Local, Regional and Federal Government in the Russian Federation after Law 131." In *Federalism and Local Politics in Russia (BASSEES/ Routledge Series on Russian and East European Studies)*, edited by Cameron Ross and Adrian Campbell, 263-283. Abington and New York: Routledge, 2009.

Chandler, Andrea. *Shocking Mother Russia: Democratization, Social Rights, and Pension Reform in Russia, 1990-2001*. Toronto: University of Toronto Press, 2004.

Chebankova, Elena A. *Russia's Federal Relations: Putin's Reforms and Management of the Regions (BASSEES/ Routledge Series on Russian and East European Studies)*. Abington and New York: Routledge, 2010.

Chebankova, Elena. "Public and Private Cycles of Socio-Political Life in Putin's Russia." *Post-Soviet Affairs* 26, no. 2 (2010): 121-148.

Clem, Ralph S. and Peter R. Craumer. "Urban and Rural Effects on Party Preference in Russia: New Evidence from the Recent Duma Election." *Post-Soviet Geography and Economics* 43, no. 1 (2002): 1-12.

Colton, Timothy J. "Determinants of the Party Vote." In *Growing Pains: Russian Democracy and the Election of 1993*, edited by Timothy J. Colton and Jerry F. Hough, 75-114. Washington, D.C.: Brookings University Press, 1998.

Colton, Timothy J. and Henry E. Hale. "The Putin Vote: Presidential Electorates in a Hybrid Regime." *Slavic Review* 68, no. 3 (2009): 473-503.

Cook, Linda J. *The Soviet Social Contract and Why It Failed: Welfare Policy and Workers' Politics from Brezhnev to Yeltsin*. Cambridge, Mass and London: Harvard University Press, 1993.

Cook, Linda J. *Postcommunist Welfare States: Reform Politics in Russia and Eastern Europe*. Ithaca: Cornell University Press, 2007.

De Silva, Migara O., Galina Kurlyandskaya, Elena Andreeva and Natalia Golovano-

va. *Intergovernmental Reforms in the Russian Federation: One Step Forward, Two Steps Back?* Washington, DC: World Bank, 2009.

Evans, Alferd B. Jr. and Vladimir Gel'man eds. *The Politics of Local Government in Russia*. Lanham, MD: Rowman and Littlefield publisher's Inc., 2004.

Fillipov, Mikhail, Peter C. Ordeshook and Olga Shevtsova, *Designing Federalism: A Theory of Self-Sustainable Federal Institutions*. Cambridge: Cambridge University Press, 2004.

Fish, M. Steven. *Democracy from Scratch: Opposition and Regime in the New Russian Revolution*. Princeton: Princeton University Press, 1994.

Fish, M. Steven. "The Predicament of Russian Liberalism: Evidence from the December 1995 Parliamentary Elections." *Europe-Asia Studies* 49, no. 2 (1997): 191-220.

Fish, M. Steven. *Democracy Derailed in Russia: The Failure of Open Politics*. New York: Cambridge University Press, 2005.

Gehlbach, Scott. "Reflections on Putin and the Media." *Post-Soviet Affairs* 26, no. 1 (2010): 77-87.

Gel'man, Vladimir, Sergey Ryzhenkov and Michael Brie. *Making and Breaking Democratic Transitions: The Comparative Politics of Russia's Regions*. Lanham, MD: Rowman & Littlefield Publishers Inc., 2003.

Gel'man, Vladimir and Grigorii V. Golosov. "Regional Party System Formation in Russia: The Deviant Case of Sverdlovsk Oblast." *Communist Studies and Transition Politics* 14, no. 1 (1998): 31-53.

Gel'man, Vladimir and Cameron Ross eds. *The Politics of Sub-national Authoritarianism in Russia*. Farnham, Surrey, UK and Burlington, VT: Ashgate, 2010.

Gill, Graeme ed. *Politics in the Russian Regions*. Basingstoke and New York: Palgrave McMillan, 2007.

Golosov, Grigorii V. *Political Parties in the Regions of Russia: Democracy Unclaimed*. Boulder, CO and London: Lynne Rienner Publishers inc., 2004.

Goode, Paul J. "The Puzzle of Putin's Gubernatorial Elections." *Europe-Asia Studies* 59, no. 3 (2007): 365-399.

Goode, Paul J. "Redefining Russia: Hybrid Regimes, Fieldwork, and Russian Politics." *Perspectives on Politics* 8, no. 4 (2010): 1055-1075.

Hahn, Jeffrey W. *Regional Russia in Transition: Studies from Yaroslavl'*. Washington D.C.: Woodrow Wilson Center Press, 2001.

Hale, Henry E. "Party Development in a Federal System: The Impact of Putin's Reforms." In *Dynamics of Russian Politics: Putin's Reform of Federal-Regional Relations*, vol. 1, edited by Peter Reddaway and Robert W. Orttung, 179-211. Lanham, MD: Rowman & Littlefield Publishers Inc., 2005.

Hale, Henry E. "Yabloko and the Challenge of Building a Liberal Party in Russia."

Europe-Asia Studies 56, no. 7 (2004): 993–1020.

Hale, Henry E. "Regime Cycles: Democracy, Autocracy, and Revolution in Post-Soviet Eurasia." *World Politics* 58 (2005): 133–165.

Hale, Henry E. *Why Not Parties in Russia? Democracy, Federalism, and the State.* New York: Cambridge University Press, 2006.

Hellman, Joel S. "Winner Takes All: The Politics of Partial Reform in Postcommunist Transitions." *World Politics* 50, no. 2 (1998): 203–234.

Henry, Laura A. "Redefining Citizenship in Russia: Political and Social Rights." *Problems of Post-Communism* 56, no. 6 (2009): 51–65.

Hesli, Vicki L. and William M. Reisinger, eds. *The 1999–2000 Elections in Russia: The Impact and Legacy.* Cambridge and New York: Cambridge University Press, 2003.

Hough, Jerry F. "Institutional Rules and Party Formation." In *Growing Pains: Russian Democracy and the Election of 1993,* edited by Timothy J. Colton and Jerry F. Hough, 37–73. Washington D.C.: Brookings Institution Press, 1998.

Hutcheson, Derek S. *Political Parties in the Russian Regions.* London and New York: RoutledgeCurzon, 2003.

Kahn, Jeffrey. *Federalism, Democratization, and the Rule of Law in Russia.* Oxford: Oxford University Press, 2002.

Konitzer-Smirnov, Andrew. "Breaching the Soviet Social Contract Post-Soviet Social Policy Development in Ulyanovsk and Samara Oblasts." In *Social Capital and Social Cohesion in Post-Soviet Russia,* edited by Judyth L. Twigg and Kate Schecter, 189–216. Armonk: M.E. Sharpe, 2003.

Konitzer, Andrew. *Voting for Russia's Governors: Regional Elections and Accountability under Yeltsin and Putin.* Baltimore: Johns Hopkins University Press, 2005.

Konitzer, Andrew and Stephen K. Wegren. "Federalism and Political Recentralization in the Russian Federation: United Russia as the Party of Power." *The Journal of Federalism* 36, no. 4 (2006): 503–522.

Kornai, Janos. "The Postsocialist Transition and the State: Reflections in the Light of Hungarian Fiscal Problems." *American Economic Review* 82, no. 2 (1992): 1–21.

Lallemand, Jean-Charles. "Politics for the Few: Elites in Bryansk and Smolensk." *Post-Soviet Affairs* 15, no. 4 (1999): 312–335.

Lipman, Masha and Michael McFaul. "Putin and the Media." In *Putin's Russia: Part Imperfect, Future Uncertain,* edited by Dale R. Hespring, 63–84. Lanham MD: Rowman & Littlefield, 2009.

Lukin, Alexander. *The Political Culture of the Russian "Democrats".* Oxford: Ox-

ford University Press, 2000.

Lussier, Danielle N. "The Role of Russia's Governors in the 1999-2000 Federal Elections." In *Regional Politics in Russia*, edited by Cameron Ross, 57-76 (Manchester and New York: Manchester University Press).

Lussier, Danielle N. "Contacting and Complaining: Political Participation and the Failure of Democracy in Russia." *Post-Soviet Affairs* 27, no. 3 (2011): 289-325.

March, Luke. "Managing Opposition in a Hybrid Regime: Just Russia and Parastatal Opposition." *Slavic Review* 68, no. 3 (2009): 504-527.

Martinez-Vazquez, Jorge, Jameson Boex and Robert Ebel eds. *Russia's Transition to a New Federalism*. WBI World Series, World Bank, 2001.

Matsuzato, Kimitaka. *The Split of the CPSU and the Configuration of Ex-Communist Factions in the Russian Oblasts: Cheliabinsk, Samara, Ul'yanovsk, Tambov, and Tver' (1990-95)*. Sapporo: Slavic Research Center, 1996.

Matsuzato, Kimitaka. "Progressive North, Conservative South? —Reading the Regional Elite as a Key to Russian Electoral Puzzles." In *Regions: A Prism to View the Slavic-Eurasian World: Towards a Discipline of "Regionology,"* edited by Kimitaka Matsuzato, 143-176. Sapporo: Slavic Research Center, 2000.

Matsuzato, Kimitaka. "Elites and the Party System of Zakarpattya *Oblast'*: Relations among Levels of Party Systems in Ukraine." *Europe-Asia Studies* 54, no. 8 (2002): 1267-1299.

Moser, Robert G. "The Impact of the Electoral System on Post-Communist Party Development: The Case of the 1993 Russian Parliamentary Elections." *Electoral Studies* 14, no. 4 (1995): 377-398.

Moser, Robert G. "Independents and Part Formation: Elite Partisanship as an Intervening Variable in Russian Politics." *Comparative Politics* 31, no. 2 (1995): 147-165.

Moses, Joel C. "Saratov and Volgograd, 1990-1992: A Tale of Two Russian Provinces." In *Local Power and Post-Soviet Politics*, edited by Theodore H. Friedgut and Jeffrey W. Hahn, 96-137. Armonk: M. E. Sharpe, Inc., 1994.

Myagkov, Misha and Peter C. Ordeshook. "Changing Russia's Electoral System: Assessing Alternative Forms of Representation and Elections." *Demokratizatsiya* 7, no. 1 (1999): 73-92.

Orttung, Robert W. "Energy and State-Society Relations: Socio-Political Aspects of Russia's Energy Wealth." In *Russian Energy Power and Foreign Relations: Implications for Conflict and Cooperation*, edited by Jeronim Perovic, Robert G. Orttung and Andreas Wenger, 51-70. Abington and New York: Routledge, 2009.

Overland, Indra and Hilde Kutchera "Pricing Pain: Social Discontent and Political Willpower in Russia's Gas Sector." *Europe-Asia Studies* 63, no. 2 (2011): 311-

331.

Oversloot, Hans and Ruben Verheul. "Managing Democracy: Political Parties and the State in Russia." *Journal of Communist Studies and Transition Politics* 22, no. 3 (2000): 383-405.

Petro, Nicolai N. *Crafting Democracy: How Novgorod Has Coped with Rapid Social Change*. Ithaca: Cornell University Press, 2004.

Petrov, Nikolay. "Regional Governors under the Dual Power of Medvedev and Putin." *Journal of Communist Studies and Transition Politics*, 26, no. 2 (2010): 276-305.

Pierson, Paul. *Dismantling the Welfare State?: Reagan, Thatcher and the Politics of Retrenchment*. Cambridge: Cambridge University Press, 1994.

Popov, Vladimir. "Reform Strategies and Economic Performance of Russia's Regions." *World Development* 29, no. 5 (2001): 865-886.

Przeworski, Adam. *Democracy and the Market: Political and Economic Reforms in Eastern Europe and Latin America*. Cambridge and New York: Cambridge University Press, 1991.

Reddaway, Peter and Robert W. Orttung eds. *Dynamics of Russian Politics: Putin's Reform of Federal-Regional Relations, vol. 2*. Lanham, MD: Rowman & Littlefield, 2005.

Remington, Thomas F. "Presidential Support in the Russian State Duma." *Legislative Studies Quarterly* 31, no. 1 (2006): 5-32.

Remington, Thomas F. *The Politics of Inequality in Russia*. New York: Cambridge University Press, 2011.

Reuter, Ora John and Thomas F. Remington. "Dominant Party Regimes and the Commitment Problem: The Case of United Russia." *Comparative Political Studies* 42 (2009): 501-526.

Roberts, Sean P. *Putin's United Russia Party*. Abington and New York: Routledge, 2012.

Rose, Richard, Neil Munro and William Mishler. "Resigned Acceptance of an Incomplete Democracy: Russia's Political Equilibrium." *Post-Soviet Affairs* 20, no. 3 (2004): 195-218.

Ross, Cameron ed., *Regional Politics in Russia*. Manchester and New York: Manchester University Press, 2002.

Ross, Cameron. *Federalism and Democratization in Post-Communist Russia*. Manchester and New York: Manchester University Press, 2002.

Ross, Cameron. *Local Politics and Democratization in Russia*. Abington and New York: Routledge, 2009.

Ross, Cameron and Adrian Campbell eds. *Federalism and Local Politics in Russia*. Abington: Routledge, 2009.

Rutland, Peter. "Power Struggle: Reforming the Electricity Industry." In *Dynamics of Russian Politics: Putin's Reform of Federal-Regional Relations, vol. 1*, edited by Peter Reddaway and Robert W. Orttung, 267-291. Lanham, MD: Rowman & Littlefield Publishers Inc., 2005.

Ryabov, Andrey. "The Evolution of the Multiparty System." In *Restructuring Post-Communist Russia*, edited by Yitzhak Brudny, Jonathan Frankel and Stefani Hoffman, 208-225. Cambridge: Cambridge University Press, 2004.

Sakwa, Richard. "Putin and the Oligarchs." *New Political Economy* 13, no. 2 (2008): 185-191.

Sartori, Giovanni. *Parties and Party Systems: A Framework for Analysis*. New York: Cambridge University Press, 1976.（岡沢憲芙・川野秀之訳『現代政党学——政党システム論の分析枠組み（普及版）』早稲田大学出版部，2000 年.）

Sharafutdinova, Gulnaz. *Political Consequences of Crony Capitalism inside Russia*. Notre Dame, Indiana: University of Notre Dame Press, 2011.

Shevchenko, Ol'ga. *Crisis and the Everyday in Postsocialist Moscow*. Bloomington: Indiana University Press, 2009.

Shkolnikov, Vladimir M., Giovanni A. Cornia and David A. Leon. "Causes of the Russian Mortality Crisis: Evidence and Interpretations." *World Development* 26, no. 11 (1998): 1995-2011.

Slider, Darrell. "Governors versus Mayors: The Regional Dimension of Russian Local Government." In *The Politics of Local Government in Russia*, edited by Alfred B. Evans Jr. and Vladimir Gel'man, 144-168. Lanham, MD: Rowman and Littlefield publisher's Inc., 2004.

Slider, Darrell. "How United is United Russia? Regional Sources of Intra-Party Conflict." *Journal of Communist Studies and Transition Politics* 26, no. 2 (2010): 257-275.

Smyth, Regina, Anna Lowry, and Brandon Wilkening. "Engineering Victory: Institutional Reform, Informal Institutions, and the Formation of a Hegemonic Party Regime in the Russian Federation." *Post-Soviet Affairs* 23, no. 2 (2007): 118-137.

Solnick, Steven L. "Gubernatorial Elections in Russia, 1996-1997." *Post-Soviet Affairs* 14, no. 1 (1998): 48-80.

Stavrakis, Peter, Joan DeBardeleben, Larry Black and Jodi Koehn eds. *Beyond the Monolith: The Emergence of Regionalism in Post-Soviet Russia*. Washington D.C.: The Woodrow Wilson Center Press, 1997.

Stoner-Weiss, Kathryn. *Local Heroes: The Political Economy of Russian Regional Governance*. Princeton: Princeton University Press, 2002.

Stoner-Weiss, Kathryn. *Resisting the State: Reform and Retrenchment in Post-Soviet Russia*. New York: Cambridge University Press, 2006.

Tabata, Shinichiro "'Shock Therapy' in Russia: A Theoretical and Statistical Analysis." *Acta Slavica Iaponica* 11 (1993): 1-17.

Tabata, Shinichiro. "Pension System in Russia: The Russian Pension in the 1990s." Discussion Paper No. 72 / Setting Options for Fair Distribution of Well-being among Different Generations, PIE. Institute of Economic Research, Hitotsubashi University, 2002.

Treisman, Daniel. *After the Deluge: Regional Crises and Political Consolidation in Russia*. Ann Arbor: The University of Michigan Press, 1999.

Wegren, Stephen K. "The Communist Party of Russia: Rural Support and Implications for the Party System." *Party Politics* 10, no. 5 (2004): 565-582.

Weigle, Marcia A. "Political Participation and Party Formation in Russia, 1985-1992: Institutionalizing Democracy." *The Russian Review* 53 (1994): 240-270.

Wengle, Susanne and Michael Rasell. "The Monetisation of *L'goty*: Changing Patterns of Welfare Politics and Provision in Russia." *Europe-Asia Studies* 60, no. 5 (2008): 739-756.

Williamson, John. "What Washington Means by Policy Reform." In *Latin American Adjustment: How Much Has Happened?* edited by John Williamson, 7-20. Washington: Institute for International Economics, 1990.

White, Stephen, Richard Rose and Ian McAllister. *How Russia Votes*. Chatham, New Jersey: Chatham House Publishers, Inc., 1997.

White, Stephen and Ol'ga Kryshtanovskaya. "Changing the Russian Electoral System: Inside the Black Box." *Europe-Asia Studies* 63, no. 4 (2011): 557-578.

Wilson, Kenneth. "Party-System Development under Putin." *Post-Soviet Affairs* 22, no. 4 (2006): 314-348.

Wilson, Kenneth. "Party Finance in Russia: Has the 2001 Law "On Political Parties" Made a Difference?" *Europe-Asia Studies* 59, no. 7 (2007): 1089-1113.

Wollman, Hellmut and Elena Gritsenko, "Local Self-Government in Russia: Between Decentralization and Recentralization," in *Federalism and Local Politics in Russia* (*BASSEES/ Routledge Series on Russian and East European Studies*), edited by Cameron Ross and Adrian Campbell, 227-247. Abington and New York: Routledge, 2009.

• 邦語文献

油本真理「ポスト共産主義ロシアにおける『与党』の起源――『権力党』概念を手がかりとして」『国家学会雑誌』第121巻第11・12号，2008年，197-263頁.

油本真理「学界展望〈旧ソ連・東欧政治史〉Linda J. Cook, *Postcommunist Welfare States: Reform Politics in Russia and Eastern Europe* (Ithaca: Cornell University Press, 2007, 268pp.)」『国家学会雑誌』第123巻第1・2号，2010

年，235-238 頁.
油本真理「ロシアにおける『民主化の失敗』論再考：サマーラ州の事例にみる民主化とその隘路」田中愛治（監修）・久保慶一・河野勝（編）『民主化と選挙の比較政治学　変革期の制度形成とその帰結』勁草書房，2013 年，183-205 頁.
天川晃「変革の構想 —— 道州制論の文脈」大森彌・佐藤誠三郎編『日本の地方政府』東京大学出版会，1986 年，111-137 頁.
上野俊彦「ロシアの選挙制度」木戸蓊，皆川修吾編『スラブの政治（講座スラブの世界第 5 巻）』弘文堂，1994 年，117-146 頁.
上野俊彦「ロシアの選挙民主主義 —— ペレストロイカ期における競争選挙の導入」皆川修吾編『移行期のロシア政治 —— 政治改革の理念とその制度化過程』溪水社，1999 年，339-381 頁.
上野俊彦『ポスト共産主義ロシアの政治 —— エリツィンからプーチンへ』日本国際問題研究所，2001 年.
上野俊彦「ロシアにおける連邦制改革：プーチンからメドヴェージェフへ」仙石学・林忠行編『スラブ・ユーラシア研究報告集 2　体制転換研究の先端的議論』北海道大学スラブ研究センター，2010 年，1-20 頁.
大串敦「政府党体制の制度化 ——『統一ロシア』党の発展」横手慎二・上野俊彦編『ロシアの市民意識と政治』慶応義塾大学出版会，2008 年，63-87 頁.
大串敦「支配政党の構築の限界と失敗 —— ロシアとウクライナ」『アジア経済』第 54 巻第 4 号，2013 年，146-167 頁.
小森田秋夫編『現代ロシア法』東京大学出版会，2004 年.
塩川伸明「旧ソ連における複数政党制の出発」木戸蓊・皆川修吾編『スラブの政治（講座スラブの世界第 5 巻）』弘文堂，1994 年，191-223 頁.
塩川伸明『現存した社会主義 —— リヴァイアサンの素顔』勁草書房，1999 年.
塩川伸明『多民族国家ソ連の興亡Ⅱ　国家の構築と解体』岩波書店，2007 年.
塩川伸明『多民族国家ソ連の興亡Ⅲ　ロシアの連邦制と民族問題』岩波書店，2007 年.
塩川伸明「ソ連邦の解体過程とその後 —— 連邦内疑似国際関係から新しい国際関係へ」塩川伸明・小松久男・沼野充義編『ユーラシア世界 5　国家と国際関係』東京大学出版会，2012 年，17-42 頁.
塩原俊彦『現代ロシアの経済構造』慶應義塾大学出版会，2004 年.
仙石学・林忠行編『ポスト社会主義期の政治と経済 —— 旧ソ連・中東欧の比較』北海道大学出版会，2011 年.
中馬瑞貴「ロシアの連邦中央とタタルスタン共和国との間の権限分割条約」『外国の立法』232 号，2007 年，111-119 頁.
長谷直哉「ロシア連邦制の構造と特徴：比較連邦論の視点から」『スラヴ研究』53 号，267-298 頁.
平田武「戦間期ハンガリー政府党体制の成立過程（1919-1922 年）」『社会科学研究』（東京大学社会科学研究所），第 44 巻第 3 号，1992 年，1-63 頁.

藤原帰一「政府党と在野党――東南アジアにおける政府党体制」萩原宜之編『講座現代アジア 3　民主化と経済発展』東京大学出版会，1994 年，229-269 頁.

松里公孝「行政府党とは何か」『スラブ研究センター研究報告シリーズ No. 56　ロシア・東欧における地域社会の変容』北海道大学スラブ研究センター，1995 年.

溝口修平「ロシアの『強い』大統領制？――『重層的体制転換』における制度形成過程の再検討」『ヨーロッパ研究』第 10 号，2011 年，51-74 頁.

横川和穂「ロシアにおける財政改革と地方自治体財政の変容――『ロシア連邦における 2005 年までの財政連邦主義発展プログラム』を中心に」『ロシア・東欧研究』第 33 号，2004 年，106-121 頁.